**한경MOOK** 한경MOOK는 빠르게 변화하는 사회 흐름에 발맞춰 시시각각 현상을 분석하고 새로운 대안과 인사이트를 제시하기 위한 무크 형태 단행본을 발행하는 한국경제신문사의 새 브랜드입니다.

한경 MOOK

## 회사도 근로자도 알아둬야 할
# 직장 내 괴롭힘 금지법

행복한 일 연구소 · 노무법인

**Q&A
이럴 땐
어떡하죠?**

노무사들이 쉽게 풀어 쓴
직장 내 괴롭힘
법률 해석

- 야근 강요
- 폭행·위협
- 무시·배제
- 승진 차별
- 성희롱
- 왕따
- 언어폭력

# PROLOGUE

# 직장 내 괴롭힘은
# 누구에게나 언제든 일어날 수 있다

**사상 초유의 대통령 탄핵 사태를 겪으며 2017년 5월 출범한 문재인 정부, 이른바 '촛불정부'는 '친노동'을 표방하며 다양한 노동정책을 추진했습니다.** 주52시간제 도입, 최저임금 1만원 공약 등이 대표적입니다. 이들 정책은 노동계와 경영계의 이해가 정면으로 충돌했던 이슈로 5년 내내 진영 간 갈등이 끊이지 않았습니다. 한편 노동계와 경영계 간의 집단적인 노사관계 이슈는 아니었지만 MZ세대 출현과 더불어 기업의 조직문화를 송두리째 흔드는 입법도 있었습니다. 바로 2019년 7월부터 시행된 개정 근로기준법, 즉 '직장 내 괴롭힘 금지법'입니다.

개정 근로기준법 제76조2는 '사용자 또는 근로자는 직장에서의 지위 또는 관계 등의 우위를 이용하여 업무상 적정범위를 넘어 다른 근로자에게 신체적·정신적 고통을 주거나 근무환경을 악화시키는 행위를 하여서는 아니된다'고 규정하고 있습니다.

**법 도입 당시 평가는 극명하게 엇갈렸습니다.** "업무와 상관없이 아랫사람 괴롭히는 상사를 혼내줄 수 있는 법" "거지같은 조직문화 이제 좀 개선되려나" 등 젊은 직장인들을 중심으로 한 긍정적인 평가와 함께 "친노동 정부라더니 별의 별 법까지 다 만드네" "후배 직원들 일도 가르치지 말라는 얘기냐"라는 기성세대 직장인들의 비판도 많았습니다.

그 후 직장 내 괴롭힘 금지법에 대한 평가는 시행 초기와는 많이 달라졌습니다. 그도 그럴 것이 직장 내 괴롭힘 금지법은 괴롭힘 신고 또는 주장을 했다는 이유로 회사가 불이익을 준 경우를 제외하고는 이렇다 할 형사처벌 조항이 없기 때문입니다. 기껏해야 과태료(최대 1000만원) 처분이다 보니 규모가 큰 기업 입장에서는 대수롭지 않게 생각하고, 젊은 직원들의 기대에는 미치지 못했다는 평가가 나오는 이유입니다.

**실제 고용노동부에 신고된 직장 내 괴롭힘 통계를 살펴보면 행정기관의 조사를 거쳐 검찰에 송치된 비율은 1% 안팎에 그칩니다.** 검찰이 혐의가 충분하다고 판단해 기소한 사건은 전체 이첩 건수의 절반도 안됩니다. 이렇다보니 법 시행 초기 문제를 제기했던 사업주들의 경각심도 다소 떨어지는 분위기입니다. 하지만 직장 내 괴롭힘 사건은 그 처벌 수준을 떠나 한번이라도 사업장 내에서 사건이 발생한다면 이야기가 달라집니다. 아마도 괴롭힘을 당해 신고를 해봤거나 해당 사건을 담당했던 인사노무 담당자라면 적극 공감하실 겁니다. 직장 내 괴롭힘 사건은 괴롭힘을 가한 행위자에게 주의를 주고 적정한 징계를 하는 정도로 끝나는 경우는 별로 없습니다.

*by*_ 백승현 한국경제신문 경제부 차장 겸 좋은일터연구소장

**가령 괴롭힘 피해를 신고한 근로자는 최소한 오랫동안 같이 근무했던 동료들과의 불편한 관계를 감수해야 합니다.** 가해자로 지목된 선배나 상사들은 대부분 피해자의 오해 또는 무고를 주장하며 다툼을 벌이다 회사를 떠나는 경우가 많습니다. 회사로서는 더 이상의 소란이 확대되는 것을 막기 위해 적정선에서 매듭을 지으려고 하기 때문입니다. 결과적으로 괴롭힘 피해를 당한 직원이나 가해자가 회사를 떠나게 되고, 기업으로서는 인력 손실에 더해 조직 분위기가 땅에 떨어져 생산성도 낮아지는 등 무형의 손실도 적지 않습니다. 즉 이런 사태를 방지하기 위해서는 직장 내 괴롭힘 사건이 발생한 후에 어떻게 처리하느냐가 아니라 어떻게 예방하고 사내에 자정 프로세스를 만드느냐가 중요하다는 게 전문가들의 한결같은 조언입니다. 이는 한국경제신문과 직장 내 괴롭힘 전문가 그룹인 행복한 일 연구소·노무법인이 손잡고 〈회사도 근로자도 알아둬야 할 직장 내 괴롭힘 금지법〉을 발간하게 된 배경입니다.

**〈회사도 근로자도 알아둬야 할 직장 내 괴롭힘 금지법〉은 크게 세 개의 섹션으로 구분했습니다.** 섹션 1은 직장 내 괴롭힘 금지법 법제화 배경을 담았습니다. 섹션 2는 직장인, 즉 괴롭힘의 가해자가 될 수도 있고 피해자가 될 수도 있는 평범한 근로자들이 괴롭힘 관련 고충을 겪을 때 어떻게 판단하고 대처해야 하는지를 사례별로 묶어 상세히 설명합니다. 가령 회식 때마다 원하지 않는 메뉴를 강권한다거나, 부당하게 과도한 업무를 부여하거나 반대로 업무에서 배제시키는 경우, 폭언을 일삼거나 또는 비아냥대는 말투의 상사, 성희롱까지는 아닌 것 같은데 유사한 고충을 호소하는 직원 등 우리 주변에서 흔히 볼 수 있는 사례들입니다. 섹션 3은 사업장 내에서 괴롭힘 사건을 담당하는 인사노무 담당자 또는 경영자들이 알아둬야 할 내용을 담았습니다. 괴롭힘 신고를 접수한 사용자의 의무, 사건 인지 시 피해근로자 보호 등 조사 절차, 가해자에 대한 조치 의무, 비밀 누설 금지 의무 등 법이 규정하고 있는 의무 외에 조직을 조기에 안정시키는 노하우입니다.

**직장은 모든 근로자들에게 삶의 터전입니다.** 때로는 고단한 생계 수단이기도 하지만 꿈꿔왔던 자아를 실현하는 공간이기도 합니다. 그런 일상은 대인관계의 연속일 수밖에 없기에 직장 내 괴롭힘 사건은 누구에게나 언제든 일어날 수 있는 일입니다. 안전운전이 교통사고를 예방하듯, 괴롭힘 사건도 충분히 예방할 수 있습니다. 혹 사고가 이미 벌어졌다면 피해를 최소화하고 이른 시간 내에 수습해야 합니다. 국내 언론사 최초로 발간한 〈회사도 근로자도 알아둬야 할 직장 내 괴롭힘 금지법〉이 건강하고 활기찬 직장생활을 돕는 백신이자 치료제가 되기를 바랍니다.

# CONTENTS

회사도 근로자도 알아둬야 할
## 직장 내 괴롭힘 금지법

## : Opening

- 004 **PROLOGUE**
  직장 내 괴롭힘은
  누구에게나 언제든 일어날 수 있다

- 008 **ISSUE 1**
  통계로 보는 직장 내 괴롭힘

- 010 **ISSUE 2**
  직장 내 괴롭힘 금지법이 궁금하다

## 14 : Section 1
### 직장 내 괴롭힘 금지법 개념부터 역사까지

- 016 **HISTORY 1**
  직장 내 괴롭힘은
  노동자의 정신건강에 직결

- 018 **HISTORY 2**
  反괴롭힘, 국제협약으로 채택

- 020 **HISTORY 3**
  산업재해 관점에서 본
  직장 내 괴롭힘

- 022 **REPORT 1**
  직장 내 괴롭힘 금지법
  논의부터 시행까지

- 024 **REPORT 2**
  직장 내 괴롭힘과
  성희롱은 다르다

- 026 **REPORT 3**
  직장 내 괴롭힘의
  개념과 성립요건

- 028 **REPORT 4**
  직장 내 괴롭힘 발생 시
  사용자 조치

## 30 : Section 2
### 사례로 보는 직장 내 괴롭힘 전문가의 법률 해석은?

### CASE 1
당사자성 관련 사례

- 032 DAO여도 직장 내 괴롭힘이 되나요
- 034 "원청 생산팀장의
  고압적인 태도 때문에 괴로워요"
- 036 "열심히 안하면
  작은 회사로 보내 버릴거야"
- 038 외국인 근로자에게 "좀 씻고 다니자"

### CASE 2
우위성 관련 사례(지위상 우위)

- 040 "공과 사는 구분합시다"
- 042 외국 회사에서
  영어 이름은 좋은데 반말은 좀
- 044 "미안하지만 어린이집에서
  아이를 데려와 줄래요?"
- 046 MBTI 권하는 선배 "내가 링크 보내줄게"

## CASE 3
### 우위성 관련 사례(관계상 우위)

048 "강남에 집 없어서 무시하나"

050 어제의 입사 동기가 오늘의 원수

052 아이디어를 도용했다고 추궁하는 동료

054 퇴근 후 카풀을 요구하는 선배

## CASE 4
### 업무적 괴롭힘 사례

056 "너 데리고 일할 생각을 하니 앞이 캄캄하다"

058 이런 자리에 앉아서는 도저히 일을 못 하겠어요

060 연장근로는 괴로워

062 승진 약속을 어긴 팀장

## CASE 5
### 개인적 괴롭힘 사례

064 "이런 건 식은 죽 먹기지? 대신 시험 봐줄래"

066 대체 왜 그런 거짓말을 해

068 팀장님의 생일 선물 살 돈을 내라며 압박해요

## CASE 6
### 신체적 물리적 괴롭힘 사례

070 "그렇다고 너를 때릴 수는 없잖아"

072 회초리 좀 가져와봐 몇 대 맞을래

074 몸으로 반가움을 표현하는 선배

076 서류는 부장님도 던지던데요

## CASE 7
### 성적 괴롭힘 사례

078 후배 직원이 건넨 말 "단일화하죠"

080 회사 상사가 회식 후 "내가 데려다 줄게"

082 여직원들만 편애하는 부서장

084 동성인 상사가 내 외모를 평가해서 속상해

## CASE 8
### 신체적·정신적 고통·근무 환경의 악화 관련 사례

086 과장님들이 자꾸 싸워서 일을 못하겠어요

088 밤늦게 미안한데 이것 좀 봐줘

090 간호사 선배가 실수할 때마다 꼬집어요

## CASE 9
### 종합적 판단 사례

092 파견근로자도 보호받을 수 있나요

094 현장 짬밥을 무시하지마

# 96
## : Section 3
### 직장 내 괴롭힘이 발생했다면? 실무자가 꼭 알아야 할 상식

### PROCESS

098 **사용자 조치**
매년 늘어나는 직장 내 괴롭힘 신고

100 **신고**
퇴직한 사람도 직장 내 괴롭힘 신고할 수 있나요

104 **조사**
폭행 시비가 붙었는데 경찰조사 결과가 나올 때까지 기다려야 되나요?

116 **조사기간 중 보호조치**
신고인이 보호조치로서 특정 부서로 보내달라고 합니다

122 **피해자 보호와 조치**
피해자가 보호조치로 6개월 유급 휴직을 요청했습니다

128 **피행위자에 대한 조치**
외부위원들은 행위가 경미하다고 하는데 반드시 징계를 해야 하나요

134 **불리한 처우 판단 기준**
괴롭힘 예방교육에 참여하지 않도록 했는데 이것도 불리한 처우에 해당되나요

140 **비밀 누설 금지**
신고인이 온라인 커뮤니티 사이트에 실명은 가린 채 유포해버렸습니다

## : Epilogue

144 직장 내 괴롭힘 금지법에 관한 법률

148 스페셜리스트

OPENING ISSUE 1

## 통계로 보는 직장 내 괴롭힘

직장 내 괴롭힘 사건이 지속적으로 늘고 있는 가운데 실제 기업들은 어떻게 대응하고 있는지 기업 현장에서 인사·노무 업무를 하는 담당자를 대상으로 설문조사를 진행했습니다.

### 해마다 늘어나는 직장 내 괴롭힘 사건

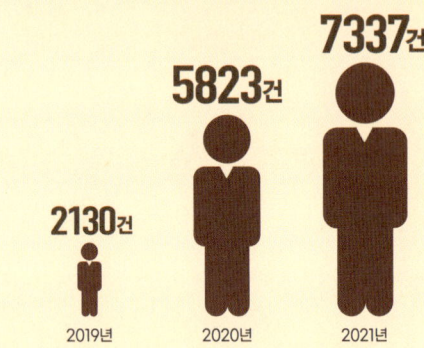

- 2019년: 2130건
- 2020년: 5823건
- 2021년: 7337건

※2019년 7월 법 시행 이후 총 1만5794건 접수

### 업종별 직장 내 괴롭힘 사건 현황

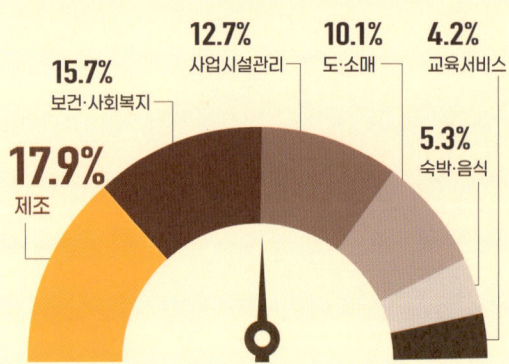

- 제조 17.9%
- 보건·사회복지 15.7%
- 사업시설관리 12.7%
- 도·소매 10.1%
- 교육서비스 4.2%
- 숙박·음식 5.3%

### 유형별 직장 내 괴롭힘 사건 현황

단위 건

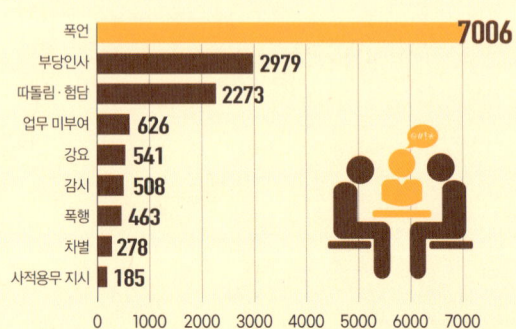

- 폭언: 7006
- 부당인사: 2979
- 따돌림·험담: 2273
- 업무 미부여: 626
- 강요: 541
- 감시: 508
- 폭행: 463
- 차별: 278
- 사적용무 지시: 185

자료 고용노동부 ※중복신고 집계

**NOTE  직장 내 괴롭힘 설문조사**
WHO 한경 CHO Insight 독자 200명에게 물었습니다. WHEN 2022년 3월 30일~4월 1일 3일간 진행했습니다.

## 2019년 7월 직장 내 괴롭힘 금지법 시행이 우리 회사에 미친 영향은?

1. 법률 시행 전과 달라진 점이 없다 — **32.5%**
2. 법에 대한 인지도가 높아지면서 오히려 신고·진정이 늘었다 — **27.5%**
3. 선·후배 간에 조심하는 분위기가 조성되면서 커뮤니케이션이 줄었다 — **27.5%**
4. 직원들이 경각심을 가지면서 괴롭힘 사건이 줄었다 — **12.5%**

## 직장 내 괴롭힘 금지법에 대해 어떻게 생각하나?

1. 반드시 필요한 법, 진작 시행했어야 — **40.0%**
2. MZ세대 출현에 맞춰 적절한 입법 — **25.0%**
3. 취지는 좋지만 생산성 저하 우려 — **22.5%**
4. 선·후배 간 커뮤니케이션 축소, 갈등만 키워 — **12.5%**

## 사용자가 괴롭힘 가해자일 경우 과태료 처분 조항이 신설됐는데, 효과는?

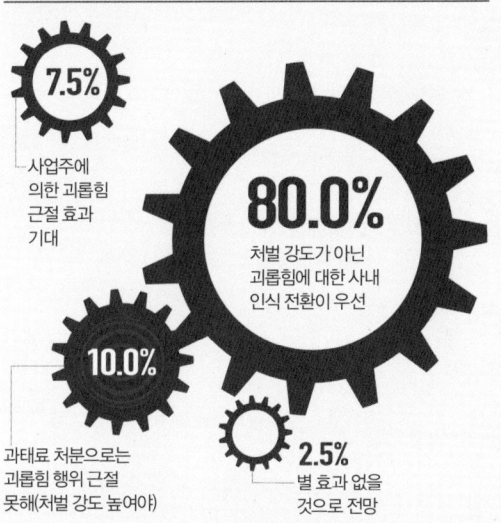

- 7.5% 사업주에 의한 괴롭힘 근절 효과 기대
- 80.0% 처벌 강도가 아닌 괴롭힘에 대한 사내 인식 전환이 우선
- 10.0% 과태료 처분으로는 괴롭힘 행위 근절 못해(처벌 강도 높여야)
- 2.5% 별 효과 없을 것으로 전망

## 사내에 직장 내 괴롭힘 방지를 위한 제도적 장치가 마련돼 있나?

① 인사팀에 개별적으로 신고하도록 돼 있다 — **45.0%**
② 직장 내 괴롭힘 신고 전용 민원창구(온·오프라인)가 있다 — **32.5%**
③ 별도의 신고 시스템을 두고 있지 않다 — **12.5%**
④ 팀장이 팀 구성원 고충 상시 수렴한다 — **10.0%**

OPENING ISSUE 2

# 직장 내 괴롭힘 금지법이 궁금하다

**"반드시 필요한 법" vs "갈등만 키우는 법"**

"반드시 필요한 법이지만 처벌 수준을 높일 게 아니라 인식 전환이 급선무다."
2019년 7월부터 시행 중인 이른바 '직장 내 괴롭힘 금지법'에 대한 국내 주요 기업 인사노무 관계자들의 평가입니다. 법 시행 초기 "괴롭힘인지 아닌지 누가 어떻게 판단하나"

**55%**
직장 내 괴롭힘 금지법을 잘 알고 있다.

"부하직원들 일 시키기 어려워지겠네" 등의 비아냥을 듣던 법이지만, 시행 이후 산업현장에 상당히 안착된 분위기입니다.
한국경제신문 좋은일터연구소가 직장 내 괴롭힘 금지법 무크 발간을 계기로 '한경 CHO Insight' 뉴스레터 회원 200명을 대상으로 설문조사를 진행했습니다. 'CHO Insight'는 한경 좋은일터연구소가 매주 수요일 아침 발송하는 뉴스레터 서비스로, 국내 주요 기업 인사·노무최고책임자(CHO)와 실무 간부 등 4500여 명이 받아보고 있습니다.
우선 직장 내 괴롭힘 금지법에 대한 인지도 조사 결과 응답자의 절반 이상인 55%가 "내용을 잘 알고 있다"고 응답했습니다. 일반적으로 고용노동정책의 경우 시행 2년차에 인지도가 20~30%대에 머무는 것과 비교하면 상당히 높은 수준입니다. 하지만 설문대상이 인사노무 관계자임을 감안하면 "그런 법이 있다는 정도만 안다"는 응답이 42.5%에 달한 것은 아직까지 해당 법이 안착하기까지 가야할 길이 멀다는 의미로도 해석됩니다.
직장 내 괴롭힘이란 사용자 또는 근로자가 직장에서의 지위 또는 관계 등의 우위를 이용해 업무상 적정범위를 넘어 다른 근로자에게 신체적·정신적 고통을 주거나 근무환경을 악화시키는 행위를 말합니다. 법 시행 이전과 이후 이러한 직장 내 괴롭힘의 빈도나 정도가 어떻게 달라졌는지도 물어봤습니다. 응답 결과는 다소 의외였습니다. '법률 시행 전과 달라진 점이 없다'는 응답이 32.5%로 가장 많았고, '선·후임 간에 조심하는 분위기가 조성되면서 조직 내 커뮤니케이션이 줄었다'는 응답과 '법에 대한 인지도가 높아지면서 신고·진정이 늘었다'는 답변이 각각 27.5%에 달했습니다. 반면 '직원들이 경각심을 가지면서 괴롭힘 사건이 줄었다'는 답변은 12.5%에 불과했습니다. 아직까지는 법 취지에 맞는 효과보다는 과도기적 혼란이 지속되고 있는 모양새입니다.

정부는 2021년 10월 직장 내 괴롭힘 관련 사업주에 대한 패널티를 강화했습니다. 사업주가 가해자인 경우 1000만원의 과태료를 부과하고, 괴롭힘 사건 조사 또는 의무조치 미이행 시 500만원의 과태료를 물리는 내용입니다. 하지만 이에 대한 현장 실무자들의 반응은 시큰둥했습니다. 패널티 강화 효과가 어떤지에 대한 질문에 '처벌강도를 높일 게 아니라 괴롭힘에 대한 사내 인식 전환이 우선'이라는 응답이 80%로 압도적이었습니다. '사업주에 의한 괴롭힘 근절 효과가 기대된다'는 답변과 '처벌강도를 더 높여야 한다'는 대답은 각각 7.5%와 10%였습니다.

직장 내 괴롭힘 금지법 자체에 대한 생각도 물어봤습니다. '반드시 필요한 법, 진작에 시행했어야'(40%), 'MZ세대 출현에 맞춰 시의적절한 입법'(25%) 등 긍정적인 답변이 65%였습니다. 반면 '취지는 좋지만 생산성 저하 우려'(22.5%), '선·후배 간 커뮤니케이션 축소, 갈등만 키워'(12.5%) 등 부정 의견은

직장 내 괴롭힘 사건 건수
2130건 2019년
5823건 2020년
7337건 2021년
8901건 2022년

35% 수준이었습니다. 괴롭힘 금지법에 대한 평가는 다소 엇갈리지만 대체적으로는 기업 현장에 녹아들고 있다는 해석이 가능하지 않을까요.

### 검찰 송치비율은 100건 중 1건 꼴

직장 내 괴롭힘 금지법 시행이 7월로 만 4년이 됩니다. 법 시행 이후 지금까지 직장 내 괴롭힘을 호소하며 정부에 신고된 사건은 얼마나 될까요?

고용노동부의 협조를 받아 통계를 살펴봤습니다. 법 시행 이후 2022년 2월까지 접수된 사건 건수는 총 1만5794건에 이릅니다. 직장 내 괴롭힘에 대한 인지도가 높아지면서 정부에 접수되는 사건 건수는 2019년 2130건에서 2020년 5823건, 2021년 7337건, 2022년 8901건으로 점점 늘고 있는 추세입니다. 올들어서도 3월까지 1500건 넘게 접수됐습니다.

아마도 독자 여러분들이 궁금해하실 부분은 이 많은 사건 중에 검찰에 송치되거나 실제 기소까지 되는 경우가 어느 정도인지 일 겁니다. 고용부에 따르면 2019년 접수된 전체 사건 2130건 중 검찰에 송치된 사건은 24건(1.1%)에 불과했습니다. 이 중 기소건수는 3건, 불기소는 21건이었습니다. 2020년에는 총 5823건이 접수됐고, 검찰에 송치된 사건은 70건(1.2%), 기소는 26건이었습니다. 지난해에는 7337건이 접수돼 검찰로 넘어간 것은 101건(1.4%)이었습니다. 100건의 괴롭힘 사건이 발생하면 그 중 1건 정도만 검찰의 판단을 받게 된다는 얘기인데, 전문가들은 이 법의 취지 자체가 캠페인성 인식 전환에 있기 때문에 실제 형사처벌로 이어지는 경우

가 적은 것이라고 설명하고 있습니다.

정부에 신고된 직장 내 괴롭힘 사건 중 갈등이 극에 달해 민·형사 소송으로 가는 경우도 있지만 대체로 절반 가량은 사내 조정을 위한 취하, 조사 불출석 등의 이유로 종결되는 것으로 나타났습니다.

그렇다면 직장 내 괴롭힘이 빈번히 발생하는 업종이 따로 있을까요. 통계에 따르면 2019년~2021년 신고된 사건 중 17.9%가 제조업에서 발생했습니다. 간호사들의 극단적 선택으로 사회적으로 문제가 됐던 이른바 '태움' 관행이 적지 않다는 보건·사회복지서비스업도 15.7%에 달했습니다. 이어 사업시설관리업(12.7%), 도·소매업(10.1%), 숙박·음식업(5.3%) 순이었습니다.

유형별로는 가장 흔한 직장 내 괴롭힘이 폭언(35.3%)이었습니다. 뒤이어 부당인사(15.0%), 따돌림·험담(11.5%), 업무 미부여(3.2%) 등이었습니다. 지역별로는 서울(29.5%), 경기(34.5%) 등 기업이 몰려있는 수도권에서 60%가 넘는 괴롭힘 신고가 접수됐습니다.

## TV 속 '조장풍' 현실화시킨 괴롭힘 사건

'특별근로감독관 조장풍' 2019년 4~5월 소소하게 인기를 끌었던 MBC 월화 미니시리즈의 제목입니다. 왕년에 폭력 유도교사에서 복지부동을 신념으로 하는 공무원으로 변신한 조장풍(김동욱 분)이 고용노동부 근로감독관으로 발령이 난 후 악덕 사업주들을 통쾌하게 혼내주는 스토리였습니다. 하지만 잠복, 미행 등과 같은 극중 조장풍 무리의 활약은 드라마에서나 가능한 것이지, 현실의 근로감독관들의 모습과는 괴리가 크다는 지적이 적지 않았습니다.

그로부터 약 2년, 현실에서도 '특별근로감

**17.9%**
신고된 사건 중 제조업이 차지하는 비중

독관 조장풍'이 실제로 등장하게 됩니다. 계기가 된 사건이 있었습니다. 이른바 '제일약품 사건'이지요.

고용부는 2021년 3월 근로자에 대한 폭행, 직장 내 괴롭힘 등으로 사회적 물의를 일으킨 제일약품 등에 대한 특별근로감독 결과를 발표했습니다. 2021년 1월 임원이 여직원을 폭행한 사실이 알려지면서 고용부가 특별감독에 나선 것인데, 그 조사 결과가 상당히 충격적이었습니다.

임직원 약 950명에 서울 본사와 경기도 용인 공장을 두고 있는 제일약품에서는 총 15건의 노동관계법 위반이 적발됐습니다. 고용부가 전 직원을 상대로 실태조사를 벌인 결과, 응답직원(866명)의 11.6%가 본인 또는 동료가 성희롱을 당했거나 목격했다고 답했습니다. 응답직원의 성별은 남성 703명, 여성 163명이었습니다.

즉 여성 직원의 절반 이상이 성희롱 피해자 또는 목격자였다는 얘기가 됩니다.

또 응답자의 53.9%는 최근 6개월간 한 차례 이상 괴롭힘을 당한 적 있다고 답했습니다. 최근 3년간 전·현직 직원 341명에게 연장근로수당, 퇴직금 등 15억원 상당을 체불한 사실도 적발됐습니다. "직원이 1000명 가까이 되는 회사에 어찌 이렇게 낮은 수준의 조직문화가 가능한지 모르겠다"는 게 고용부 근로감독기획과장의 말입니다.

이 사건 이후로 고용부는 '특단의 대책'을 발표했습니다. 이름하여 '강제수사 지원팀' 신설. '현실판 조장풍'의 등장을 예고한 것입니다. 기존에는 연간 40만 건에 달하는 신고사건이 들어오면 관할 고용노동청에서 출석 요구를 하는데, 이에 응하지 않고 심지어 전화도 받지 않는 경우도 다반사였다고 합니다.

그런 경우 대개는 '사건 보류'로 사실상 종결되는 경우가 많았는데, 이를 적극적인 검거 모드로 전환하기로 한 것입니다.

이후 고용부는 전국 6개 고용노동청과 서울 강남·관악지청 등에 30명 이상의 강제수사 지원팀을 꾸렸습니다. 특히 임금체불 후 도피, 직원 폭행 등 악덕 사업주에 대해서는 사법경찰관으로서 잠복근무까지 하면서 검거 작전을 펼치고 있습니다. 상식을 벗어난 직장 내 괴롭힘에 시달리는 근로자들은 TV 화면을 뚫고 나온 '조장풍'에게 도움을 요청해보는 것도 좋겠습니다.

### 직장 내 괴롭힘 금지법, 한국에만 있다?

그렇다면 이렇듯 호불호와 평가가 엇갈리는 '직장 내 괴롭힘 금지법'은 우리나라에만 있을까요? 그렇지 않습니다. 잘 알려진 바와 같이 국내 대부분 법·제도 등이 일본에서 기인한 것처럼, 일본에도 '노동시책 종합 추진법'

고용부는 전국 6개 고용노동청과 서울 강남·관악지청 등에 30명 이상의 강제수사 지원팀을 꾸렸다.

이라는 이름으로 직장 내 괴롭힘 금지법이 있습니다.

고용노동부에 따르면 일본은 2019년 이전까지만 해도 이른바 '파워하라'라고 불리는 직장 내 괴롭힘에 대한 노사정 합동대책 또는 지침만 있었습니다. 파워하라는 영어로 'power harassment', 말 그대로 권력을 이용한 괴롭힘을 뜻하는 일본식 표현입니다. 일본에서 직장 내 괴롭힘 금지 규정이 법에 명시된 것은 2019년 5월입니다. 대기업은 2020년 4월부터, 자본금 3억엔 이하 및 300인 이하 기업은 2022년 4월부터 시행됐습니다. 단, 우리나라와 유사하게 괴롭힘 행위 자체에 대한 처벌규정은 없습니다.

프랑스는 노동법전 L.1152 1조에 직장 내 괴롭힘 정의를 규정하고, 직장 내 괴롭힘 피해자에게 해고 등 차별적 조치를 한 자나 직장 내 괴롭힘 가해자에 대해서 처벌규정을 두고 있습니다. 호주의 경우 연방 공정노동법에 직장 내 괴롭힘을 받은 사람은 공정노동위원회에 중지명령을 신청하도록 하고 있고, 중지명령을 위반할 경우 벌금을 부과합니다. 또 근로자가 괴롭힘으로 인해 사망·상해에 이른 경우 산업안전법에 따라 벌금을 부과하도록 하고 있습니다. 다만 징역형(최대 10년)의 경우는 연방법이 아닌 빅토리아주의 일반형법에서 정하고 있으며, 스토킹 등 괴롭힘으로 인해 상해·사망 등 피해를 입은 경우에 한정됩니다.

스웨덴은 직장 내 괴롭힘과 관련해서는 가장 선진적인 것으로 알려져 있습니다. 스웨덴은 근로자를 직장 공동체에서 배제하는 행동을 금지하는 직장 내 괴롭힘 행정규칙을 1993년 세계 최초로 제정, 운영하고 있습니다. 이른바 '왕따 금지법'인 셈입니다.

## 직장 내 괴롭힘 상담을 위한 사전 설문지

**사업장과 괴롭힘 행위자에 대한 정보** — 근로기준법상 괴롭힘 금지제도의 적용 여부 등을 알기 위해 필요

| 사업장 | 회사명 | | | |
| --- | --- | --- | --- | --- |
| | 근로자 수 | ☐5인 미만 | ☐10인 미만 | ☐10인 이상 |
| 행위자 | ☐동일 회사 | ☐기타( | | ) |

**괴롭힘 상황에 대한 정보** — 어떠한 피해를 입었는지 알기 위해 필요

| | | |
| --- | --- | --- |
| 1 | 훈련, 승진, 보상, 일상적인 대우 등에서 차별했다 | |
| 2 | 모두가 꺼리는 업무나 허드렛일을 시켰다 | |
| 3 | 내 성과를 가로채거나 성과 달성을 방해했다 | |
| 4 | 휴가나 병가, 각종 복지 혜택을 쓰지 못하게 했다 | |
| 5 | 일하거나 휴식하는 모습을 지나치게 감시했다 | |
| 6 | 위험 작업 시 주의사항·안전장비를 주지 않았다 | |
| 7 | 상사의 관혼상제나 개인적인 일을 하도록 했다 | |
| 8 | 부서 이동이나 퇴사를 강요했다 | |
| 9 | 사소한 일에 트집을 잡거나 험담을 했다 | |
| 10 | 나에게 욕설이나 위협적인 말을 했다 | |
| 11 | 의사와 관계없이 음주·흡연·회식 등을 강요했다 | |
| 12 | 나를 업무 외의 대화나 친목 모임에서 제외했다 | |
| 13 | 나의 정당한 건의사항을 무시했다 | |
| 14 | 의사와 관계없이 불필요한 추가 근무를 강요했다 | |
| 15 | 나에게 부당한 징계를 내렸다 | |
| 16 | 기타( ) | |

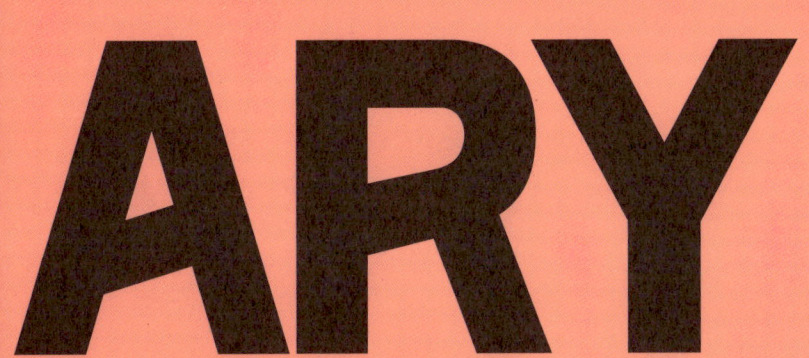

위의 행위들이 사업장의 취업규칙에 금지되는 행위로 규정된 상태에서 해당 행위가 발생하면 법상 직장 내 괴롭힘의 개념에 부합한다고 판단될 가능성이 있습니다. 사업장에서는 각 회사의 상황에 맞게 어떤 행위를 징계 등으로 규제할 것인지, 규제 대상이 되는 행위의 정도에 따라 징계 수위를 어떻게 할지 등 명확히 할 필요가 있습니다.

SECTION 1 *History 1*

# 직장 내 괴롭힘은 노동자의 정신건강에 직결

인간은 살기 위해 일하며 '일의 세계'에서 살아갑니다. 그런데 산업이 성장하는 과정에서는 일의 세계에서 인간의 존엄성(dignity)과 온전함(integrity)을 보호받기란 쉽지 않습니다. 최근 '노동자의 정신건강' 문제는 그 어느 때보다도 중요한 이슈로 주목받고 있습니다.

우리가 살아가는 세계의 변화는 너무나도 빠릅니다. 노동자의 건강에 해악을 끼치는 요소는 날이 갈수록 늘고 있고, 기업의 건강하고 행복하게 '일할 환경'을 갖추기 위한 비용과 실무적 부담도 점차 증가하고 있습니다.

### 고충처리시스템 관심 증가

그 사이에서 "어떻게 정신건강을 보호할 것인가?"라는 질문은 우리 모두가 끊임없이 던져야만 하는 것이 됐습니다. 이에 기업의 '고충처리시스템'에 대한 관심도 날로 증가하고

**고충처리시스템**
- 취업규칙 정비
- 피해 신고·지원센터 설치
- 익명 상담·제보 사이트 운영
- 전담직원 지정·운영
- 2차 피해 모니터링 및 구제
- 무료 법률·심리 상담 등

있습니다.

고충처리시스템이 원활하게 작동하는 경우 기업에 대한 직원들의 신뢰도는 획기적으로 개선될 수 있습니다. 그러나 회사의 시스템이 아무리 정교하다 한들, 현실에서 실시간으로 말하고 행동하는 사람을 일일이 통제하고 제재하는 것은 불가능합니다. 잘 고안된 고충처리시스템은 보완책으로서 아주 훌륭한 역할을 해내기에 어느 기업에나 시급히 도입할 필요가 있지만, 결국 대부분의 문제에서 근본적인 원인을 찾다 보면 그 중심에는 사람이 있기 마련이지요.

노동자의 정신건강 문제에서 '다른 사람'이 원인이 되는 직장 내 괴롭힘에 대한 예방과 대처가 매우 중요합니다. 누군가의 괴롭힘으로 정신건강에 해악을 끼치는 일은 결코 있어서는 안 됩니다. 이러한 목적의식을 바탕으로 우리가 사는 세계는 노력을 이어오고 있습니다.

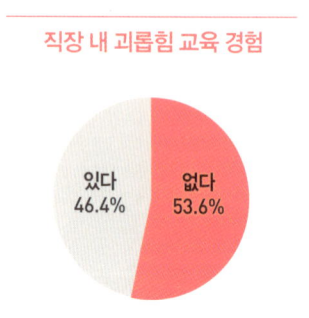

**직장 내 괴롭힘 교육 경험**
- 있다 46.4%
- 없다 53.6%

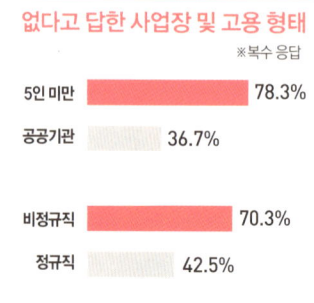

**없다고 답한 사업장 및 고용 형태**
※복수 응답
- 5인 미만 78.3%
- 공공기관 36.7%
- 비정규직 70.3%
- 정규직 42.5%

자료 직장갑질119, 공공상생연대기금 ※2021년 3월 기준

PLUS

# 직장 내 괴롭힘은 ESG 경영의 핵심

직장과 일은 사회 구성원인 개인이 누려야 할 사회적 활동의 총화이기도 합니다. 그런데 대부분의 괴롭힘 피해자는 사업장에서 이탈하는 치명적인 결과로 이어지게 됩니다. 간혹 심각한 공황장애, 대인기피 등으로 인해 직장에 평생 복귀하지 못하고 노동시장에서 완전한 이탈이 발생하기도 합니다. 존엄한 일터 구축은 우리의 시대적 과제이자 사명이기도 합니다. 어떤 기업인이라도 직원들이 불행하기를 원치는 않을 것입니다. 방법과 기준이 모호하던 시절에는 '조직문화'라는 무형의 유동체에 기댈 수밖에 없었습니다. 그 사이 수많은 직장 내 괴롭힘 피해자들이 이탈한 것도 사실입니다.

그리고 현재, 세계 최대 자산 운용사인 블랙록의 래리 핑크 최고경영자(CEO)가 2020년 그의 서한에서 "기업의 지속가능성을 투자 결정 기준으로 삼겠다"라고 선언한 것을 기점으로 전 세계 기업들에게 'ESG'에 부합하는 '존엄 일터'를 구체적으로 요구하고 있습니다. 블랙록은 2022년 5월, 무리한 ESG 경영에는 반대표를 던지겠다고 하며 제동을 걸기도 했습니다. 하지만 이는 주로 기후 관련 안건에 대한 것인데다가 기업을 너무 꼼꼼하게 관리하려고 하는 과도한 방침에 대한 지적으로 ESG 자체를 부정한 것은 아니었습니다.

ESG 중에서도 사회(Social) 영역은 인권, 노동관행, 안전·보건, 인적자원 관리 등을 말합니다. ESG가 강조하는 가장 중요한 내부 이해관계자는 바로 '노동자'입니다. 이에 노동자에 대한 관심도 다양한 각도에서 증대되고 있는 상황입니다.

한국의 직장 내 괴롭힘 법제는 국제노동기구(ILO) 제190호 협약과 제206호 권고의 핵심 부분을 담고 있는 높은 수준의 규범이며, 이 법을 제대로 지키는 것이 곧 Social 영역에서의 중대한 미션이 될 수 있습니다. 직장 내 괴롭힘 금지법의 취지에 맞춰 존중 경영을 천명하고 조직 내 윤리 수준을 향상시키며, 고충처리시스템을 구축하는 등의 직장 내 괴롭힘 대응 노력을 기울이는 기업은 기업의 법규 준수 이행, 사회적 가치 실현, 상향식 의사소통 과정을 통한 지배구조 개선 등 ESG가 지향하는 가치에 부합하는 기업으로 평가할 수 있기 때문입니다.

ESG의 가장 큰 특징은 '위장환경주의(Green Washing)'를 크게 경계하는 데에 있습니다. 보여주기 식의 형식적인 노력은 오히려 지속가능성을 해치므로 진정성 있는 노력을 더 높게 평가하는 것입니다. 직장 내 괴롭힘을 예방하는 데에 있어 가장 중요한 요소는 철저한 계획의 이행과 조치를 통해 발생하는 '경각심'입니다. 그런 점에서 ESG의 특징은 직장 내 괴롭힘 예방의 본질에 잘 맞닿아있다고 할 수 있습니다.

### ESG 리스크점수 평가항목

| 환경(Environment) | 사회(Social) | 지배구조(Governance) |
|---|---|---|
| • 화학물질 및 오염사고 | • 부당한 노동관행 및 노사갈등 | • 도덕성 |
| • 기후 변화 | • 사업장 안전보건위반 | • 임원의 보상문제 |
| • 에너지·자원 낭비 | • 불공정 관행 | • 리스크 관리부실 |
| • 생물 다양성 침해 | • 공급망 리스크 | • 경영권 분쟁 |
| • 법률 위반 | • 인권침해 | • 이사회의 비독립성 |
| | • 소비자문제 | • 내부거래 이슈 |
| | • 지역사회문제 | |

자료 지속가능발전소 ※2021년 기준

**ESG**

기업의 비재무적 요소인 환경(Environment), 사회(Social), 지배구조(Governance)를 뜻하는 말로 기업이 친환경, 사회적 책임 경영, 지배구조 개선 등 투명 경영을 고려해야 지속 가능한 발전이 가능하다는 철학을 담고 있다.

# 反괴롭힘, 국제협약으로 채택

국제노동기구(ILO)는 2019년 제108회 총회에서 일의 세계에서의 폭력과 괴롭힘에 관한 제2차 회의를 진행해 6월 21일 '일의 세계에서의 폭력과 괴롭힘의 제거에 관한 협약(Convention concerning the elimination of violence and harassment in the world of work, 2019 (No.190))'을 채택했습니다. 속칭 '반(反)괴롭힘 협약'이라고 합니다.

이 협약을 비준한 국가는 폭력과 괴롭힘으로부터 자유로운 '일의 세계에서의 권리'를 인정하고, 법과 정책 등을 통해 일의 세계에서의 폭력과 괴롭힘의 근절을 위해 종합적인 노력을 기울여야 합니다. 여기에는 젠더기반 폭력도 포함이 됩니다. 또한 일의 세계에서의 폭력과 괴롭힘을 금지하는 법령의 제정과 적절한 예방조치의 행사, 구제를 받을 기회의 확보, 교육 및 연수의 제공, 인식제고 캠페인 실시 등에 관한 규정을 포함하고 있습니다.

대상이 되는 근로자에는 근로기준법상의 근로자와 더불어 계약상의 지위에 관계없는 모든 근로자, 인턴, 견습생, 고용관계가 종료한 근로자, 자원봉사자, 구직자 등도 포함합니다. 또한 괴롭힘이 발생하는 장소는 직장뿐만 아니라 직장과 관련된 여행 등의 이벤트 장소, 식사 및 휴게 장소, 사용자가 제공하는 숙소, 출·퇴근 도중도 포함하고 있습니다.

### 근로자의 인권 향상

제190호 협약 이전까지 '폭력과 괴롭힘으로부터 자유로운 일의 세계에서의 권리'가 국제조약에서 명확하게 표현된 적이 없었습니다. 제190호 협약은 직장 내 폭력과 괴롭힘으로부터 자유로운 존엄과 존경을 바탕으로 한 노동의 미래를 형성할 수 있는 분명한 틀과 기회를 제공할 수 있습니다. 또한 노사정 삼자주의의 가치와 사회적 대화의 힘에 대한 확실한 증거이자, 국가차원에서의 실행을 위

**삼자주의**
정부, 기업, 노동조합을 대변하는 조직체의 구성, 집단 협의를 제도화하기 위해 고안됐다.

### 직장 내 괴롭힘 예방교육 내용 및 대상

| | 교육 내용 | 근로자 | 관리자 |
|---|---|---|---|
| 정의 | 직장 내 괴롭힘의 정의 | V | V |
| | 직장 내 괴롭힘 행위의 유형 및 사례 | V | V |
| 근로자 보호 | 근로자의 권리(괴롭힘 당하지 않을 권리, 피해사실 호소 후 보호받을 권리 등) | V | V |
| | 괴롭힘 목격 시 목격자의 역할 | V | V |
| 직장 내 괴롭힘의 원인과 피해 | 개인 차원의 직장 내 괴롭힘 원인 | V | V |
| | 조직 차원의 직장 내 괴롭힘 원인 | V | V |
| | 개인 차원의 피해 | V | V |
| | 조직 차원의 피해 | V | V |
| 직장 내 괴롭힘의 대응 | 신고를 하기 위한 회사 내·외부의 소통창구 | V | V |
| | 노조 등 근로자 단체의 대응 | V | V |
| | 괴롭힘을 겪을 시 피해자가 할 수 있는 조치 | V | V |
| | 사례접수 시 관리자 담당자가 할 수 있는 조치 | V | V |
| | 직장 내 괴롭힘 대응 절차의 사례 | V | V |
| | 예방을 위한 경영자 관리자 역할의 중요성 | V | V |

자료 고용노동부 ※2019년 기준

## 우리나라 직장 내 괴롭힘법과 ILO 협약 제190호의 내용 비교

| | 한국 | ILO 협약 제190호 |
|---|---|---|
| 근거 | 근로기준법, 산업안전보건법, 산업재해보상보험법 | ILO '일의 세계에서 폭력과 괴롭힘의 제거에 관한 협약' 제190호 |
| 정의 | 사용자 또는 근로자가 직장에서의 지위 또는 관계 등의 우위를 이용해 업무상 적정범위를 넘어 다른 근로자에게 신체적 및 정신적 고통을 주거나 근무환경을 악화시키는 행위 | 단일 또는 반복된 발생 여부에 관계없이 신체적·심리적·성적 또는 경제적 위해를 초래하는 것을 목적으로 하거나 또는 초래할 가능성이 있는 허용할 수 없는 행동과 관행·위협을 말하며, 젠더에 기초한 폭력과 괴롭힘을 포함 |
| 의무 | 금지규정 및 직장 내 괴롭힘 방지조치 | 금지규정 및 직장 내 괴롭힘 방지조치 |
| 책무 | 정부, 사업주, 근로자 | 국가, 사업주, 근로자 |
| 보호주체 및 대상 | 근로기준법상의 근로자 | 근로자, 계약상태에 관계없이 일하는 사람, 인턴과 견습생을 포함해 훈련 중인 사람, 고용이 종료된 근로자, 자원봉사자, 구직자, 구인응모자, 사용자의 권한·의무 또는 책임을 행사하는 개인 |
| 괴롭힘 발생장소 | 외근 및 출장지 등 업무수행이 이뤄지는 곳, 회식이나 기업행사 현장, 사적 공간, 사내메신저 및 SNS 등의 온라인상의 공간 | Ⓐ 일하는 공적 및 사적인 공간을 포함한 직장 내 Ⓑ 근로자가 임금을 받는 곳 휴식을 취하거나 식사를 하는 곳, 위생·세탁하거나 탈의하는 곳 Ⓒ 일과 관련된 출장, 여행, 훈련, 행사 및 사회 활동 Ⓓ 정보통신기술(ICT)로 가능해진 것을 포함해 일과 관련된 커뮤니케이션 Ⓔ 사용자가 제공하는 숙소 Ⓕ 출퇴근 시 |
| 보호 및 예방 | 예방교육에 대한 사항은 현 단계에서는 법정의무는 아님 | Ⓐ 비공식 경제근로자의 경우 공공 당국의 중요한 역할의 인식 Ⓑ 관련 사용자와 근로자 단체와 협의하고 또한 다른 방법을 통해 근로자와 기타 관련자가 폭력과 괴롭힘에 더욱 노출되는 부문 또는 직업 및 노동형태를 확인 Ⓒ 그러한 사람들을 효과적으로 보호하기 위한 조치를 취하는 것<br>Ⓐ 근로자 대표와 협의해 폭력과 괴롭힘에 대한 직장 정책을 채택하고 실행 Ⓑ 직업안전과 건강 관리에 있어서 폭력 및 괴롭힘과 관련된 심리적 위험을 고려 Ⓒ 근로자대표 참여로 위험성을 확인하고 폭력과 괴롭힘에 대한 위험을 평가, 이러한 것들을 예방하고 통제하기 위한 조치 마련 Ⓓ 근로자 및 다른 관련자의 권리와 책임에 관한 것을 포함해 확인된 위험성과 폭력과 괴롭힘에 대한 위험·관련된 예방과 보호조치에 대해 적절하고 접근 가능한 형식으로 근로자와 다른 관련자에게 정보와 훈련을 제공 |
| 조치, 집행 및 구제 | 사실 인지를 한 경우 지체 없이 사실확인을 위한 조사 실시, 피해근로자 등에 대해 근무장소 변경·유급휴가 명령 등의 조치, 행위자에 대해 징계·근무장소 변경 등의 조치, 신고한 근로자 및 피해근로자 등에 대해 해고 및 그 밖의 불리한 처우 금지 | 분쟁해결절차 도입(법원, 법적 조언 및 지원 등) |
| 제재 | 신고자나 피해자에게 불이익을 주면 3년 이하의 징역 또는 3000만원 이하의 벌금형 | 제3자 행위까지 포함해 직장에서의 폭력과 괴롭힘에 대해 제재를 가할 수 있음 |
| 업무상재해로서의 보상가능 여부 | 직장 내 괴롭힘, 고객의 폭언 등 업무상 정신적 스트레스가 원인이 돼 발병한 질병 (산업재해보상보험법) | 괴롭힘의 피해자는 정신적, 신체적 또는 다른 부상 및 질병으로 인해 일을 할 수 없는 경우에 보상 가능 |

한 필수적인 전제라는 점에서도 중요한 의미를 갖습니다.
전통적 '근로조건 중심주의'에서 나아가 '인권'이라는 본질로 돌아가는 접근이라는 점에서도 ILO의 반(反)괴롭힘 의제는 큰 의미를 갖습니다. 반(反)괴롭힘은 '보편적 산업안전권'이라고 할 수 있는 '폭력으로부터의 자유'에 방점을 두고 있는 것이지요. 따라서, ILO 제190호 협약은 다가올 '노동의 미래'에서 자유로운 인간이라는 우리 본성의 실현을 결코 놓치지 말아야 한다는 메시지로 다가오기도 합니다.

# 산업재해 관점에서 본 직장 내 괴롭힘

**고객응대근로자 보호법**

2018년 4월, 산업안전보건법에는 고객응대근로자라는 개념이 도입됐습니다. '주로 고객을 직접 대면하거나 정보통신망 이용촉진 및 정보보호 등에 관한 법률에 따른 정보통신망을 통해 상대하면서 상품을 판매하거나 서비스를 제공하는 업무에 종사하는 근로자'로 정의하고 있지요.

고객응대근로자 이전에는 '감정노동'이라는 표현이 있었습니다. 감정노동이란 업무수행 과정에서 자신의 감정을 절제하고 조직적으로 요구된 감정을 표현할 것이 요구되는 일에 해당합니다. 장시간 감정노동으로 정신적 스트레스 및 건강장해 등의 피해를 겪는 근로자가 늘어나고 있다는 점이 실태조사 등을 통해서 드러난 것입니다.

이에 현행 산업안전보건법 제41조에서는 ① 고객응대근로자에 대해 고객의 폭언 등으로 인한 건강장해를 예방하기 위한 조치(제41조 제1항) ② 고객응대 근로자에게 건강장해가

### 산업안전보건법과 중대재해처벌법 비교

| 산업안전보건법 | | 중대재해처벌법 |
|---|---|---|
| 산업재해 | 중대재해 | 중대산업재해 |
| 노무를 제공하는 자가 업무에 관계되는 건설물·설비·원재료·가스·증기·분진 등에 의하거나 작업 등의 업무로 사망, 부상, 질병에 걸리는 것 | 산업안전보건법상 산업재해 중 ① 사망자가 1명 이상 발생한 재해 ② 3개월 이상의 요양이 필요한 부상자가 동시에 2명 이상 발생한 재해 ③ 부상자 또는 직업성 질병자가 동시에 10명 이상 발생한 재해 | 산업안전보건법상 산업재해 중 ① 사망자 1명 이상 ② 동일 사고로 6개월 이상 치료 필요 부상자 2명 이상 ③ 동일 유해요인으로 인한 직업성 질병자 1년 이내 3명 이상 발생한 재해 |

발생하거나 발생할 현저한 우려가 있는 경우에는 업무의 일시적 중단 또는 전환 등 대통령령으로 정하는 조치(제41조제2항) ③ 근로자의 요구를 이유로 해고, 그 밖에 불리한 처우를 해서는 아니된다는 규정(제41조제3항) 등이 마련돼 있습니다.

### 고객의 폭언 등으로 인한 재해를 산업재해로 인정

2019년 7월 16일, 근로기준법에서 직장 내 괴롭힘 금지를 시행함과 동시에 산업재해보상보험법에는 직장 내 괴롭힘, 고객의 폭언 등으로 인한 업무상 정신적 스트레스가 원인이 돼 발생한 질병을 '업무상 질병'이라고 명시했습니다.

물론 그 이전에도 업무상 정신적 스트레스를 원인으로 한 여러 질병을 업무상 재해로 인정해오기는 했으나, 법에서 좀 더 명확하게 직장 내 괴롭힘 등을 원인으로서 인정한 데에 의미가 있는 것이지요.

최근 직장 내 괴롭힘 등이 원인이 된 재해에 대한 논쟁이 활발히 이뤄지는 영역이 있습니다. 바로 2022년 1월 27일에 대대적으로 시행된 중대재해처벌법에 따라 '직장 내 괴롭힘으로 인한 자살이 중대재해처벌법 적용대상인지' 여부입니다.

### 자살과 업무상 재해

업무로 인해 질병이 발생하거나 업무상 과로나 스트레스가 그 질병의 주된 발생 원인으로 질병이 유발 또는 악화돼 심신상실 내지 정상적인 인식능력이나 행위선택능력 등이 저하된 정신 장애 상태에 빠져 자살에 이른 것이라고 추단할 수 있으면 업무와 사망 사이에 상당인과관계가 인정된다.

결국 직장 내 괴롭힘 그 자체 뿐만 아니라 직장 내 괴롭힘을 원인으로 한 자살이나 질병의 발생을 원천적으로 차단해야 한다는 본연의 목적에는 변함이 없습니다. 법 이상의 노력(Beyond Compliance) 차원에서 직장 내 괴롭힘 발생 원인에 대한 추적·확인·제거를 안전 및 보건 확보 조치 중 하나로 포함시키는 등의 노력은 중대재해처벌법이 없더라도 반드시 해야 하는 것에 해당합니다.

> 사용자는 근로관계에 따른 배려 의무로서 근로자의 인격권을 보호하고 쾌적한 근로환경을 제공해야 할 의무가 있다.

SECTION 1 Report 1

# 직장 내 괴롭힘 금지법
# 논의부터 시행까지

우리나라에서 직장 내 괴롭힘에 대한 관심을 끌어모은 사건은 많았습니다. '갑질' '태움' 등 여러 용어로 불리며 일련의 사건이 언론에 노출되면서 국민적 관심을 모았습니다. 연이은 간호사 자살 사건, 2014년 재벌가 임원의 땅콩 회항 사건, 2018년 위디스크 직원 폭행 사건 등은 전 국민에 엄청난 충격과 분노를 불러일으켰습니다.

### '위디스크 사건' 법제화 급물살

특히 2018년 위디스크 직원 폭행 사건은 직장 내 괴롭힘 금지법 제정의 핵심적 원인으로 꼽히고 있습니다. 폭행을 가하는 영상, 녹음파일 및 사진 폭로 등으로 여론이 들끓는 가운데 괴롭힘 법안의 통합법안을 여야가 전격적으로 합의해 국회 본회의를 순식간에 통과하게 된 것입니다. 그 이후 2021년 10월 14일에 한 차례의 개정을 더한 것이 현재의 직장 내 괴롭힘 법제입니다.

국회에서 처음 직장 내 괴롭힘이 논의된 것이 2013년이므로, 법이 시행(2019년 7월)되기까지 6년 정도의 짧은 논의과정을 거친 것이라고 볼 수 있습니다. 그러나 정부는 2017년, 2018년 두 차례의 정책연구를 통해 직장 내 괴롭힘의 실태와 매뉴얼 등을 이미 마련해둔 상태였습니다.

### 통합적 체계 구축

우리나라의 기존 차별법제, 성희롱 및 감정노동보호 등의 실체법과 구제시스템을 고려

**10명 중 8명**
신고를 이유로 보복갑질을 당했다.
자료: 직장갑질119

### 직장 내 괴롭힘 금지법제의 통합적 규율체계

| 법률 | 규율 내용 | | | |
|---|---|---|---|---|
| | 괴롭힘 예방 | 사내 구제 절차 | 피해자 구제 | 책임 부과 |
| 근로기준법 | 괴롭힘의 포괄적 정의 규정 및 금지(제76조의20), 취업규칙에 의한 사용자의 예방조치 규정화(제93조제11호) | 사내 괴롭힘 신고권 보장, 사용자 즉시 조사 의무(제76조의3), 취업규칙에 의한 사용자의 사후조치 규정화(제93조제11호) | 조사 중 사용자의 신고인 및 피해자 보호 의무(제76조의3), 신고인, 피해자 보복 금지(제109조제1항) | 괴롭힘 확인 시 행위자에 대한 징계 등 조치 의무(제76조의3), 신고인, 피해자 불이익 조치 시 징벌(제109조제1항) |
| 산업재해보상보험법 | | | 괴롭힘으로 인한 질병의 업무상 질병 인정(제37조제1항제2호다목) | |
| 산업안전보건법 | 국가의 직장 내 괴롭힘예방을 위한 조치기준 마련, 지도 및 지원의무(제4조제1항제3호) | | | |

### 직장 내 괴롭힘 법제화 경과

| 주체 | 일정 | 주요 내용 |
|---|---|---|
| 정부 | 2017년 7월 19일 | 문재인 정부 100대 국정과제 '직장 내 괴롭힘 등으로부터 근로자의 권익구제 강화' 채택 |
| | 2018년 7월 18일 | 정부종합대책 '직장 등에서의 괴롭힘 근절 대책 마련·실행' |
| 국회 | 2018년 12월 27일 | 근로기준법, 산업재해보상보험법, 산업안전보건법 개정안 국회 본회의 통과 |
| | 2019년 1월 15일 | 근로기준법, 산업재해보상보험법, 산업안전보건법 개정안 공포 |
| | 2019년 7월 16일 | 근로기준법, 산업재해보상보험법 개정안 시행 |
| | 2020년 1월 16일 | 산업안전보건법 개정안 시행 |
| | 2021년 4월 13일 | 개정 근로기준법 공포 |
| | 2021년 10월 14일 | 개정 근로기준법 시행 |

해 괴롭힘의 예방, 피해자 보호 및 사업장 자율의 가치를 중심에 둔 통합적 체계를 갖췄다는 점에서 높이 평가되기도 합니다. 또한 내용적인 측면에서도 국제노동기구(ILO)의 제190호 협약과 제206호 권고의 상당 부분을 만족시킬 수 있는 선진적 법제도라고 평가할 수 있습니다.

특히 우리 근로기준법이 헌법 제32조제3항에서 정한 것처럼 "인간의 존엄성을 보장하도록" 하는 대원칙에 따라 제정됐음에도 주로 신체적·물리적 요소에 집중·국한돼 왔던 것이, 직장 내 괴롭힘 금지법 도입에 따라 정신적·관계적 요소까지 확대됐다는 점에서도 큰 의미를 갖고 있습니다.

SECTION 1 *Report 2*

# 직장 내 괴롭힘과 성희롱은 다르다

국제노동기구(ILO)는 폭력 및 괴롭힘의 정의에서 성희롱을 직장 내 괴롭힘의 범주에 포함시키고 있습니다. 즉 성희롱을 성(gender-based)에 기초한 '폭력'의 형태로 파악하고, 폭력과 괴롭힘을 포괄적으로 '물리적, 심리적, 성적 또는 경제적 위해를 초래하거나 야기할 가능성이 있는 용인할 수 없는 행동 및 관행'으로 넓은 범주에서 정의하며, 신체적 학대, 언어폭력, 성희롱, 위협 및 스토킹 등을 포함하는 것으로 해석합니다. 직장 내 성희롱은 곧 성적 괴롭힘이라고 할 수 있습니다. 이 책에서는 직장 내 괴롭힘을 직장 내 성희롱을 포함하는 개념으로 봤습니다. 이른바 '갑질'의 경우 직장 내 관계를 넘어서는 경우를 포함하므로 직장 내 괴롭힘을 포함하는 차원에서 파악할 것입니다.

우리나라의 직장 내 괴롭힘 법률은 기존의 직장 내 성희롱 법률과 매우 유사한 구조로 입법화됐습니다. 따라서 직장 내 괴롭힘 법률에 대한 이해를 하기 위해서 직장 내 성희

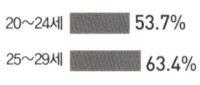

**20대 직장 내 성희롱 상담 비율**
- 20~24세 53.7%
- 25~29세 63.4%

자료 한국여성노동자회

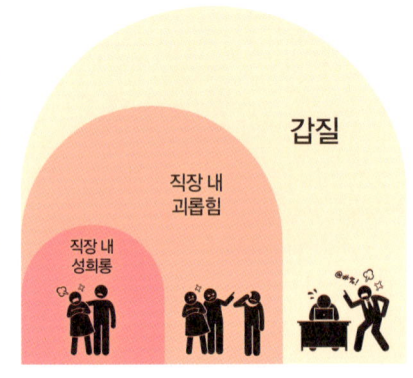

갑질 / 직장 내 괴롭힘 / 직장 내 성희롱

**성희롱**
성에 관계된 말과 행동으로 상대에게 불쾌감, 굴욕감 등을 주거나 고용상에서 불이익을 주는 등의 피해를 입히는 행위.

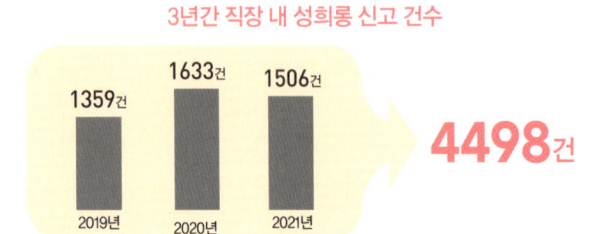

**3년간 직장 내 성희롱 신고 건수**
- 2019년 1359건
- 2020년 1633건
- 2021년 1506건
- **4498건**

자료 고용노동부

롱 법률의 규율 현황과 법체계를 보는 것도 의미가 있겠습니다.

### 직장 내 괴롭힘과 성희롱 법제의 비교

양 법제는 각각 금지행위에 대해 개념을 정의하고, 금지를 선언하는 한편, 사용자로 하여금 사후 조치 의무를 부여하고 있다는 점이 기본적으로 동일합니다. 양 법 모두 '괴롭힘 및 성희롱 발생 시 조치 의무'로 신고·인지 시 즉시 조사 개시, 조사 과정에서의 피해 근로자 등 보호 조치, 피해 사실 확인 후 피해자 및 행위자에 대한 조치, 행위자 조치 전 피해자 의견 청취, 비밀유지 의무, 피해근로자 등에 대한 불이익 처우 시 강력한 형사처벌을 부과하고 있다는 점에서 동일합니다.

양 제도는 근거 법률이 다르고 각각 헌법적 기초와 법의 실현 목적이 다르지만, 사업장 내 관계에서 다른 근로자에게 '고통'을 주는

## 직장 내 괴롭힘과 직장 내 성희롱 금지법 체계의 비교

| | 직장 내 괴롭힘 | 직장 내 성희롱 | 위반 시 제재 | |
|---|---|---|---|---|
| | | | 괴롭힘 | 성희롱 |
| 근거 법률 | 근로기준법, 산업안전보건법 | 남녀고용평등법 | | |
| 금지의무 대상 | 사용자 또는 근로자 | 사업주·상급자 또는 근로자 | 사용자의 괴롭힘(사용자의 4촌 이내의 친족에 의한 괴롭힘 포함)시 1000만원 이하 과태료 | 사업주의 성희롱 1000만원 이하 과태료 |
| 피해자 | 다른 근로자 | 좌동 | | |
| 업무 관련성 | 직장 내의 지위 또는 관계 등의 우위를 이용하여 | 직장 내의 지위를 이용하거나 업무와 관련하여 | | |
| 행위 내용 | 업무상 적정범위를 넘어 | 성적 언동 등 | | |
| 행위로 인한 피해 | 신체적·정신적 고통 또는 근무환경 악화 | 성적 굴욕감 또는 혐오감을 느끼게 하거나 행위에 따르지 아니하였다는 이유로 근로조건 및 고용에서 불이익을 주는 것 | | |
| 조사 및 조치 의무 | 누구든지 신고 | 좌동 | | |
| | 신고·인지 시 지체없이 조사 실시 | 좌동 | 500만원 이하 과태료 | 500만원 이하 과태료 |
| | 행위자에 대한 징계 등 필요한 조치 | 좌동 | 500만원 이하 과태료 | 500만원 이하 과태료 |
| | 행위자 조치 시 피해자 사전 의견 청취 | 좌동 | 500만원 이하 과태료 | |
| 예방과 조치기준 마련 의무 | 취업규칙 필수 기재사항(10인 이상 사업장) : 직장 내 괴롭힘의 예방 등에 관한 사항 작성 및 신고(산업안전보건법 제4조제1항 제3호) | 성희롱 예방지침 마련 및 게시 등(제13조제4항) | 500만원 이하 과태료 | |
| | 국가의 직장 내 괴롭힘 예방을 위한 조치기준 마련, 지도 및 지원의무(산업안전보건법 제4조제1항 제3호) | | | |
| 예방교육 | | 직장 내 성희롱 예방교육 실시 및 교육내용 게시 또는 비치(제13조제1항, 제3항) | | 500만원 이하 과태료 |
| 분쟁 해결 | 직장 내 괴롭힘의 예방 및 발생 시 조치는 취업규칙 필수기재사항 (제93조제11호) | 성희롱 예방 지침의 마련, 고충신고 시 자율적 해결노력과 신속처리 및 결과통보 등(제13조제4항 및 제25조) | | |

경우 불법 행위로 규정하고 있다는 점에서 개념적 유사성이 있습니다. 또 사업주의 발생 시 조치 의무에서는 거의 동일한 구조를 갖추고 있음을 확인할 수 있습니다.

다만 직장 내 성희롱법은 분쟁의 자율해결이라는 일반적 원칙이 적용되고 성희롱 예방교육의무가 명시돼 있지만, 직장 내 괴롭힘법은 사업주에게 괴롭힘의 예방과 조치에 대한 사항을 취업규칙의 필수기재사항으로 위임하고 있는 점이 차이라고 할 수 있습니다.

# 직장 내 괴롭힘의 개념과 성립요건

근로기준법 제76조의2는 직장 내 괴롭힘의 금지를 천명했으나, 구체적인 행위를 열거하지 않고 개념만을 제시하고 있습니다. 이 법에 의한 괴롭힘으로 인정되려면 아래와 같은 요건을 충족해야 합니다.

**가. 당사자** 직장 내 괴롭힘의 금지 주체는 사용자 뿐 아니라 누구든지입니다. 직장 구성원인 근로자도 직장 내 괴롭힘 행위 금지 대상입니다. 사업주, 사업경영담당자나 팀장 등 상사는 물론 동료, 부하 등 어떤 지위에 있는 근로자든 예외 없이 직장 내 괴롭힘 행위가 금지됩니다.

**나. 행위요건** 직장 내 괴롭힘 행위가 성립하기 위해서는 다음 세 가지 요건을 함께 만족해야 합니다.

### 지위 또는 관계 등의 우위를 이용하는 행위

'우위성' 요건이라고도 하며, 상대의 행위에 대해 저항 또는 거절이 어려울 가능성이 크다고 평가되는 경우에 인정됩니다. 매우 추상적인 표현이지요. 사건의 전말을 종합적으로 보았을 때 피해자가 행위자보다 '아랫사람'이라는 판단이 든다면 우위성을 인정하게 됩니다. 간혹 '이용'이라는 표현에 포커스를 두고, 행위자가 "나는 우위에 있었지만 우위를 '이용'한 것은 아니다"라며 본질을 흐리는 경우도 있습니다. 다만 실무상으로는 '이용' 여부를 별도로 탐구하지는 않습니다. 우위는 일종의

### 직장 내 괴롭힘 판단 기준

당사자와의 관계 / 괴롭힘 장소 및 상황 / 피해자의 반응 / 행위의 내용 및 정도 / 일회적 혹은 지속적

↓ 구체적 사정을 참작해 종합적으로 판단

> **제76조의2(직장 내 괴롭힘의 금지)**
> 사용자 또는 근로자는 직장에서의 지위 또는 관계 등의 우위를 이용해 업무상 적정범위를 넘어 다른 근로자에게 신체적·정신적 고통을 주거나 업무환경을 악화시키는 행위(이하 '직장 내 괴롭힘'이라 한다)를 해서는 아니 된다.

지위인데, 직장 내에서 자신의 지위를 모두 내려놓고 하는 타인에 대한 언행이라는 것이 존재하기가 거의 불가능하기 때문입니다.

우위성은 '지위'와 '관계'의 우위성으로 구분합니다. '지위상 우위'란 괴롭힘 행위자가 주로 직장 내 직위·직급 체계상 상위직인 경우를 의미합니다. 꼭 직접적인 지휘명령 관계가 아니어도 전체 조직의 직위·직급 체계상 상위에 있다면 인정될 수 있습니다.

'관계의 우위'는 우위가 있다고 판단되는 모든 관계를 말합니다. 조직도 내의 공식적 상하관계는 아니지만, 사업장 내의 통상적인 특징이나 평가를 바탕으로, 타인에게 영향력을 발휘하는 다양한 관계에서의 상하관계도 인정함으로써 다이내믹하게 발생되는 직장 내 괴롭힘 현상을 포섭하고 있는 것입니다. 가령 과장이 부장을 괴롭히면 우위성이 인정되지 않을 것 같지만 과장이 대표이사의 자녀라거나 부장이 속한 부서의 존폐에 강한 영향

력을 행사할 수 있는 사람인 경우라면 '관계의 우위'가 인정될 여지가 생기는 것이지요.

### 업무상 적정범위를 넘는 행위

직장 내 괴롭힘의 성립요건 중 가장 중요한 요건입니다. 문제가 된 행위가 업무상 적정범위를 넘어서지 않았다면 괴롭힘이 성립하지 않습니다. 업무상 적정범위를 넘는 것인지를 판단할 때에는 ① 업무 관련성이 있는 행위인지 ② 그 행위가 사회통념에 비춰볼 때 업무상 필요성이 있는지 ③ 업무상 필요성이 인정되나 그 행위 양태가 사회통념에 비춰볼 때 상당하지 않다고 볼 수 있는지를 기준으로 합니다.

우위성과 마찬가지로 글자 그대로만 보면 상당히 추상적인 개념이면서 실무에서는 가장 크게 쟁점화되는 요건이기도 합니다. 그런 만큼 대부분의 사건조사 과정에서는 업무상 적정범위 판단을 위한 단서 수집에 열중하게 됩니다. '비상식적인 행동이었는지' 여부를 판단해야 하기에 "그렇다면 상식이 무엇인가?"라는 질문을 던지게 되는 것이지요. '성적 언동' 여부가 중요한 직장 내 성희롱에 비해서는 판단해야 할 범위가 훨씬 넓다고 볼 수 있습니다.

한편 위 요건은 업무상 적정범위 내에서만 행동하라는 법의 메시지이기도 합니다. 이에 따라 회사에서는 업무상 적정범위를 스스로 정의할 필요성이 커지기도 하지요. 실제적으로는 '직무기술서'로 도출될 수 있는데, 통상 직무의 성격, 프로세스, 요건 정도를 기술해두는 것만으로도 업무상 적정범위 판단에 매우 큰 도움이 될 수 있습니다. 직무에 관한 사항 이외에는 행동지침, 즉 'Do&Don't' 가이드라인으로 도출될 수 있을 것입니다.

### 신체적·정신적 고통을 주거나 근무환경을 악화시키는 행위

신체적·정신적 고통을 주거나 근무환경을 악화시키는 행위는 객관적인 증빙을 전제로 하지는 않습니다. 즉, 고통을 인정받기 위해 진단서를 제출하는 등의 객관적 입증이 반드시 필요한 것은 아닙니다. 고통을 주는 행위가 피해자와 같은 처지의 합리적인 사람에게도 고통을 주는 행위인가를 기준으로 판단하며, 이를 '합리적 피해자 관점'이라고 합니다. 근무환경을 악화시키는 행위라는 것은 그로 인해 피해자가 능력을 발휘하는데 상당한 지장을 초래하는 것을 의미합니다.

이러한 결과가 발생하는 데에 행위자의 의도가 있었는지 여부는 직장 내 괴롭힘 요건에 속하지 않습니다. 다만 행위의 맥락 구성이나 조사 사후의 화해 등 조정 가능성에 영향을 미치고, 나아가 고의성이 있었다면 '비난가능성'이 높아지므로 처분 수위를 높일 수는 있습니다.

> 직장 내 괴롭힘 금지법 위반 시 최대 3년 이하의 징역 또는 3000만원 이하의 벌금에 처해진다.

#### 직장 내 괴롭힘 판단 요소

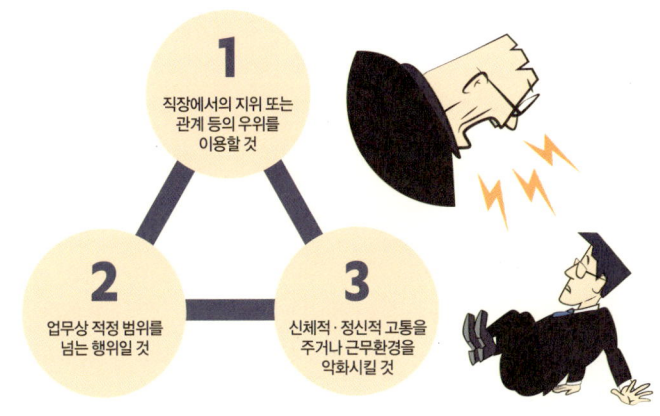

# 직장 내 괴롭힘 발생 시 사용자 조치

직장 내 괴롭힘 발생 시 사용자의 조치 사항으로 근로기준법 제76조의3은 ① 신고 및 인지 ② 사건조사 ③ 사건조사 중 피해근로자 등 보호 ④ 직장 내 괴롭힘으로 판단 시 행위자 및 피해근로자 등에 대한 조치 ⑤ 피해근로자 등에 대한 불이익 처우 금지 ⑥ 재발방지를 위한 예방 조치 등을 규정하고 있습니다. 사건 발생시 '누구든지' 사용자에게 신고하거나 사용자가 인지하면 지체 없이 사실확인을 위한 조사를 객관적으로 실시하도록 하고, 조사자 등에 대한 비밀유지 의무를 명시하는 한편 이를 위반한 경우 과태료를 부과하고 있습니다.

이 책의 섹션 3에서는 이 법에 의해 이행해야 하는 사용자의 조치의무에 대한 상세한 설명과 함께 실무적으로 궁금한 사례들을 다루습니다.

직장 내 괴롭힘 금지법의 큰 특징은 사용자에게 직장 내 괴롭힘의 예방과 조치에 관한 사항을 스스로 규범화하도록 한 것입니다. 10인 이상 모든 사업장은 취업규칙을 작성할 의무가 있습니다. 근로기준법 제76조의2는 직장 내 괴롭힘의 개념을 명시하고 있을 뿐 구체적인 행위를 열거하지 않고 있습니다. 근로기준법 제76조의3은 직장 내 괴롭힘 발생 시 사용자의 조치의무를 명시하고 있지만 이 조문만으로 사용자의 조치 절차를 수행하기 어렵습니다. 또 근로기준법 제93조제11호를 신설해 사용자에게 직장 내 괴롭힘의 예방과 사후조치에 관한 사항을 필수적으로 취업규칙에 기재하도록 법제화했습니다.

사업장 내에서 자율적인 방법으로 직장 내 괴롭힘 행위를 도출하고, 사건 발생 시 처리와 예방을 위한 조치를 강구함으로써 각 기업별 상황에 적합한 해결방법을 도출할 수 있도록 취업규칙 제도를 적절히 활용할 필요가 있습니다.

취업규칙 작성과 개정은 노동조합 및 근로자 과반수가 참여하게 되므로 절차적 공정성을 담보할 수 있으며, 생생한 현장의 언어와 행위를 담아 현실적으로 실천 가능한 행위규범을 마련해 직장 내 괴롭힘을 예방할 수 있습니다.

## 29.8%
직장 내 괴롭힘을 당했을 때 진료나 상담을 받지 못한 직장인 비율

자료: 직장갑질119, 공공상생연대기금
※2021년 기준

### 취업규칙에 규정할 수 있는 내용

- 금지되는 직장 내 괴롭힘 행위
- 직장 내 괴롭힘 예방교육
- 고충 상담
- 사건 처리 절차
- 피해자 보호 조치
- 가해자 제재
- 재발방지 대책

## 제76조의3(직장 내 괴롭힘 발생 시 조치)

① 누구든지 직장 내 괴롭힘 발생 사실을 알게 된 경우 그 사실을 사용자에게 신고할 수 있다.
② 사용자는 제1항에 따른 신고를 접수하거나 직장 내 괴롭힘 발생 사실을 인지한 경우에는 지체 없이 당사자 등을 대상으로 그 사실 확인을 위하여 객관적으로 조사를 실시하여야 한다. 〈개정 2021. 4. 13.〉
③ 사용자는 제2항에 따른 조사 기간 동안 직장 내 괴롭힘과 관련하여 피해를 입은 근로자 또는 피해를 입었다고 주장하는 근로자(이하 '피해근로자 등'이라 한다)를 보호하기 위하여 필요한 경우 해당 피해근로자 등에 대하여 근무장소의 변경, 유급휴가 명령 등 적절한 조치를 하여야 한다. 이 경우 사용자는 피해근로자 등의 의사에 반하는 조치를 하여서는 아니 된다.
④ 사용자는 제2항에 따른 조사 결과 직장 내 괴롭힘 발생 사실이 확인된 때에는 피해근로자가 요청하면 근무장소의 변경, 배치전환, 유급휴가 명령 등 적절한 조치를 하여야 한다.
⑤ 사용자는 제2항에 따른 조사 결과 직장 내 괴롭힘 발생 사실이 확인된 때에는 지체 없이 행위자에 대하여 징계, 근무장소의 변경 등 필요한 조치를 하여야 한다. 이 경우 사용자는 징계 등의 조치를 하기 전에 그 조치에 대하여 피해근로자의 의견을 들어야 한다.
⑥ 사용자는 직장 내 괴롭힘 발생 사실을 신고한 근로자 및 피해근로자 등에게 해고나 그 밖의 불리한 처우를 하여서는 아니 된다.
⑦ 제2항에 따라 직장 내 괴롭힘 발생 사실을 조사한 사람, 조사 내용을 보고받은 사람 및 그 밖에 조사 과정에 참여한 사람은 해당 조사 과정에서 알게 된 비밀을 피해근로자 등의 의사에 반하여 다른 사람에게 누설하여서는 아니 된다. 다만, 조사와 관련된 내용을 사용자에게 보고하거나 관계 기관의 요청에 따라 필요한 정보를 제공하는 경우는 제외한다. 〈신설 2021. 4. 13.〉

사건조사는 인사·법무·감사팀 등에서 수행하나, 조사자 단독으로 해결하기 어려운 경우에는 위원회나 외부 전문가를 통해 처리한다.

### 발생 시 조치를 위반한 경우 벌칙

제109조(벌칙) ① 제76조의3제6항을 위반한 자는 3년 이하의 징역 또는 3000만원 이하의 벌금에 처한다.
제116조(과태료) ① 사용자(사용자의 「민법」 제767조에 따른 친족 중 대통령령으로 정하는 사람이 해당 사업 또는 사업장의 근로자인 경우를 포함한다)가 제76조의2를 위반하여 직장 내 괴롭힘을 한 경우에는 1000만원 이하의 과태료를 부과한다. 〈신설 2021. 4. 13.〉
② 다음 각 호의 어느 하나에 해당하는 자에게는 500만원 이하의 과태료를 부과한다.
2. 제76조의3제2항·제4항·제5항·제7항을 위반한 자

# SECTION 2

## 사례로 보는 직장 내 괴롭힘 전문가의 법률 해석은?

직장 내 괴롭힘은 양상이 다양해서 행위 유형별로 살펴볼 필요가 있다.
직장 내 괴롭힘 사건이 사업장의 취업규칙에 금지되는 행위인지,
법상 직장 내 괴롭힘 개념 요건에
부합하는지를 종합적으로 판단해야 한다.

## 심리 상태 자가 진단 CESD-10-D

아래 문항을 잘 읽고 지난 1주일 동안 자신이 느끼고 행동한 것을
가장 잘 나타낸다고 생각하는 답변에 ○로 표시하세요. 한 문항도 빠짐없이 답하세요.

| | 문항 | 아니다 | 그렇다 |
|---|---|---|---|
| 1 | 비교적 잘 지냈다 | 1 | 0 |
| 2 | 상당히 우울했다 | 0 | 1 |
| 3 | 모든 일들이 힘들게 느껴진다 | 0 | 1 |
| 4 | 잠을 설쳤다(잠을 잘 이루지 못했다) | 0 | 1 |
| 5 | 세상에 홀로 있는 듯한 외로움을 느꼈다 | 0 | 1 |
| 6 | 큰 불만 없이 생활했다 | 1 | 0 |
| 7 | 사람들이 나에게 차갑게 대하는 것 같았다 | 0 | 1 |
| 8 | 마음이 슬펐다 | 0 | 1 |
| 9 | 사람들이 나를 싫어하는 것 같았다 | 0 | 1 |
| 10 | 도무지 뭘 해나갈 엄두가 나지 않았다 | 0 | 1 |
| | 각 칸별로 점수를 더해주세요 | A | B |

**총점(A+B)**

### 3이 넘으면 요즘 우울감을 경험하고 있는지 살펴보세요.

우울증은 마음의 감기라고 합니다. 일정 수준 이상의 스트레스에 노출되면 누구나 우울증에 걸릴 수 있습니다. 스트레스가 가중되면 우울 증상이 확산되고 평소에 비해 일상생활 기능이 저하될 수 있으므로 주의가 필요합니다.

&A

자료
신서연(2011). 한국어판 단축형 CES-D들의 타당성 연구, 서울대학교 대학원 석사학위 청구논문.
조맹제, 김계희(1993). 주요우울증환자 예비평가에서 CES-D의 진단적 타당성 연구. 신경정신의학32, 381-399.
Frank J. Kohout, et al.(1993) Two shorter from of the CES-D Depression Symptom Index, J. Aging and Health 5(2), 179-193

SECTION 2 Q&A

## CASE 1 당사자성 관련 사례

# DAO여도
# 직장 내 괴롭힘이 되나요

A와 B는 최근 탈중앙화된 자율조직(DAO)을 통해 NFT를 발행·판매해 수익을 창출하는 프로젝트를 시작했습니다. A는 프로 수준의 블록체인 개발자였고, B는 성공 경험이 많은 마케터이자 디자이너였습니다. DAO 구성원들은 이 둘의 시너지에 대한 강한 믿음으로 DAO에 참여했고, A와 B의 매끄러운 운영 능력이 빛을 발해 프로젝트는 매우 원활하게 진행되는 것처럼 보였습니다. 그러던 어느 날, DAO 커뮤니티에 운영진의 공지가 올라왔습니다. 그 공지는 개발자인 A가 쓴 글이었는데, 놀랍게도 마케터인 B의 폭력적 운영 방식에 대한 폭로가 담겨 있었습니다. 공지에 따르면, A는 B가 '협업'하는 여섯 명의 개발자 중 1명에 불과하고 본인은 출자하지 않았으며, B로부터 매달 고정된 금액으로 '지원금'을 받고 프로젝트 운영에 따른 인센티브는 없었습니다. B는 A를 자신이 임대한 공용 사무실에 다른 개발자들과 함께 주 7일 출근하도록 하면서 개발 업무를 구체적으로 지시했습니다. 또 DAO 커뮤니티에 공유한 개발 마감기한에 A가 항의를 하면, B는 폭언과 욕설을 하며

**용어설명**
## DAO

탈중앙화된 자율조직 (Decentralized Autonomous Organization, DAO). 생산기능을 최대화하고 그 작업을 계산 가능한 상호작용용 작업으로 분할하며 작업들을 수행하는 사람에게 인센티브를 제공한다.

"기한 내에 끝내지 못하면 프로젝트에서 불명예스럽게 퇴출시킬 것"이라고 협박을 하기도 했습니다.
공지글은 몇 분 후 삭제됐지만, 이미 글을 읽은 일부 DAO 구성원들은 글 내용을 캡처해 커뮤니티에 다시 올렸고, 다른 인터넷 커뮤니티에도 전파했습니다. 이로 인해 DAO 내외를 불문하고 엄청난 비난이 쏟아졌고, DAO의 운영자금이나 다름 없는 토

>
> 근로기준법상 근로자에게 발생한 직장 내 괴롭힘은 사업주가 근로기준법에 따른 조치 의무를 부담한다.

### 전문가 조언

근로기준법은 법에서 인정하는 '근로자'를 보호하기 위해 사용자에게 법적 의무를 지우는 법률이기 때문에 '근로기준법상 근로자'인지 여부에 따라 법률 적용 여부가 달라집니다. 대법원은 이와 관련해서 "근로기준법상의 근로자에 해당하는지 여부는 계약의 형식에 따라 일률적으로 판단할 것이 아니라 실제로 근로자가 종속적인 관계에서 사용자에게 근로를 제공하였는지 여부에 따라 판단"한다는 기준을 세웠습니다(대법원 2007.9.7. 선고, 2006도777 판결 등 참조). 한편 근로기준법에서 '직장 내 괴롭힘'에 관한 조항은 5인 이상 사업장에 적용됩니다.

즉, A가 B에게 고용된 '근로자'라는 점을 입증하고, 다른 '협업 개발자'들 역시 B에게 고용된 근로자라는 점이 입증된다면, A는 근로기준법상 직장 내 괴롭힘에 관한 규정으로 보호받을 수 있습니다.

A가 작성한 글이 모두 사실이라면, A는 사실상 B에게 종속적인 관계에서 근로를 제공한 것으로 인정될 여지가 있습니다. '지원금' 명목으로 인센티브 없는 고정급을 받고, 출근 의무와 출근 장소를 규율받고, 업무에 관한 구체적인 지시를 받았기 때문입니다. 또한 다른 협업 개발자들도 동일한 상황에 처해 있다면 이들도 마찬가지로 B와의 종속적 관계가 인정될 수 있을 것입니다. 따라서 A는 근로기준법을 통한 법적 보호를 받을 가능성이 있다고 볼 수 있습니다.

DAO는 블록체인 기술과 함께 혜성처럼 등장한 새로운 형태의 조직으로, 아직까지는 일반 대중이 그 구조를 받아들이기가 쉽지만은 않은 상황입니다. 그러나 DAO 역시 '사람'이 '일'을 하는 조직이므로, 반드시 그 안에는 노동이 존재합니다. 이 점을 이해한다면 직장 내 괴롭힘 역시 전혀 멀리 있는 개념만은 아닐 것입니다.

큰의 가격은 순식간에 50% 폭락해 결국 A와 B의 DAO 프로젝트는 존폐 위기를 맞게 됐습니다.

DAO 커뮤니티에서는 논쟁이 이어졌습니다. 개발자인 A를 옹호하는 사람들은 B가 A에 대해 벌인 행위는 추악하고 결코 발생해서는 안 되는 비윤리적 행위라고 비난했습니다. 하지만 마케터인 B를 옹호하는 사람들은 폭언, 욕설이나 협박의 내용은 알 수 없고, B가 공유한 개발 마감기한은 프로 수준의 개발자라면 넉넉한 기한이었으며, 결국 프로젝트가 존폐 위기에 빠진 책임은 폭로 글을 작성한 A가 져야 한다고 반론을 제기했습니다.

이때 DAO 커뮤니티의 한 구성원은 "'직장 내 괴롭힘'은 누구든지 신고할 수 있으니, 노동청에 이 사건을 신고해서 조사 결과를 받아보자"라고 제안했습니다. 이 제안은 순식간에 표결에 부쳐졌고, 51%의 찬성을 받아 결국 이 사건은 노동청에 접수됐습니다. 그런데 DAO 프로젝트는 일반적인 회사가 아닌데, 근로기준법에서 규율하는 '직장 내 괴롭힘'을 당했다고 볼 수 있을까요?

SECTION 2 Q&A

# CASE 1 당사자성 관련 사례

## "원청 생산팀장의 고압적인 태도 때문에 괴로워요"

"오늘 이거 제대로 안되면 알아서 해"

A는 지방에 있는 한 캠핑용품 제조공장에서 포장 업무를 하고 있습니다. 주 52시간제 시행 이전보다 일하는 시간이 줄긴 했지만 코로나19 이후 부쩍 늘어난 캠핑의 인기로 인해 불어난 주문 물량을 감당하느라 오히려 일하는 시간동안 일의 강도는 더 세졌고, 다들 업무시간 중에는 정신없이 일하느라 바빴습니다.

A가 일하는 포장 라인에는 A를 비롯한 하청 직원들이 직접적인 포장 업무를 하고, 같은 하청 소속으로 포장 작업을 총괄하는 현장대리인 B가 하청 직원들의 업무를 관리감독하고 있었습니다.

하청 직원들은 가뜩이나 일이 몰려 힘든데 최근 원청 소속 생산팀장 C가 하청 직원들을 대하는 고압적인 태도에 모두 불만을 느끼게 됐습니다. 주문 물량이 폭증해 생산라인을 풀가동하면서 원청의 생산팀장으로서 여러 가지 스트레스를 받고 있던 C는 극도의 스트레스를 하청 직원들에게 풀었던 것입니다.

하루는 C가 포장 업무를 하고 있던 A에게 다가와 현장대리인 B가 연락을 잘 받지 않는다며 따지듯이 B가 어디에 있는지 물었습니다. A는 당혹스러웠지만 업무 수행 중인지라 B의 행선지를 정확히 모르고, 본인도 연락을 취해보겠다고 침착하게 대답했습니다. 그런데 C는 갑자기 고성을 지르며 "에잇, B는 도대체 어디를 간 거야. 바빠 죽겠는데, 연락도 안 받고"라고 하더니, 놀라서 쳐다보는 A에게 "뭘 봐요? 일 안해요? 오늘도 물량 못 맞추면 당신이 책임질거야?"라며 다그쳤습

> 하청의 사용자는 직접 근로관계에 있는 직원에 대해 재발방지조치 등 사업장 질서 유지를 위한 조치를 실시해야 한다.

**9.3%**
직장 내 괴롭힘 행위자가 원청업체 관리자 또는 특수관계인에 해당한다.

 자료 직장갑질119, 공공상생연대기금 ※2020년 기준

니다.
이 상황을 지켜보던 A와 같은 하청 직원들에게도 "당신들, 오늘 이거 제대로 안되면 알아서 해. 업체를 바꾸든가 해야지 원"이라며 으름장을 놓았습니다.

하청 직원을 상대로 한 이와 같은 C의 횡포는 나날이 반복됐습니다. 이에 A는 견디다 못해 동료들을 대신해서 원청 인사팀과 하청업체 대표에게 직장 내 괴롭힘을 당하고 있다며 신고를 했습니다.

원청 직원인 C가 A를 비롯한 하청 직원들에게 행한 횡포도 근로기준법상의 직장 내 괴롭힘에 해당함을 이유로 원청은 C에 대한 조치 의무를, 그리고 하청업체는 A를 비롯한 하청 직원들에 대한 보호 의무를 부담하게 될까요?

### 전문가 조언

A를 비롯한 하청 직원에 대한 C의 횡포는 원청 소속이라는 지위·관계상의 우위를 이용해 업무상 적정범위를 넘어 신체적·정신적 고통을 주거나 근무환경을 악화시키는 행위를 한 것으로 볼 수 있습니다. 다만, C의 행위가 '직장 내 괴롭힘 행위'에 해당할지 여부는 조금 더 살펴봐야 할 필요가 있습니다. 근로기준법에서 규율하고 있는 직장 내 괴롭힘에 해당하려면 사용자 또는 근로자(행위자)가 다른 근로자(피해자)에게 한 행위여야 합니다. 원칙적으로 같은 직장, 즉 같은 사용자 소속의 근로자 간 또는 사용자와 근로자 사이에 발생한 행위여야 하는데, A와 C의 소속이 달라서 C가 근로기준법상의 직장 내 괴롭힘의 행위자로는 인정되기 어렵기 때문입니다.

다만 원청의 취업규칙 등 사규에서 직장 내 괴롭힘에 관한 규정의 적용에 대해 하청업체와 같이 원청의 업무와 관련한 업체 소속의 직원에게 한 행위까지도 적용할 수 있는 근거 규정이 있다면, 내부 규정에 따라 직장 내 괴롭힘이 성립될 수는 있습니다.

참고로 서울지방노동위원회에서는 협력업체 직원이 근로자의 직장 내 괴롭힘에 대한 고충을 제기한 사례에 대해 직접적으로 직장 내 괴롭힘에 해당한다는 판단은 하지 않았지만 '직장 질서 유지 등'을 위해 근로자를 전보한 것이 정당하다고 보기도 했습니다(서울지노위 2020.9.4. 결정, 2020부해1911).

물론 법률상의 직장 내 괴롭힘에는 해당하지 않는다고 하더라도 그 피해 사실이 명확하다면 하청의 사용자는 A 등 직접 근로관계에 있는 직원에 대해 재발방지조치 등 사업장 질서 유지를 위한 조치를 실시하는 것이 바람직합니다.

이처럼 현실적으로 발생 가능한 피해지만 법의 공백에 의해 적절한 보호를 받지 못하는 사례도 존재할 수 있습니다.

사용자는 사업장 내 '비위행위'에 대해서는 그 상대가 누구이든 취업규칙에서 정한 징계사유에 해당한다면 징계 조치를 할 수도 있습니다. 회사가 개입할 필요가 있는 적정선을 판단하는 일은 매우 중요합니다. 최소한 도덕윤리와 사회통념에 비춰 볼 때 부적절한 행위라면 직장 내 괴롭힘의 성립 여부와 관계 없이 필요한 규범을 세우고 질서를 다잡는 조치는 분명히 필요합니다.

# SECTION 2 Q&A

## CASE 1 당사자성 관련 사례

# "열심히 안하면 작은 회사로 보내 버릴거야"

A는 요리 체험 교육 사업을 영위하는 C사에서 교육사업부 부장으로 근무한 지 4년이 됐습니다. 요리 체험 교육 사업은 A의 적극성과 아이디어를 토대로 3년 연속 200%대 성장을 거듭하며 직원 수가 80명까지 늘었습니다.

C사의 대표이사인 B는 출판 사업을 위해 D사를 별도 법인으로 설립했는데, B는 A에게 D사의 출판사 마케팅 및 영업지원 업무를 맡아달라고 부탁했습니다. A는 B에게 인정받았다는 점이 좋았고 집필활동을 해 보는 것이 꿈이었기 때문에 B의 제안을 수락했습니다.

B는 A에게 두 회사가 별개의 법인이고 D사의 총괄은 B의 남편인 E이기 때문에 A를 C사에서 퇴사 처리하고 D사로 입사 처리한다고 했습니다. 퇴사 처리한 덕분에 A는 퇴직금을 받아 차도 새로 뽑았고, 퇴사 바로 다음날부터 새로운 마음으로 근무를 시작했습니다.

D사는 별도의 법인이기는 하지만 회의실, 탕비실 등 업무공간을 C사와 함께 사용하고 C사 사무실의 한쪽에 책상 네 개만 파티션으로 구분돼 있어 A는 출근 장소는 그대로인데

**78.3%**
5인 미만 근로자 사업장은 직장 내 괴롭힘 관련 교육을 못 받은 것으로 나타났다.

자료 한국노동연구원
※2021년 기준

책상의 위치만 바뀌었습니다. D사는 요리 체험 교육에 관한 콘텐츠를 주로 출판하고 있어 C사 직원과 D사 직원이 함께 회의하는 경우가 많았습니다. 함께 회식을 하거나 C사의 직원이 휴가를 가는 경우 D사에서 A나 보조 직원이 대신 업무를 하기도 해 실질적으로 기존 업무 환경과 달라지지 않았고 적응에 무리가 없었습니다.

그런데 어느 날부터 A는 E가 하는 말 때문에 출근하기가 싫어졌습니다. 본인에게 잘 보이라는 식의 표현을 자주 하는가 하면, 새로 산 명함 지갑을 보더니 "와~ A야 너끼만 샀니?"라고 하면서 당황하게 하거나, 업무와 아무 관련도 없는 주제를 꺼내면서 직원들의 사생활에 대해 묻고 간섭을 했습니다.

최근에는 무슨 교육을 듣고 왔는지 회식을

> 4인 이하의 근로자가 있는 사업장은 직장 내 괴롭힘 규정이 적용되지 않는다. 다만, 여러 개의 사업체가 실질적으로 하나의 사업으로 운영되는 경우 하나의 사업장으로 보고 근로자 수를 판단한다.

하다가 C사 직원에게도 "5명이 안 되는 회사는 사람을 잘라도 된다더라. 일 열심히 안 하면 D사로 보내서 잘라버린다"라고 했습니다. 회의 시간에 의견 충돌이 있는 날에는 시큰둥한 표정으로 허공을 보면서 혼잣말처럼 하지만 A에게 들리게 "내 마음에 안 들면 다 갈아버리는 거지, 뭐. 자동차 부품은 새것으로 바꾸면 더 잘 달려요. 자동차도 그런데 회사는 어떻겠어"라는 말을 거듭했습니다. 그 뒤로 누가 실수라도 하면 그런 말을 계속합니다.

A는 '무시하고 돌아서서 할 일만 하면 되지'라고 생각을 하면서도, 본인이 대표도 아니면서 직원을 해고 시킬 것 마냥 위협을 주는 E의 태도 때문에 가슴이 답답하고 구역질이 나는 기분입니다. A는 B를 만나 하소연을 하고 싶지만 E는 B의 남편이니 이런 말을 하는 것이 조심스럽습니다. 인터넷에 검색해보니 E의 말처럼 5인 미만 회사를 다니는 직원은 부당 해고 구제신청을 할 수 없고 직장 내 괴롭힘에 대한 보호도 받을 수 없다고 합니다. A는 E의 행동으로부터 직장 내 괴롭힘 금지법의 보호를 받을 수 있을까요?

### 전문가 조언

최근 개정의 움직임이 활발하게 있으나 현행법으로는 상시 4명 이하의 근로자를 사용하는 사업 또는 사업장은 원칙적으로 근로기준법의 적용이 배제됩니다(근로기준법 제11조, 근로기준법 시행령 제7조). 직장 내 괴롭힘 관련 조항들도 적용이 배제 되는 법률에 포함돼 상시 4명 이하의 근로자를 사용하는 사업장에는 직장 내 괴롭힘 규정이 적용되지 않습니다.

따라서 E가 A에 대해 한 행위의 경우 D사는 5인 이상 사업장이 아니고 C사 소속 직원에게 한 행위는 다른 회사이기 때문에 직장 내 괴롭힘으로 볼 수 없다는 견해가 있을 수 있습니다. 그러나 D사를 상시 4명 이하의 사업장으로 볼 수 있는 것일까요? 4명 이하 사업장이라 할지라도 여러 개의 사업체가 실질적으로 하나의 사업으로 운영되는 경우에는 하나의 사업장으로 보고 근로자 수를 판단하게 됩니다.

노무관리 및 회계가 명확하게 독립적으로 운영돼 취업규칙 단체협약 등이 별도로 적용되고 근로조건의 결정이 독립성 있게 운영되는지 등을 고려합니다(행정해석 1990.09.26. 근기 01254-13555 등).

사례의 경우 C사업장과 D사업장은 업무공간, 회의실 등 시설을 함께 운영하고 휴가 등 업무 공백 시 대체 업무를 하는 등 노무관리가 실질적으로 하나의 사업으로 운영되고 있는 경우에 해당합니다.

따라서 C사와 D사의 근로자 수를 합쳤을 때 80명 이상이므로 직장 내 괴롭힘 금지에 관한 조항이 당연히 적용돼 A는 E의 직장 내 괴롭힘에 대해 보호받을 수 있습니다. 또한 C사의 직원도 C와 D가 실질적으로 하나의 회사이므로 E가 "D사로 보내서 잘라버린다"라고 언급한 사실에 대해 직장 내 괴롭힘으로 신고할 수도 있습니다.

더구나 2021년 10월 14일부터는 사용자 외에도 사용자의 배우자, 4촌 이내의 혈족 및 인척이 해당 사업장의 근로자로서 다른 근로자에게 직장 내 괴롭힘을 하는 경우 1000만원 이하의 과태료를 부과할 수 있습니다.

A가 관할 노동청에 이 사실을 신고한다면 사용자의 배우자인 E가 직장 내 괴롭힘을 했기 때문에 과태료 처분이 내려질 수 있습니다.

# SECTION 2 Q&A

## CASE 1 당사자성 관련 사례

# 외국인 근로자에게
# "좀 씻고 다니자"

A는 중국인입니다. 그는 구직비자(D-10)로 한국에 입국해 현재 대형 어학원에서 중국어 강사로 근무하고 있습니다. 한편 B는 A를 포함한 20여 명의 중국어 강사를 총괄 관리하는 중국어팀 팀장입니다.

A는 프리랜서 계약서를 작성하고 근무했고, B로부터 강의종목·강의시간·강의장소를 지정받아 거의 매일 출근했습니다. 정해진 강의 시간표에 따라 직접 강의를 하고, 수강생이 없어 폐강하는 경우를 제외하고는 시급으로 보수를 지급받았습니다. 근무시간은 B로부터 지정받은 강의 일정에 따라 변경되기도 하고, 강의 내용이나 방법은 A가 비교적 자율적으로 결정할 수 있습니다. 한편 A의 보수는 근로소득세가 아닌 사업소득세로 처리됩니다.

일한 지 한 달쯤 지난 어느 날 A는 학원 복도에서 B를 마주쳐서 "안녕하세요"라고 인사했습니다. A의 인사를 받은 B는 잠시 미간을 찌푸리더니 "잠시만요"라는 말과 함께 A를 불러 세우더니 "A씨 오늘 씻고 왔어? 잘 안 씻는 게 문화여도 학원은 깨끗하게 씻고 다니자"라고 했습니다.

**500만원**
사용자가 직장 내 괴롭힘 행위의 조사와 조치의무를 이행하지 않으면 과태료가 부과된다.

A는 이 발언이 자신과 국가에 대한 모욕으로 느껴져서 수치스러웠으나, 순간 벌어진 일에 당황스럽기도 하고 복도에 있던 다른 강사와 학생들이 쳐다보고 있어서 별다른 대응을 하지 못하고 황급히 자리를 떠났습니다.

그로부터 일주일 후 B가 A를 포함한 중국어

>
> 외국인 근로자도 근로기준법이 적용되는 근로자에 해당한다면 직장 내 괴롭힘 금지법의 보호를 받는다.

강사들에게 모이라는 공지를 했습니다. 중국어팀이 모두 모이자 B는 학원의 기본적인 규칙을 다 같이 공유하는 시간을 갖겠다고 하며 '깨끗하게 씻고 다니자!'라고 쓰여있는 PPT 화면을 띄웠습니다. 이어 "향신료 냄새나 땀 냄새가 나지 않도록 학원 내에서 청결히 하고 다녀주세요. A씨 듣고 있나?"라고 말했습니다. A는 갑작스럽게 자신의 이름이 호명돼 매우 수치스러운 감정을 느꼈습니다. 이후 A는 B를 마주칠 때마다 심장이 쿵쾅거리고 주변이 의식돼 정신적 스트레스가 이만저만이 아니었습니다. 결국 B와 마주하고 일하기 어려워진 A는 고민 끝에 어학원 원장을 찾아가 자신의 고통을 호소하며 'B가 다수 앞에서 폭언했다'고 직장 내 괴롭힘 신고를 했습니다.

이에 대한 조사 진행 시 B는 A에게서 실제로 향신료 냄새와 땀 냄새가 나서 씻고 다니라고 한 것뿐이라고 진술하며, A는 외국인이어서 직장 내 괴롭힘 당사자가 될 수도 없다고 반박했습니다.

외국인 A에 대한 B의 행위를 직장 내 괴롭힘에 해당한다고 볼 수 있을까요?

### 전문가 조언

외국인 근로자도 근로기준법이 적용되는 근로자라면 직장 내 괴롭힘 금지법의 보호를 받습니다. 따라서 외국인이라는 사정만으로 직장 내 괴롭힘의 당사자가 될 수 없다고 볼 수는 없습니다. 다만 A는 근로계약서가 아닌 '프리랜서 계약서'를 작성했다는 문제가 있는데, 프리랜서 계약을 체결한 A가 '근로자'인지에 대한 판단이 선행적으로 필요할 것입니다.

대법원은 근로기준법상의 근로자에 해당하는지 여부는 실질에 있어 근로자가 사업 또는 사업장에 임금을 목적으로 종속적인 관계에서 사용자에게 근로를 제공했는지 여부에 따라 종합적으로 판단하는 기준을 세웠습니다(대법 2006도777 판결, 2007.09.07. 선고).

사례에서 A는 B로부터 강의종목·강의시간·강의장소에 대한 총괄 관리를 받았고, 보수를 시급으로 지급받았습니다. 보통의 근로자와 유사한 특성을 갖고 있는 것입니다. 물론 강의 내용이나 방법 등에 대한 구체적·개별적인 지휘나 감독을 받은 것은 아니고, 근로소득세가 아니라 사업소득세 처리된 사실이 있습니다. 하지만 일반 근로자들 중에서도 업무내용이나 업무 방법을 재량적으로 선택하는 경우도 있고, 세무처리는 학원에서 임의적으로 할 수 있기 때문에 A를 근로자로 보지 않아야 할 이유라 판단하기는 어렵습니다. 따라서 A는 근로기준법상 근로자로서 직장 내 괴롭힘 당사자성이 인정될 가능성이 있습니다.

한편 사례를 보면 B는 A를 총괄 관리하는 팀장이므로 지위상 우위에 있고, 행위 자체나 전후 경위를 보면 팀장이라는 지위를 이용한 것으로 볼 수 있습니다. 또한 내용상 다수의 직원들 앞에서 굳이 발언할 업무상 필요성이 있다고 보기는 어렵고, 그 행위 양태가 사회통념상 상당하다고는 보기 어려운 폭언으로 분류될 수 있습니다. 나아가 A에게는 신체적·정신적 고통이 발생한 것으로 보입니다. 종합적으로 볼 때 B의 행위는 직장 내 괴롭힘에 해당할 것으로 보입니다.

어학원뿐만 아니라 일반 기업에서도 점점 다양한 국적의 사람들이 함께 일하는 고용환경이 조성되고 있습니다. 조직의 다양성은 성장하기 위해 반드시 필요한 요소지만, 그 과정에서 충분한 이해나 배려가 없다면 갈등으로 쉽게 번질 수 있음을 유의해야 합니다.

# SECTION 2 Q&A

## CASE 2 우위성 관련 사례(지위상 우위)

# "공과 사는 구분합시다"

회사는 한국에서 주목받는 스타트업으로, 최근 대체 불가능 토큰(NFT)을 활용한 상품을 통해 성장세를 보이고 있습니다. 이 중심에는 트렌드에 대한 감각이 훌륭한 B 과장이 있었습니다. 이 사실이 시장에 알려지기 시작하자 곧이어 B에게 이직 제의가 물밀듯이 쏟아져 들어왔습니다. 이를 눈치챈 회사는 B를 붙잡아두기 위해 여러 안을 고민했습니다. 그러던 중 "차라리 B가 사장을 하면 좋겠다"라는 이야기가 들려오는 것에 착안해, 파격적으로 B를 전무로 발탁했습니다. 인사는 말 그대로 파격 그 자체였습니다.

그렇게 B는 모든 젊은 사원들로부터 선망의 대상이 됐고, 워낙 스타일도 좋은 편이라 사내에서 여러 이성에게 대시를 받기도 했습니다. 그런데 사실 B는 같은 회사의 계약직 직원인 A와 교제 중이었습니다. A는 B가 전무로 발탁된 이후, B의 주변을 어슬렁거리는 이성 직원들이 계속 신경 쓰였습니다. 얼마 가지 않아 A는 B에게 '공개연애'를 하자고 이야기했지만 B는 조금만 더 참아 달라고 부탁했습니다.

그러나 A는 B의 주위 사람들로 인해 겪는 스트레스를 참을 수가 없었고, 이로 인해 A와 B는 데이트를 하면서 다투는 일이 많아졌습니다. B는 A에게 "난 임원이고 넌 계약직이잖아. 둘 다 정규직도 아닌데, 회사 더 다니고 싶으면 제발 조용히 있어"라고 말하거나 "내 앞길 막으려고 하냐. 나한테 이런 일로 피

**76.2%**
직장 내 괴롭힘을 당했을 때 직장인 10명 중 7명이 참거나 모르는 척했다고 응답했다.

자료: 직장갑질119, 공공상생연대기금
※2022년 기준

 업무 외적 관계가 복합적으로 작용해 발생한 사안의 경우 직장 내 괴롭힘으로 판단하기 어렵다.

해 주면 지금 회사에 좋을 게 없다"고 발언하기도 했습니다.

그럼에도 불구하고 A는 동료 직원에게 자신이 B와 연애 중이라는 사실을 밝혔습니다. 이를 알게 된 B는 A에게 곧바로 이별을 통보했습니다.

그 이후 A는 동료 직원들에게 B에 대한 뒷담화를 하거나 B와 관련된 일이라면 업무 협조를 하지 않는 등 성실하지 못한 태도로 회사를 다녔습니다. 이에 화가 난 B는 결국 A를 사무실에 따로 불러 "계속 이렇게 업무를 하면 회사와의 계약 연장이 어려울 수 있으니 자중하면 좋겠습니다"라고 경고했습니다.

이 얘기를 들은 A는 계약 갱신이 되지 않을 것이 두려워 회사에 B를 상대로 데이트 과정에서의 폭언, 일방적 계약 연장 불가 통보 등으로 직장 내 괴롭힘 신고서를 제출했고, 조사 과정에서 B가 했던 발언들을 모두 진술했습니다. 사건을 검토하던 고충처리담당자는 B가 A에 대해 '지위상 우위를 이용'한 행위를 했는지 여부가 쟁점이 될 것이라고 생각했습니다. 연인 관계였던 A와 B 사이에 지위상 우위성이 있다고 볼 수 있을까요?

## 전문가 조언

완전히 업무상 관계에서 벌어진 일이 아닌 연애관계 등 업무 외의 관계가 복합적으로 작용해 발생한 사안의 경우 ① 업무 관련성이 있는 행위로 볼 수 있는지 ② 직장 내 지위 또는 관계상의 우위를 이용한 행위인지 등의 판단기준을 두고 개별적으로 직장 내 괴롭힘 여부를 판단하게 됩니다.

특히 이번 사례에서는 A가 지목한 행위로 데이트 과정에서의 폭언이 포함됐는데, 문제는 A와 B가 다투던 중요 아젠다가 '사내 공개 연애' 즉 회사와 깊은 관련이 있습니다. 따라서 B가 임원이라는 지위나 회사 상황 등을 직접적으로 표현함으로써 직장 내에서의 지위상 우위를 이용했는지, 그에 따라 업무 관련성까지도 충족될 수 있는 것인지 판단을 필요로 하는 정황이 존재합니다.

종합해 보면 ① 업무가 아닌 사적인 데이트 과정에서의 발언인 점 ② 사내 공개 연애 이슈를 A가 먼저 제기한 점 ③ B의 발언은 서로 고용이 보장된 상황이 아니고, 회사 상황을 들어 자신에게 피해를 끼치지 말라는 취지의 내용일 뿐 자신의 지위를 이용한 발언이라고 보기는 어려운 점 등을 고려하면, B가 A에 대해 직장 내에서의 지위상 우위를 이용했다고 판단하기는 어려워 보입니다.

한편 A가 지목한 '일방적 계약 연장 불가 통보'에 대해서는 사실관계 자체가 '계약 연장 불가 통보'가 아니라 A의 부적절한 행위에 대해 엄중히 경고한 것으로 보입니다. 따라서 A의 주장과는 차이가 있고, B의 발언 자체도 지위상 우위를 이용한 행위이기는 하지만 업무상 적정범위를 넘었다고 판단하기는 어려울 것입니다.

A의 직장 내 괴롭힘 신고는 다른 사실관계가 추가되지 않는 한 불성립 판단될 가능성이 높습니다. 모든 인간관계에서의 갈등을 직장 내 괴롭힘으로 관리할 수는 없습니다. 사내연애처럼 공과 사의 구별이 쉽지 않은 상황에서는 더욱 회사가 직접 개입하기보다 회사에서 준수해야 할 기준을 일상 대화 과정에서 자연스럽게 알려주는 방식으로 관리하는 것이 바람직할 것입니다.

A가 B에 대해 뒷담화를 하거나 고의적으로 업무 협조를 하지 않는 등 본분을 저버린 잘못된 행동에 대해서는 그에 상응하는 조치가 필요해 보입니다.

SECTION 2 Q&A

## CASE 2 우위성 관련 사례 (지위상 우위)

# 외국 회사에서
# 영어 이름은 좋은데 반말은 좀

5년 차 책임연구원인 A는 며칠째 밤잠을 못 이루고 있습니다. A의 남편 C는 A가 회사에서 신규 연구계획을 시작한 지난주 초부터 계속 하소연을 들으며 다독여주고 있는데, A는 활발하고 강한 사람이기에 예전에는 없던 일이라 의아하면서도 걱정스럽습니다.

A가 근무하는 D사는 보안기술을 연구하는 회사입니다. 미국에 본사를 둔 이 회사는 조직문화가 수평적이고, 그중 A와 같은 연구원들은 담당 연구를 중심으로 독립적으로 일을 하기에 교류가 활발하지도 않습니다. 회사 내에서는 영어 이름으로 서로를 부르고 직위를 이름 뒤에 붙이지 않으며, 경력 채용을 수시로 해 전체 직원 중 경력직이 65%에 달합니다.

A는 이 회사에 입사한 지 만 1년이 됐고, B는 대학 졸업 후 입사해 8년째 근무하고 있습니다. 나이는 B가 한 살 더 많습니다.

최근 회사는 각각 다른 팀에 속한 A와 B에게 연구계획서를 함께 작성해 공동프로젝트를 추진하도록 지시를 했습니다. 그런데 그 직후부터 A와 B의 갈등이 시작됐습니다. B가 A의 사소한 말실수를 꼬투리 잡아 전문성이 부족한 사람으로 낙인 찍듯 지적을 하거나 덮고 넘어갈만한 작은 실수도 상부에 보고하는 등 지나친 행동을 했던 것입니다.

게다가 B는 A에게 반말을 종종 했습니다. "이렇게 했어? xx사례를 볼 때도 이건 아닌 거 아니야?" A는 아무리 수평적인 조직이라고 해도 서로 존대어를 쓰는 것이 일반적인데, 반말을 하는 것 자체가 기분이 나빴습니다.

하지만 A는 이러한 일들을 두고 따져 묻기는

**4명 중 1명**
직장 내 괴롭힘이 줄어드는 추세지만, 여전히 23.5%는 피해를 받고 있다.

자료 직장갑질119 ※2022년 기준

> 66
> 피해자와 행위자의 관계에서 우위성을 따지는 것은 상대적일 수 있다. 따라서 우위성을 요건으로 하는 직장 내 괴롭힘은 인정되기 어렵다.
> 99

싫었습니다. 이직한 지 그리 오래되지 않은 시점에 회사에 적응을 못하는 사람으로 보이는 게 싫었기 때문입니다.

그런데 어느 날 B로부터 온 인트라넷 메시지를 보고 A는 기가 막혔습니다. 보고서 작성 부분을 분할해 "전체 보고서를 같이 쓰는 것보다 분할해서 해요. 내가 파트 4부터 7까지 작성하고 보고 할게. 나머지 부분은 A씨가 해줘"라고 지시하듯 한 것입니다. 더구나 B가 말한 부분의 보고서를 이미 거의 작성을 했다는 것입니다. A는 너무 화가 났습니다. 중요한 부분의 보고를 독점하고, 본인을 밀어내 버리듯 하는 업무처리 방식을 도저히 이해할 수가 없었습니다.

A가 스트레스를 받아 눈물까지 보이자, 남편 C는 그냥 위로할 수만은 없었습니다. 마침 신문에서 "직장 내 괴롭힘, 누구든지 신고를 할 수 있다"라는 기사를 읽고 신고하기로 마음을 먹었습니다. C가 A의 직장 내 괴롭힘 사건에 대해 대신 신고를 하면, A는 구제받을 수 있을까요? 한편 수평적 조직에서 동일한 직책의 직원 간에도 직장 내 괴롭힘이 인정될 수 있을까요?

### 전문가 조언

근로기준법 제76조의3 제1항에서는 직장 내 괴롭힘은 누구든지 신고를 할 수 있도록 규정하고 있습니다. 따라서 C는 A의 일에 대해 신고를 할 수 있고, 회사는 C의 신고 사건에 대한 조사를 개시해야 합니다.

직장 내 괴롭힘에서 우위성이란 피해 근로자가 저항 또는 거절하기 어려울 가능성이 높은 상태를 말하고, 행위자는 이와 같은 우위성을 이용해야 합니다. 기본적으로 회사 내 직위·직급 체계상 상위에 있음을 이용한다면 지위의 우위성이 인정됩니다. 그러나 지위의 우위가 없더라도 관계의 우위가 있을 수 있는데, 관계상의 우위는 '사실상 우위를 점하고 있다고 판단되는 모든 관계'가 포함될 수 있습니다. 연령·학벌·성별·출신 지역·인종 등 인적 속성, 근속연수·전문지식 등 업무역량 측면 등의 요소가 그 예시에 해당합니다. 행위자가 피해자와의 관계에서 우위성이 있는지는 특정 요소에 대한 사업장 내 통상적인 사회적 평가를 토대로 판단하되, 관계의 우위성은 상대적일 수 있기 때문에 행위자-피해자 간에 이를 달리 평가해야 할 특별한 사정이 있는지도 함께 확인해야 합니다.

사례에서 A와 B는 직책이 동일하며 공동 연구과제를 수행하는 데 있어 지휘명령관계에 있다고 볼 수 없습니다. 또한 특별히 사업장 내에서 관계적인 우위성을 지닐만한 특성을 가지고 있지도 않습니다. 물론 B가 한 살 더 많고 회사에서의 근속 기간이 더 길지만, 수평적이고 개방적인 문화에서 연령을 기준으로 우위성이 인정되지 않습니다. 조직 구성원 간 교류도 활발하지 않고 연구를 중심으로 업무를 수행하기 때문에 B의 근속연수가 더 높다고 해서 조직 내에 영향력이 있다고 보기도 어렵습니다. 따라서 우위성을 요건으로 하는 직장 내 괴롭힘이 인정되기는 어려울 것으로 보입니다.

모든 직장 내 갈등을 직장 내 괴롭힘으로 포섭할 수는 없습니다. 다만 직장 내 괴롭힘이 인정되지 않더라도 사례와 같은 갈등은 조직 차원의 진단 등을 통해 회사가 적극적으로 해소해 나가야 할 문제입니다. 다른 연구원들 간에도 공동과제를 수행해나가는 과정에서 갈등이 발생하는 경우가 있는지 등을 모니터링해 해결 방법을 찾을 필요가 있습니다. 이번 일을 통해 업무성과에 집중할 수 있는 시스템을 만들어 가면 좋겠습니다.

# SECTION 2 Q&A

## CASE 2 우위성 관련 사례(지위상 우위)

# "미안하지만 어린이집에서
# 아이를 데려와 줄래요?"

A과장은 글로벌 IT솔루션회사의 한국지사 영업부에 경력직으로 입사한 여성 직원입니다. 원래 다른 지역에서 회사를 다니다가 타지로 발령난 남편과 함께하기 위해 연고가 없는 곳에 소재한 회사에 경력직으로 입사하게 됐습니다. A과장은 이직한 회사에 성공적으로 적응해 조직의 높은 기대를 받으며, 차장 승진을 앞두고 있었습니다.

그러나 A과장의 가정생활은 순탄치 않았고, 남편과 이혼한 뒤 다섯 살 딸아이를 혼자 키우게 됐습니다. 이혼 전에는 A과장이 저녁에 일정이 생길 경우 남편이 아이의 어린이집 하원을 맡았습니다. 하지만 이혼 후에는 아이의 하원을 도와줄 사람이 없어 업무시간이 끝나자마자 바로 퇴근하는 빠듯한 일정으로 6개월가량을 보내고 있었습니다.

한편, A과장이 속한 영업부에는 입사한 지 2개월 된 신입 수습사원 B가 있습니다. B는 높은 스펙으로 원하던 직장에 입사한 포부가 큰 직원으로 3개월 차 본채용 평가를 앞두고 있었습니다. 본채용 평가에는 부서원들의 평가도 반영되는 구조였습니다.

그러던 중 부장과 A과장, B사원을 제외한 모든 영업부 부서원들이 해외에서 개최되는 세미나에 단체로 참석하게 됐습니다. 그런데 퇴근시간 직전에 A과장은 세미나에 참석한 선임 부서원으로부터 A과장 담당 서비스에 관심을 갖는 현지회사가 있어, 바이어 브리핑이 급히 잡혔다는 연락을 받았습니다. 현지와의 시차로 인해 당일 저녁에 부서 내 데이터베이스(DB)를 활용한 기초 제안서 작업을 진행해야 되는 사안이었습니다.

A과장은 해당 업무를 부장에게 인계할 경우 본인의 업무를 미루는 것처럼 보일 수 있고 곧 있을 차장 승진에도 불리할 것이라 생각했습니다. 그리고 아직 업무 이해가 부족한 B사원과 같이하기 보다는 혼자 야근하고 B사원이 아이의 하원을 돕는 게 더 효율적이고, B의 퇴근시간도 당겨줄 수 있을 것이라고 생각했습니다.

이에 A과장은 B사원에게 "미안하지만 OO 어린이집에서 아이를 데려와 줄래요?"라고 부탁했습니다. B사원은 저녁에 개인적인 약속이 있었으나, 선임의 부탁을 거절하기 어려워 약속을 다음날로 미루고 A과장의 부탁을 들어주었습니다.

---

**59명 → 90명**

서울시는 근로자에게 법적 지원을 제공하는 노동권리보호관을 기존 59명에서 90명으로 확대했다.

피해자가 저항 또는 거절하기 어려운 용무지시는 행위자의 의도와 관계없이 직장 내 괴롭힘으로 인정될 수 있다.

## 전문가 조언

직장 내 괴롭힘 행위로 인정되기 위해서는 지위 또는 관계 등의 우위를 이용해야 합니다.

고용노동부 매뉴얼은 이에 대해 "피해 근로자가 저항 또는 거절하기 어려울 개연성이 높은 상태가 인정돼야 하며, 행위자가 이러한 상태를 이용해야 함"이라고 명시하고 있습니다.

한편, 고용노동부 매뉴얼은 직장 내 괴롭힘 행위 예시로서 "반복적으로 개인적인 심부름을 시키는 등 인간관계에서 용인될 수 있는 부탁의 수준을 넘어 행해지는 사적 용무 지시"를 들고 있고 "행위자의 의도가 없었더라도 그 행위로 신체적 정신적 고통을 받았거나 근무환경이 악화됐다면 인정"된다고 명시하고 있습니다.

반복적으로 개인적인 심부름을 시킨 행위가 직장 내 괴롭힘으로 인정된 전례가 있습니다(서울특별시 시민인권위원회, 20신청-49). 위와 같은 기준에 사례를 비춰 보면 과장급 직원 A가 신입사원 B보다 지위의 우위를 갖고 있음은 이견이 없을 것으로 보입니다.

또한 사안에서 A과장은 친분이 없는 신입사원에게 직접 부탁을 했으며, 비록 표현은 부탁조였으나 평가를 앞둔 신입사원은 이를 거절하기 어려울 개연성이 높아 우위성을 이용한 행위라고도 판단할 수 있습니다.

또한 A과장의 부탁은 한번에 그치지 않고 더 깊은 요구사항으로 재차 이뤄졌습니다.

다음날 저녁, A과장은 또 다시 퇴근시간 직전에 해외에 있는 선임 부서원으로부터 계약이 성사 단계로 발전해 계약 관련 서류를 급히 작성해서 보내달라는 연락을 받았습니다. 어제보다 야근시간이 길어질 것 같고 아이가 B사원을 잘 따르는 것 같아, A과장은 다시 한 번 B사원에게 "미안하지만 어제처럼 아이를 저희 집에 데려다 주고 조금 돌봐줄래요?"라고 부탁했습니다.

B사원은 하루 미룬 개인적인 약속을 선임의 사적인 부탁으로 또 깨는 것이 스트레스로 다가왔고, 역량을 펼치기 위해 들어온 회사에서 보모 역할을 하는 것 같아 자존심이 상했습니다. 하지만 본채용 평가가 얼마 남지 않아 불안한 마음에 거절하지 못하고 A과장의 부탁을 들어주었습니다.

몇 주 후, 회사에서 직장 내 괴롭힘의 실태를 조사하는 익명 설문조사가 진행되었습니다. 본채용이 된 B사원은 '상사 자녀의 하원을 대신 해주는 행위를 직장 내 괴롭힘' 설문에 기재했습니다.

A과장의 행위는 우위성을 이용한 '직장 내 괴롭힘'으로 봐야 할까요?

어린이집에 연락을 하거나 하원 도우미나 아이돌봄서비스 등을 알아보지 않고 상호 관계가 형성되지 않은 후배에게 상황에 대한 충분한 설명 없이 거절하기 힘든 부탁을 한 것입니다. 비록 A과장이 B사원을 괴롭힐 의도가 없었더라도 B사원 입장에서는 직장 내 괴롭힘으로 느낄 수 있을 만한 사안으로 보입니다.

SECTION 2 Q&A

## CASE 2 우위성 관련 사례(지위상 우위)

# MBTI 권하는 선배
# "내가 링크 보내줄게"

회사에는 기획팀이 두 팀 있습니다. A는 입사한 지 5년 된 기획1팀 팀원이고, B는 올해로 재직 16년차인 기획2팀 팀장입니다. 두 팀은 각각 독립적인 프로젝트를 수행하고 있으며, A와 B는 함께 일해본 적은 없습니다.
기획1팀과 기획2팀은 종종 점심을 함께 먹는데, 점심시간에는 업무보다 개인적인 얘기를 많이 나눕니다. 하루는 함께 점심을 먹던 중 B가 "우리 아이가 요즘 유행이라면서 나한테

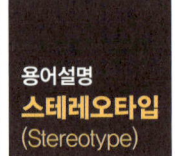

**용어설명**
**스테레오타입**
(Stereotype)

어떤 특정한 대상이나 집단에 대해 많은 사람이 공통으로 가지는 비교적 고정된 견해와 사고.

MBTI 성격유형 검사를 보내줬는데 해보니까 재밌더라. 꽤 정확한 것 같아. 자네들은 해봤어?"라고 물었습니다. A와 기획2팀 팀원 C, D를 제외하고는 검사를 해봤다며 각자 성격유형을 공유하고 이야기꽃을 피웠습니다. 성격유형 검사를 해보지 않은 A, C, D가 조용히 밥을 먹자 B는 "A, C, D는 안 해봤나? 재밌는데 한 번 해 봐. 내가 카카오톡으로 링크 보내줄게"라고 하며 해당 링크를 개인톡으로 보내줬습니다. A와 C는 그 자리에서 바로 MBTI 성격유형 검사를 했고, D는 검사 문항이 많은 걸 보고 "나중에 시간 나면 해보겠습니다. 팀장님"이라고 했습니다. 이에 B는 흔쾌히 "재밌으니 시간 날 때 해 봐"라고 답했습니다.
다음날 점심시간에도 기획1팀과 기획2팀은 함께 점심을 먹었습니다. 전날에 이어 MBTI 성격유형 검사 얘기가 나오자 B는 A에게 검사결과를 물었고, A는 "저는 어제 팀장님께서 보내주신 링크로 검사해보니 ISFP로 나왔습니다"라고 말했습니다. 이후 대화 중 B는 "E는 외향적이라더라" "P보다 J가 계획적이라더라" "F가 감성적이라더라"와 같은 발

재미 삼아서 하는 테스트도
다른 이에게는 부담스러운 일이거나
원치 않은 일이 될 수도 있다.

### 전문가 조언

고용노동부 매뉴얼은 '지위의 우위'란 기본적으로 지휘명령 관계에서 상위에 있는 경우를 의미하지만 직접적인 지휘명령 관계에 놓여있지 않더라도 회사 내 직위·직급 체계상 상위에 있음을 이용했다면 지위의 우위성을 인정할 수 있다고 기재하고 있습니다. 또한 직장 내 괴롭힘에 해당하려면 행위자가 문제되는 행위를 하면서 피해자와의 관계에서의 우위성을 이용해야 한다고 합니다.

사례에서는 기획2팀 팀장인 B가 기획1팀 팀원인 A의 직속 상사도 아니고 A가 B로부터 직접적인 지휘명령을 받은 사실도 아직 없습니다. 그러나 B는 기획팀의 관리자 지위에 있고, 행위 상황을 살펴보더라도 사적인 점심시간으로 보기에는 기획1, 2팀 전체가 함께 식사를 한 것이므로 상호간 지위관계를 충분히 인식하고 있는 상황에서의 행위로 볼 수 있습니다. 따라서 지위상 우위 자체는 존재하는 것으로 판단할 수 있습니다.

다만, A가 지목한 행위의 전후 경위를 살펴보면 B가 A, C, D와 대화를 시도하기 위해 성격검사를 권유한 것이라는 진술에 신빙성이 있고, D가 성격검사를 나중에 해보겠다고 하자 흔쾌히 이를 받아들이는 등 A, C, D에게 지위상 우위를 '이용'해서 성격검사를 '강요'했다고 볼 만한 단서는 확인하기 어렵습니다.

따라서 이번 사례는 지위상 우위를 이용한 행위로는 보기가 어려우며 직장 내 괴롭힘에 해당하지 않는다고 판단할 수 있습니다.

만약 A가 B에게 성격유형 검사를 하고 싶지 않다고 거부의 의사를 표시했음에도 B가 "팀장이 시키면 하게"라고 말하며 검사를 강요했다면 어땠을까요? 해당 사실관계 하에서는 B가 지위상 우위를 이용해 성격유형 검사를 강요했다 볼 수도 있을 것입니다. 다만 이 경우에도 업무상 적정범위에 대한 판단은 별도의 자료를 수집해 추가로 판단해야 할 것입니다.

MBTI 성격유형 검사가 유행하면서 공식적인 채용절차 과정에서 검사결과를 요구해 논란이 되기도 했습니다. 또는 이와 같은 검사에 아예 관심이 없거나 자신의 검사결과를 공개하기 꺼리는 경우도 충분히 있을 수 있습니다. 재미 삼아서 하는 테스트도 다른 이에게는 부담스러운 일이거나 원치 않은 일이 될 수도 있다는 점을 기억해야겠습니다.

언을 했습니다. 물론 B가 A만을 지칭해서 말하지는 않았지만, A는 성격유형 검사결과로 자신에 대한 스테레오타입이 생기는 것만 같아 불편했습니다.

일주일 정도 지난 후 점심시간이었습니다. B는 A를 비롯한 모두에게 "Big 5 성격유형 검사해봤나? 이게 MBTI보다도 더 정확하다고 하던데"라고 말했습니다. 대부분의 직원이 안 해봤다고 하자, B는 시간 날 때 해보라며 단톡방에 검사 링크를 올려줬습니다.

두 번에 걸쳐 다른 성격유형 검사링크를 받은 A는 B로부터 이를 강요받는다고 느껴 스트레스를 받았고, 성격유형 검사결과에 따라 자신에 대한 스테레오타입이 생기는 것도 불편해서 'B가 지위상 우위를 이용해 자신에게 성격유형 검사를 강요한다'라며 인사팀에 직장 내 괴롭힘 신고를 했습니다. 직장 내 괴롭힘 조사 시 B는 A가 점심시간에 대화에서 소외되는 것 같아 성격유형 검사를 추천한 것뿐이라고 진술했습니다.

여기에서 신고된 B의 행위를 '지위의 우위를 이용'한 직장 내 괴롭힘에 해당한다고 볼 수 있을까요?

# SECTION 2 Q&A

## CASE 3 우위성 관련 사례(관계상 우위)

# "강남에 집 없어서 무시하나"

A는 최근 사무실에서 이상 기류를 감지했습니다. 옆 팀 팀장인 C가 늘 점심 식사를 같이 하던 그룹이 있었는데, 어느 날 그 그룹에서 옆옆 팀 팀장인 B의 얼굴이 보이지 않는 것이었습니다. 그것은 매우 미약한 시그널이었지만, A는 곧 그 이유를 알게 됐습니다.

옆 팀 팀장인 C는 회사에서 유명한 '금수저'입니다. 경제적으로는 "일을 할 필요가 없다"라는 이야기가 돌 정도입니다. 그래서인지 C의 주변에는 늘 많은 사람들이 있었고,

## 14%
17개 광역시·도 직장 내 괴롭힘 신고 270건 중 40건이 따돌림·험담에 의한 것으로 나타났다.

자료 이은주 의원실, 직장갑질119
※2020~2021년 기준

그중 점심 식사를 주로 같이 하던 특정 인물들이 C의 핵심 인물들로 불려왔습니다. 그리고 옆옆 팀 팀장인 B는 그 그룹 내 일원이었습니다.

그런데 주변을 탐문한 결과, B가 C의 핵심 인물 그룹에서 점심 식사를 함께 하지 않는 이유라고 도는 소문은 아주 충격적이었습니다. B가 '강남구 주민'이 아니었기 때문에 C가 B를 축출했다는 것입니다.

처음에 그 소문을 전해 들었을 때 A의 반응은 "에이 설마"였습니다. 평소 C는 주변 사람들에게 친절하고 겸손한 성격으로 알려져 있었기 때문입니다. 업무에도 적극적인 데다가 담당 업무에서의 성과도 괜찮고, 특히 시원시원하게 소통하는 성격으로 팀원들의 만족도 높은 사람이었습니다. 그만큼 C의 인품에 대한 기대치가 높았기에 B가 '강남구 주민'이 아니라는 이유로 그룹에서 빠지게 됐다는 소문은 사실 믿기 어려운 이야기였습니다.

그러나 며칠 후, A는 입사 동기들과의 점심 식사 자리에서 서로가 알고 있는 확실한 단서를 짜맞추어 모든 진상을 알게 됐습니다.

> 사조직에서는 조직의 통제에서 벗어나는 갈등이나 집단과 집단 또는 집단과 개인간 갈등이 발생할 개연성이 높아 직장 내 괴롭힘 문제에 유의해야 한다.

B는 '축출'된 것이 아니었습니다.
며칠 전, C의 핵심 인물 그룹 내에서 B와 다른 사람들 간에 싸움이 있었다고 합니다. 시작은 업무분장과 관련된 가벼운 언쟁이었는데, 문제는 B가 그 자리에서 "내가 강남 안 살아서 무시하냐?"라고 말한 것이 큰 싸움으로 번진 것입니다. 실제로 그룹 내에서 유일하게 B만 강남구 주민이 아니었던 것은 사실이지만, 그 이야기를 먼저 꺼낸 것은 다름 아닌 B 자신이었던 것입니다. 그 사건 이후 핵심 인물 그룹에서는 아무도 B에게 일언반구를 하지 않았는데, B가 스스로 점심 식사를 혼자 하기 시작했다고 합니다.
그런데 들리는 소문으로는 B가 C의 핵심 인물 그룹을 직장 내 괴롭힘으로 신고하려고 준비 중이라고 합니다. 이들이 사조직을 형성해 '관계상 우위'를 점한 상태에서 B를 강남구 주민이 아니라는 이유로 식사 등에서 배제하는 괴롭힘을 했다는 것입니다.
과연 이 관계는 핵심 인물 그룹이 B에 대해 관계상 우위를 점한 상태라고 볼 수 있는 것일까요?

## 전문가 조언

고용노동부 매뉴얼에 따르면 직장 내 괴롭힘 성립 판단 시 '관계의 우위'는 '사실상 우위를 점하고 있다고 판단되는 모든 관계가 포함'되는데, 개인 대 집단과 같은 수적 측면도 판단 요소가 될 수 있습니다.

신고된 행위가 '집단에 의한 행위'일 경우 '집단성'을 판단하기 위한 여러 기준을 고려하게 됩니다. 이에 실무적으로는 ① 집단의 존재: 특정 인물들에 의한 집단이 형성돼 활성화된 상태였는지 ② 집단의 행위: 신고된 행위가 ㄱ. 단체로, ㄴ. 집단 내 핵심적 인물들의 주도로 또는 ㄷ. 집단의 명의로 이뤄지는 등 '집단의 행위'로 볼 수 있는지(즉, 행위 자체의 책임이 집단에 있는지) ③ 집단의 영향력: 집단의 행위로는 볼 수 없더라도 그 집단이 영향력을 직·간접적으로 행사했는지 등을 구체적으로 살펴야 합니다.

B는 '핵심 인물 그룹'에 대해 '집단적 식사 배제' 행위를 직장 내 괴롭힘으로 신고하고자 하는데 ① '핵심 인물 그룹'은 실제로 특정 인물들에 의해 형성된 '집단'으로 보이지만 ② '핵심 인물 그룹'이 B를 배제한 것이 아니라 B가 스스로 식사 자리에 나가지 않은 것이므로, 그룹에 책임이 있다고 보기는 어렵고 ③ B가 식사 자리에 함께하지 않은 것에 대해 '핵심 인물 그룹'에서는 일언반구도 없었던 점을 고려하면 이 집단이 어떤 영향력을 행사한 결과라 판단하기도 어렵습니다.

결론적으로는 B의 직장 내 괴롭힘 신고는 관계상 우위가 인정되기 어렵습니다. 또한 신고된 내용 자체가 '사실'이라고 보기도 어려워 직장 내 괴롭힘이 성립될 여지는 적어 보입니다.

기업 내에서 사조직이 발생하는 사유는 다양합니다. 사람이 여럿 모이면 반드시 갈등이 있기 마련이고, 기업 내 사조직의 갈등이라 하더라도 결국 기업조직이라는 공적인 관계를 기초로 해 형성됐기 때문에 전적으로 조직의 책임이 아니라고 말하기도 어렵습니다. 따라서 평소 공사 구분을 확실히 하는 문화를 만드는 것이 우선돼야 할 것입니다. 사조직에서는 조직의 통제에서 벗어나는 갈등이나, 집단과 집단 또는 집단과 개인간 갈등이 발생할 개연성이 높으므로 최대한 내부 관계에서의 매너를 지키고, 문제가 발생하지 않도록 유의시킬 필요가 있습니다.

# SECTION 2 Q&A

## CASE 3 우위성 관련 사례(관계상 우위)

# 어제의 입사 동기가
# 오늘의 원수

A와 B는 2000년 입사 동기입니다. 이들은 입사 당시부터 회사에서 특별히 관리하는 핵심인재였습니다. 두 사람은 2008년 금융위기로 무너져가는 회사를 재건해내는 과정에서 각자 혁혁한 공로를 세우며 승승장구했습니다. 그렇게 함께 빠른 속도로 승진을 거듭하다보니 자연스럽게 라이벌 구도가 형성됐고, 이 둘에게는 확실한 동기부여가 되기도 했습니다.

그런데 사장의 아들인 C가 유학을 마친 후 부사장으로 회사에 들어오면서부터 둘의 관계가 틀어지기 시작했습니다. A와 B는 부장으로서 상무 승진대상자로 물망에 오르고 있었고, 하나뿐인 상무 자리를 확보하기 위해서는 사장의 뒤를 이을 C의 평가가 중요하다는 것을 알고 있었습니다. 그래서 둘은 C의 눈에 들기 위해 최선을 다했습니다.

성향상 A는 성과지향적, B는 관계지향적 인물이었습니다. 각자의 장기를 살려 A는 좀 더 나은 성과를 내기 위해 노력했고, B는 아래로는 팀원들을 잘 관리하면서도 위로는 C를 착실히 보조했습니다. 이에 대외적으로는 C와 늘 가까이 붙어 있는 B가 당연히 상무로 승진할 것처럼 보였습니다. 그러나 예상과 달리, 최종적으로 상무 자리는 B가 아닌 A에게 돌아갔습니다.

**관계상 우위 판단 요소**
- 수적 측면
- 정규직 여부
- 업무의 직장 내 영향력
- 인적 속성
- 업무 역량
- 근로자 조직 구성원 여부

관계의 우위성은 상대적일 수 있어 우위성을 다르게 평가할 특별한 사유가 있는지 확인해야 한다.

### 전문가 조언

고용노동부 매뉴얼에 따르면 관계상의 우위는 당사자 간의 관계에서 특정 요소에 대한 사업장 내 통상적인 사회적 평가를 토대로 판단하되, 특별한 사정을 함께 확인할 필요가 있다고 명시하고 있습니다. 연령·학벌·성별·출신 지역·인종 등 인적 속성, 근속연수·전문지식 등 업무역량, 근로자 조직 구성원 여부 등 업무의 직장 내 영향력, 정규직 여부 등을 예로 듭니다.

사례의 경우 A의 주장이 타당하기 위해서는 B가 A에 대해 지위상 열위에 있음에도 불구하고 관계상으로는 우위에 있다는 단서를 확보해야 합니다. 사실관계에 따르면 ① B가 A보다 나이가 네 살 많고 ② 평소 관계지향적 인물로서 부서원들에 대해 직무상 권한뿐만 아니라 관계상 영향력까지 있을 수도 있다는 정황 정도가 주요한 단서가 될 수 있습니다.

다만 사실관계에서 문제된 B의 행위를 중심으로 보면, ① A보다 나이가 많다는 사실이 B의 행위 동기가 됐을 수는 있지만 소통 차단이나 업무 비협조 등이 높은 연령을 이용한 행위로는 보기는 어렵고 ② B가 자신의 부서원들에 대한 영향력을 이용해 간접적인 방식으로 A를 업무상 소통에서 고립시킨 사실은 존재하지만, 그 영향력이 부서원들에 대한 관계상 우위로 인정될 수는 있을지언정 A에 대한 우위라고 단정짓기는 어렵습니다.

만약 사례에서 A가 부서원들에게 자신과 직접 소통하라는 명령을 내렸음에도 불구하고 부서원들이 합심해 A의 명령을 무시하는 등 행위가 '집단화'됐거나, A가 속수무책으로 당할 수밖에 없는 특별한 사정이 있었다면 달리 판단할 수도 있을 것입니다. 그러나 주어진 사실관계에서는 B가 구체적으로 A가 저항 또는 거절하기 어려울 개연성이 높은 수준의 우위가 있다고 판단하기는 어렵습니다.

따라서 이번 사안은 B의 A에 대한 관계상 우위 요건이 충족되지 않아 직장 내 괴롭힘에 해당하지 않을 것으로 판단됩니다.

비록 사례에서는 직장 내 괴롭힘이 성립되지 않는다고 봤지만 조직 운영에 있어 상당한 리스크로 작용할 수 있는 행위에 해당합니다. 따라서 회사는 B에 대해 당연히 준수해야 할 조직의 위계를 존중하도록 엄중한 경고를 내리는 한편 승진에서 탈락된 B의 고충을 살펴 보다 성숙한 방식으로 해소할 수 있도록 지도하는 것이 바람직해 보입니다.

B는 크게 상심했습니다. 그도 그럴 것이 그동안 A와 라이벌로 불렸지만 B는 평소 자신이 좀 더 상무로서 리더십이 있는 적격자라고 생각하고 있었습니다. 게다가 A는 자신보다 네 살이나 어렸고, 회사의 호칭제도상 B가 A에게 "리더님"이라고 불러야 했는데, 그것도 B는 마음에 들지 않았습니다. 악감정이 점점 커지자 B는 A가 하는 모든 행동이 마음에 들지 않았습니다.

B는 부서원들에게 A가 지시하는 내용을 자신에게만 보고하도록 해 A와의 직접 소통을 차단했습니다. 또한 B는 A가 지시하는 내용에 대해 전부 딴지를 걸며 일이 제대로 진행되지 못하게 하는 등 A가 성과를 내기 어렵게끔 교묘하게 행동습니다. A는 점점 일이 안 돌아간다는 것을 알아챘고 그 배후에 B가 있음을 알게 됐습니다. A는 결국 회사에 B를 상대로 직장 내 괴롭힘 신고를 했습니다.

A는 고충처리 담당자와의 면담에서 "B가 관계상 우위에 있다"라고 주장했는데, B가 A에 대해 관계상 우위에 있다고 판단할 수 있을까요?

SECTION 2 Q&A

## CASE 3 우위성 관련 사례(관계상 우위)

# 아이디어를 도용했다고 추궁하는 동료

A는 경력직으로 회사에 입사한 자동차 디자이너입니다. 타 자동차회사에서 디자인 실적을 인정받아 선임 디자이너로 이직에 성공했습니다. 선임 디자이너는 디자인을 스스로 기획할 수 있는 권한이 부여되며, 선임 디자이너 간에는 지위의 우위 없이 수평적인 조직문화가 형성돼 있습니다.

A는 경력직 입사 3년 차가 되던 시점에 회사의 주력모델 신차의 외관 디자인을 기획하는 업무를 맡았습니다. 밤낮 없이 업무에 매진한 결과 디자인 초고를 발표했고, 내부 임직원들의 만족스러운 평가와 격려가 이어졌습니다.

그런데 A에게 격려의 메시지가 아닌 항의의 메시지를 전달한 사람이 있었습니다. 그 사람은 선임 디자이너인 B였습니다. 나이는 A보다 어렸으나 10년 이상 재직하며 동료들과 좋은 관계를 맺어와 노사협의회 근로자위원으로 선임되기도 했습니다.

B가 보낸 메시지는 "A가 낸 디자인 초고 중 헤드라이트 부분은 본인이 3년 전 타 차량에 적용하기 위해 기안했다가 기술적인 문제로 반려됐던 콘셉트와 겹치며, 최근 해당 아이디어를 보완해 재상신을 기획하고 있었다"라는 내용이었습니다.

A는 억울했습니다. A는 B의 기획물을 본 적도 없고 참고하지도 않았으며 순수하게 본인의 창작물임을 주장했습니다. 하지만 B는 A의 설명에도 불구하고 밤낮을 가리지 않고 연락해 A가 부당한 행위를 했다는 지적을 계속했습니다.

A는 B로 인해 극심한 스트레스를 받았습니다. 어느 날 밤 A는 12시 즈음 술에 취한 B에게 연락을 받고 더 이상 참지 못하고 해당 통화 내용을 녹취해 고충처리부서에 직장 내 괴롭힘으로 신고했습니다. 통화 녹취 내용 중 일부는 아래와 같았습니다.

**1550만원**
직장 내 괴롭힘
1건으로 발생하는
비용

자료 고용노동부 ※2019년 기준

> 관계의 우위를 판단함에 있어 사실상 우위를 점하고 있다고 판단되는 모든 관계가 포함될 수 있다.

### 전문가 조언

A와 B는 같은 선임디자이너로 지위의 우위는 존재치 않는 것으로 보입니다. 다만 B가 A에 대해 '관계의 우위'를 갖고 있는지, 관계의 우위가 존재한다면 이러한 관계의 우위를 이용한 행위인지 여부를 고민해 볼 필요가 있습니다.

고용노동부 매뉴얼은 관계의 우위를 판단함에 있어 사실상 우위를 점하고 있다고 판단되는 모든 관계가 포함될 수 있다고 언급하면서 '연령 등 인적속성' '근속연수 전문지식 등 업무역량' '직장협의회 등 근로자 조직 구성원 여부' 등 몇 가지 예시를 들고 있습니다.

매뉴얼은 행위자가 피해자와의 관계에서 우위성이 있는지는 특정 요소에 대한 사업장 내 통상적인 사회적 평가를 토대로 판단하되, 관계의 우위성은 상대적일 수 있기 때문에 행위자-피해자 간에 이를 달리 평가해야 할 특별한 사정이 있는지도 함께 확인이 필요하다고 기재하고 있습니다.

위와 같은 판단 기준에 비춰보면 우선 B는 A보다 근속연수가 더 길고 노사협의회 근로자위원의 역할을 하고 있다는 점에서 관계의 우위에 있다고 볼만한 요소가 존재합니다. 반면 A가 B보다 연령이 많고, 녹취 내용을 보면 B는 A에게 존댓말을 쓰지만 A는 본인보다 어린 B에게 하게체를 사용합니다. 오히려 A가 관계의 우위에 있다고 볼만한 요소도 존재합니다. 특히 상호 간의 호칭이나 표현은 관계를 드러내는 주요 징표 중 하나로 A는 B에 대해 자신이 연령상 우위를 인식하고 있었다는 단서가 될 수 있습니다.

그렇다면 행위자로 지목된 B가 A보다 관계상의 우위가 있다고 단정할 수는 없습니다. 만약 B에 대해 근속연수나 노사협의회 위원이라는 점에서 우위성을 인정하려면 노사협의회 위원임을 이용해서 한 행위나 오래 근무한 직원이라는 점을 내세워 한 언행이 확인돼야 하는데, 이 사건은 디자인 아이디어에 대한 다툼으로 B가 우위성을 이용했다고 보기는 어렵습니다.

따라서 우위성이 인정되지 않으므로 직장 내 괴롭힘에 해당하지 않는다고 봐야 합니다. 그렇다고 해서 B의 행위가 바람직한 것은 아닙니다. 직장 내 괴롭힘으로 판단되지 않더라도 동료에 대한 부적절한 언행 등에 따른 적절한 제재는 고려될 수 있을 것입니다.

 이보세요. 같은 식구 아이디어 빼서 잘 먹고 잘 살면 좋아요? 그렇게 살면 좋아요?
B

내가 몇 번이나 말했지 않는가. 자네 아이디어를 도용한 적 없네.
A

 인생 그렇게 사시는 거 아닙니다.
B

자네 이렇게 행동하면 안 되는 걸세. 내가 몇 번이나 그만하라고 하지 않았나.
A

 저도 몇 번이나 사과할 기회 드리는 겁니다.
B

자네가 자꾸 이러면 나도 더 이상은 못 참네.
A

고충처리담당자는 A의 신고가 직장 내 괴롭힘이 되기는 어렵지 않을까 하고 고민하기 시작했습니다. A가 겪는 스트레스는 이해되지만, A와 B가 같은 선임 디자이너이고 A가 B보다 나이가 더 많아서 우위성이 충족되지 않는다고 생각했기 때문입니다. 과연 B의 행위는 직장 내 괴롭힘에 해당할까요?

SECTION 2 Q&A

## CASE 3 우위성 관련 사례(관계상 우위)

# 퇴근 후 카풀을 요구하는 선배

A는 회사에 입사한 지 이제 1년이 넘은 팀원입니다. A는 입사 직후 한 회식자리에서 같은 팀 팀장 B가 자신과 같은 대학교를 나온 21학번 위의 선배라는 사실을 알게 됐습니다. B는 동문을 만났다며 무척 반가워했고, 둘은 그날 회식자리에서 공통분모를 토대로 가까워졌습니다.

회식한 다음 날이었습니다. B는 퇴근길에 A와 함께 엘리베이터를 타고 내려오다가 눈

**괴롭힘 행위 발생 장소로 인정될 수 있는 곳**

- 외근·출장지 등 업무수행을 하는 곳
- 회식·기업 행사현장 등 사적 공간
- 사내 메신저·SNS 등 온라인 공간

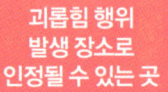

이 많이 내리는 것을 봤습니다. A가 차를 가지고 출근했다는 사실을 알고 있던 B는 A에게 "차 가져왔지? 집에 가는 길에 회사 근처 역에서 내려줄 수 있어?"라고 물었습니다. A는 퇴근길에 역을 지나기도 하고 대학교 선배이자 팀장인 B에 대한 호의로 "네. 제 차 타고 가시죠"라고 대답했습니다. 이날 A는 B를 역까지 잘 바래다줬고 이를 한 번의 해프닝 정도로 생각했습니다.

그러나 이는 시작에 불과했습니다. B는 A에게 "나는 한 학번 위의 선배 말도 법처럼 따랐는데, 자네한테 내 말은 하늘이겠어" "요즘 후배들은 선배에 대한 존경심이 없어. 어떻게 생각하나?" "학교 후배니까 부탁하는 거지, 팀원이기만 했으면 부탁하지도 않지" "선배랑 잘 지내는 사람치고 직장에서 늦게 승진하는 경우를 못 봤어"와 같은 말을 하며 퇴근 시 자주 카풀을 요구했습니다. 1년이 지나서는 일주일에 평균 3~4회 이상 A의 차를 타고 퇴근했습니다. 또한 B가 요구하는 목적지도 초반에는 회사 근처 지하철역이었으나, 한두달이 지나고는 회사에서 멀리 떨어져 있는 역이 됐다가, 반년 정도 지

피해자가 완곡하게 거절 의사를 표현했음에도 행위자가 지속적으로 사적 요구를 반복한다면 관계상 우위에 있다고 판단될 수 있다.

나자 B의 집 근처가 됐습니다.
A는 점차 강도가 높아지는 퇴근 시 카풀 요구에 스트레스를 받았지만 자신보다 직책도 높고 대학교 선배인 B의 요구를 단호하게 거절하는 것이 부담스러웠습니다. 그래서 A는 "오늘은 선약 때문에 어려울 것 같습니다"와 같은 말로 B의 요구에 대해 몇 번에 걸쳐 완곡한 거절의 의사를 밝혔습니다. 그러나 B는 불편한 내색과 함께 자신이 '대학교 선배'임을 강조하며 지속적으로 카풀을 요구했고, 이를 거절하기 어려웠던 A는 결국 매번 B의 요구를 들어줬습니다.
A는 많은 고민 끝에 'B가 관계상 우위를 이용해 퇴근 시 카풀을 강요했다'라며 인사팀에 직장 내 괴롭힘 신고를 했습니다.
이에 반해 B는 직장 내 괴롭힘 조사 시 자신은 대학교 선배로서 후배인 A에게 사적인 부탁을 했을 뿐 강요하지 않았으며, 카풀은 A가 자신에 대한 호의로 해준 행동이라고 진술했습니다.
여기에서 신고된 B의 행위를 '관계상 우위를 이용'한 직장 내 괴롭힘에 해당한다고 볼 수 있을까요?

## 전문가 조언

이 사례의 경우 B는 A보다 직급이 높은 상사라는 점만으로도 지위상 우위가 충분히 인정될 수도 있습니다. 하지만 B는 자신의 직급보다 대학교 선배라는 이유를 내세워 카풀을 강요하고 있으므로 '관계의 우위성'에 초점을 두고 살펴보고자 합니다.
고용노동부 매뉴얼은 '관계의 우위를 이용했는지 여부'는 인적 속성(학벌·나이·성별·출신지역·인종) 등에 있어 피해 근로자가 저항 또는 거절하기 어려울 개연성이 높은 상태가 인정되는지, 행위자가 이러한 상태를 이용했는지 등을 통해 판단할 수 있다고 기재하고 있습니다.
이번 사례에서 첫 카풀은 A의 호의에 의해 이뤄졌고, B가 관계의 우위를 이용했다고 보기 어렵습니다. 하지만 그 이후 A가 몇 차례 완곡하게 거절의 의사를 표시했음에도 불구하고 B가 자신이 대학교 선배임을 강조하며 사적 요구를 반복한 사실이 존재합니다. 따라서 B는 A에 대해 관계상의 우위에 있음을 이용해 행위한 것으로 판단될 수 있습니다.
이외에 B의 카풀 요구가 반복적이고 다소 강압적으로 이뤄진 점을 고려하면 업무상 적정범위를 초과했다고도 볼 수 있고, B의 행위는 관계의 우위를 이용한 직장 내 괴롭힘에 해당할 수 있습니다.
만약 항상 퇴근길에 지하철역을 지나가는 A가 대학교 선배인 B에게 호의로 카풀을 제안했고, B는 A에게 부담이 될까 이러한 제안을 정중하게 사양했으나, 그럼에도 A가 B에게 지속적으로 카풀을 제안하며 이에 대한 불편함 및 거부의 의사표시도 전혀 하지 않았다면 어땠을까요? 해당 사실관계 하의 퇴근 후 카풀은 B가 관계상 우위를 이용했다고 보기는 어려울 것이며, 오히려 A의 호의로부터 시작된 행위로 보기 충분합니다. 즉, 같은 행위도 당사자 간의 관계, 상황 등에 따라 직장 내 괴롭힘 해당 여부가 달라질 수 있습니다.
조직 내 인간관계는 단순한 지인관계보다 업무 수행 과정이나 일상적 소통 과정, 노사관계 등에서 중요한 부분을 차지하고 있기에 상당히 조심스럽습니다. 이에 직장 상사나 동료의 요구가 불편하더라도 단번에 거절하기가 어려워 위와 같이 지속적인 피해가 발생하기도 합니다. 당사자가 잘 거절하는 처세도 중요하지만 애초부터 불편한 요구를 하지 않는 것이 상책입니다.

SECTION 2 Q&A

CASE 4 **업무적 괴롭힘 사례**

# "너 데리고 일할 생각을 하니 앞이 캄캄하다"

A는 1년 반 동안 여러 차례의 실패 끝에 OO주식회사의 인턴으로 취직했습니다. 그는 OO주식회사의 정규직을 꿈꾸며 설레는 마음으로 출근했습니다.

출근 첫날, 경영지원부서 B팀장과 면담에서 B는 "정규직? 내 말만 잘 들어. 그거면 돼"라며 6개월 뒤 A의 정규직 전환 평가에서 자신이 매우 중요한 인물임을 확인시켰습니다. A는 소속 부서의 팀장 말이었기에 그 말을 믿었고, B팀장이 시키는 일만 잘하면 정규직이 될 수 있을 것이라고 기대했습니다.

면담 후, A에게 첫 과업이 주어졌습니다. 바로 오후에 있을 사내 워크숍 자료를 출력하는 일이었습니다. 아직 자리를 배정받지 못한 A는 공용 PC를 이용해 워크숍 자료를 출력하려고 했으나, 인쇄 버튼을 눌러도 자료가 출력되지 않았습니다. 당시 주변 팀원들은 회의 중이었고, B팀장만 자리에 있었습니다. A가 고민 끝에 B팀장에게 인쇄가 되지 않는다며 방법을 묻자 "너, 다 잘 할 수 있다고 하지 않았어? 이런 기본적인 것도 못하면 어떡하냐? 사람을 잘못 뽑았다"며 면박을 줬습니다. A는 이 말을 듣고 위축됐습니다.

하루는 B팀장이 퇴근 1시간 전에 A를 불러내어 그다음 날 출근 시간에 보고서를 제출하도록 했는데, 봐야 할 자료가 많아 사실상 불가능한 일정이었습니다. 결국 A는 다음날까지 일을 완성하지 못했고, 이 사건 이후 회의에는 참여하지도 못하고 팀원들의 심부름, 허드렛일만 하게 됐습니다.

또한 인턴 과정에서 인턴은 퇴근 시 매일 업

**10명 중 1명**
직장 내 괴롭힘 때문에 극단적 선택을 시도하거나 생각한 적이 있다.

자료: 직장갑질119 ※2022년 기준

> 정규직 전환 평가가 예정된 인턴 사원이 부당한 처우에 대해 신고하기는 어렵다. 사용자는 괴롭힘 신고 체계를 구축해 취약한 지위에 처한 근로자에게 지속적인 관심을 기울여야 한다.

무보고서를 작성해 부서 팀장의 서명을 받아야 했습니다.

A의 일일 보고서를 받은 B팀장은 "너는 매일 하는 일도 없어서 업무보고서를 쓸 것도 없잖아. 그러니까 내가 얼마나 일을 못 해서 팀장님에게 민폐를 끼치고 있는지 직접 손으로 반성문이나 써와!"라고 말했습니다. A의 반성문이 B팀장의 마음에 들지 않는 날이면 B팀장은 A 앞에서 반성문을 세절하고 서명도 하지 않았습니다. 그렇게 A는 B팀장의 지시에 대해 아무 말도 못 하고 매일 반성문을 써야 했습니다.

6개월 뒤, A는 다행히 정규직 전환 평가에서 합격해 해당 부서에서 계속 일하게 됐습니다. 이에 대해 B팀장은 "너는 우리 회사에 안 어울리는데 어쩌다가 정규직이 됐냐. 앞으로 너 데리고 일할 생각을 하니 앞이 캄캄하다"라며 비아냥거렸습니다. A는 같은 부서에서 B팀장과 함께 일할 생각을 하니 아득하기만 해서 이 문제를 해결하지 않고서는 계속 일할 자신이 없었습니다.

A는 B팀장의 행위에 대해 직장 내 괴롭힘으로 문제를 제기할 수 있을까요?

## 전문가 조언

A가 경험한 B팀장의 행위는 ① 지속·반복적인 무시 ② 과도한 업무 지시를 이행하지 못하자 업무와 무관한 허드렛일만을 지시 ③ 반성문 작성 강요 등이 있습니다. 이 행위들은 B팀장이 A에 대해 지위상 또는 관계상 우위에서 행한 것으로 직장 내 괴롭힘 성립 판단을 위해서는 업무상 적정 범위를 초과했는지 여부를 살펴볼 필요가 있습니다.

고용노동부 매뉴얼은 '업무상 적정범위를 초과했는지 여부'와 관련해 업무 관련성 있는 행위가 업무상 필요성이 인정되지 않거나 업무상 필요성은 인정되더라도 그 행위 양태가 사회 통념에 비춰볼 때 상당하지 않아야 한다는 기준을 두고 있습니다.

A가 겪은 행위들은 모두 업무와의 포괄적인 관련성이 인정될 수 있습니다. 구체적으로 보면 ① 정당한 이유 없이 업무능력이나 성과를 인정하지 않고 조롱이나 무시를 반복적으로 한 점 ② 사실상 완성이 불가능한 마감 기한으로 업무를 지시하고 이를 완성하지 못하자 회의에서 배제하고 허드렛일만을 지시한 점 ③ A의 의사를 불문하고 반성문을 작성하도록 사실상 강요한 점 등을 고려하면 업무상 필요성이 없거나 업무상 필요성이 인정되더라도 그 행위 양태가 사회 통념상 상당하지 않다고 인정될 만큼 과도한 행위가 존재했다는 점은 충분히 인정될 여지가 있습니다. 따라서 B의 행위는 직장 내 괴롭힘 행위로 볼 수 있습니다.

최근 MZ세대라는 표현으로 묶어 젊은 세대에 대해 당돌하게 의사를 표현하고 집단보다는 개인의 행복을 추구한다고 여겨 이들에 대한 우려 섞인 시선을 던지기도 합니다. 그럼에도 불구하고 위계적 조직 안에서는 상대적으로 취약한 지위에 처하는 것도 사실입니다. 특히 정규직 전환 평가가 예정된 인턴 과정에서 겪은 부당한 처우에 대해 신고를 하기는 매우 어려운 일입니다. 이러한 취약한 지위에 있는 직원들도 동일하게 보호받아야 할 근로자이므로, 익명 신고 등 현실적으로 안전한 괴롭힘 신고 체계를 구축해 지속적인 관심을 기울이는 것이 중요할 것으로 보입니다. 사용자는 괴롭힘 신고 체계를 설계해 근로자가 자신의 건강을 지킬 수 있도록 도와야 하고, 근로자는 이러한 프로세스를 발전시킬 수 있도록 관심을 가져야 합니다.

SECTION 2 Q&A

## CASE 4 업무적 괴롭힘 사례

# 이런 자리에 앉아서는 도저히 일을 못 하겠어요

A는 올해 초 기획팀으로 부서 이동 발령을 받았습니다. A는 원래 재무팀에 있었는데, 기획팀 과장이 퇴사하자 재무팀 팀장이 직접 A를 그 자리로 배치하도록 건의한 것입니다. A는 원래 있던 재무팀 일이 익숙했지만, 정기 발령 시즌이기도 했고 재무팀 팀장이 "승진을 위해서는 여러 가지 업무를 해보는 것이 도움이 되고 기획을 알아야 재무를 제대로 한다"라고 설득한 것이 납득할 만하다고 여겼기에 수락했습니다.

기획팀 일은 A에게 꽤 잘 맞았습니다. 업무 자체도 재미있었고, 그에 따라 몰입감과 성취감을 느끼며 새로운 일을 배워나가는 데에는 문제가 없었습니다.

하지만 A는 발령 첫날부터 기분이 좋지 않았습니다. 기획팀으로 발령된 후 배정받은 자리 때문이었습니다. A가 앉은 자리는 퇴사한 기획팀 과장의 자리로 공교롭게도 화장실 바로 앞이었습니다. 가끔 화장실에서 불쾌한 냄새가 들어오거나 화장실을 오가는 사람들이 "A씨 모니터가 훤히 보인다"고 말할 때면 감시받는 느낌이 들기도 했습니다. 또한 사람들이 화장실을 오가며 괜스레

**업무상 적정범위를 이탈하는 행위**

- 폭행 및 협박 행위
- 폭언·욕설·험담 등 언어적 행위
- 사적 용무 지시
- 집단따돌림·업무수행 과정에서의 의도적 무시·배제
- 업무와 무관한 일 반복 지시
- 과도한 업무부여
- 원활한 업무수행 방해 행위

말을 걸어 A가 일에 집중할 수 있는 시간을 방해받기도 했습니다. 이 모든 게 A에게는 점점 과중한 스트레스로 다가왔습니다.

이에 A는 기획팀 팀장에게 이런 고충을 이야기하며 자리를 바꿔줄 것을 요청했습니다. 그러나 팀장은 지금은 빈자리가 없고, 현재의 위치에 자리를 배치한 이유는 옆에 있는 차장에게 일을 더 많이 배울 수 있게 하기 위함이라며 A에게 이해해달라고 부탁했습니다. 모니터 가림막이나 방향제 등도 비치하도록 조치하겠다는 약속도 받았습니다.

문제 된 행위가 사회 통념상 업무상 필요한 것이 아니었거나, 업무상 필요성은 인정되더라도 행위 양상이 사회 통념상 적절하지 않을 때 업무상 적정범위를 넘은 것으로 본다.

하지만 팀장의 조치에도 불구하고 A의 스트레스는 가라앉지 않았습니다. A는 지나다니는 사람들이 계속 신경 쓰여 일에 집중하기가 너무 어려웠고, 그로 인해 생산성도 점점 떨어지는 기분이 들었습니다. 업무상 실수로 옆자리 차장에게 한 소리 들을 때에는 재무팀 원래 자리로 돌아가고 싶다는 생각밖에 들지 않았습니다.

그러다 보니 A는 재무팀 팀장의 얼굴을 볼 때마다 본인에게 특별히 어떤 행동을 한 것은 아님에도 상당한 스트레스를 받았습니다. 익숙한 일, 편했던 자리가 떠오르면서 지금의 상황과 대비됐기 때문입니다.

결국 A는 스트레스가 극에 달했고, 화살은 자신을 기획팀으로 보낸 재무팀 팀장과 자신의 고충을 제대로 처리해주지 않은 기획팀 팀장에게로 돌아갔습니다. A는 결국 두 팀장을 대상으로 인사팀에 직장 내 괴롭힘 신고를 했는데, 재무팀 팀장에게는 부당한 부서 이동으로, 기획팀 팀장에게는 부적절한 자리 배치가 행위 내용이었습니다.

과연 두 팀장이 A에게 직장 내 괴롭힘을 했다고 볼 수 있을까요?

## 전문가 조언

A는 재무팀에서 별다른 불만 없이 일을 하다가 기획팀으로 이동하면서 배치받은 자리에 불만을 품게 됐습니다. 그러한 불만이 부서이동을 제안한 재무팀 팀장과 자리 변경 요청을 거절한 기획팀 팀장을 향해 그들의 이러한 업무상의 행위가 직장 내 괴롭힘에 해당한다는 이유로 신고를 한 상황입니다. A의 주장처럼 A가 겪고 있는 고충이 직장 내 괴롭힘에 해당하려면 A에 대한 부서 이동과 자리 배치가 "업무상 적정범위"를 넘는 행위여야 합니다.

고용노동부 매뉴얼에서는 업무상 적정범위를 넘는 것으로 인정되기 위해서는 ① 그 행위가 사회 통념에 비춰볼 때 업무상 필요성이 인정되지 않거나 ② 업무상 필요성은 인정되더라도 그 행위 양태가 사회 통념에 비춰볼 때 상당하지 않다고 인정돼야 한다고 보고 있습니다.

먼저 A의 부서 이동은 정기 인사발령 시즌에 부서 발령 필요에 따라 이뤄진 것으로 인원 배치 변경의 필요성이 있었고, A에 대한 발령이 합리성이 있었다면 그 업무상의 필요성이 인정될 것입니다. 특히 A와의 협의 과정을 거쳐 동의를 얻은 것이어서, 부서 이동 자체가 업무상 적정범위를 넘는 행위에 해당한다고 보기는 어렵습니다.

비록 A가 극심한 스트레스를 호소하고 있기는 하지만 자리가 다소 열악한 환경인 것과는 별개로 효율적 직무교육을 위해 배치한 것이어서 업무상 필요성이 있고, 자리 배치 자체가 사회통념에 비춰볼 때 상당하지 않다고 볼 단서는 사실관계에서 확인하기 어렵습니다. 가령 다수의 동료 직원들이 "그 자리는 원래 사람 괴롭히려고 만든 자리다"라고 증언하거나 기타 해당 자리를 둘러싼 전후 맥락상 업무상 적정범위를 넘은 것으로 볼 여지가 있을 수도 있겠으나, 사실관계에서는 A의 고충 제기에 대해 기획팀 팀장이 즉각 조치를 취하는 등 직장 내 괴롭힘의 맥락으로 판단하기는 어렵습니다.

A가 비록 자리 배치로 인해 근무환경이 악화되고 일에 집중할 수 없는 상황이 됐다고 하더라도, 이를 직장 내 괴롭힘에 해당하는 행위로 규율할 수는 없습니다. 다만 A의 고충이 상당하다는 것을 헤아려 해당 자리 자체를 없애거나 주기적으로 부서의 자리 배치를 전면 재배치하는 등 방법을 강구해야 할 것입니다.

### SECTION 2 Q&A

## CASE 4 업무적 괴롭힘 사례

# 연장근로는 괴로워

A는 지방 공과대학을 졸업했습니다. 같은 과를 졸업한 친구들은 대부분 대기업 생산관리직이나 연구직으로 취업했습니다. 하지만 인턴 생활을 해 보니 A는 보고서를 작성하는 등 머리를 쓰는 일보다는 몸을 쓰고 땀을 흘리는 일이 적성에 맞는다는 생각이 들어 C사의 생산직 지역 인력 채용에 지원했습니다.

A가 입사한 회사는 전장 기기 제조업 C사입니다. C사에는 오랫동안 생산직 근로조건을 위해 단체협약을 체결해온 B노동조합이 있습니다. C사는 유니언 숍 협정을 단체협약으로 체결하고 있어서 A는 입사하자마자 B노동조합에 가입이 됐습니다.

A는 일과 삶의 밸런스가 중요하다고 생각하고 야간·휴일 근무는 하지 않는 규칙적인 삶을 살고 싶었습니다. 그런데 매주 연장·휴일 근무 일정이 나옵니다. 합산해보니 지난달은 25시간, 이번 달은 30시간 연장·휴일 근무를 했고, 그중엔 공휴일도 있었습니다.

당연하게 모든 직원이 근무 스케줄 동의란에 사인하기에 A도 사인했지만, A는 장시간 근무를 하지 않을 방법은 무엇일까 고민했습

**용어설명**
### 연장근로

연장근로란 근로기준법에서 정한 1주 또는 1일의 근로 시간(법정근로시간)을 초과하는 근로를 말한다. 근로기준법 제53조제1항은 "당사자 간에 합의하면 1주 간에 12시간을 한도로 근로 시간을 연장할 수 있다"고 규정하고 있다.

니다. A는 자기 밑에 막내가 생기면 잡일을 줄여 연장·휴일 근무가 줄어들 것이라고 생각했습니다.

이후 A는 B노동조합의 위원장과 인사하는 자리에서 연장근로를 줄이기 위해서 신규 채용을 더 하도록 회사에 요구할 수 있는지 물어봤습니다. 그런데 노조위원장은 신규 채용을 하게 되면 기존 근로 시간이 줄어 임금도 줄어들기 때문에 신규 채용을 더 하는 것은 노동조합으로서도 제안하기 곤란한 일이라고 합니다.

업무상 지시·명령에 불만을 느끼는 경우라도 그 행위가 사회 통념상 업무상 필요성이 있다고 인정될 경우에는 직장 내 괴롭힘으로 인정하기 어렵다.

### 전문가 조언

이번 사례는 노동조합과 회사가 단체협약으로 근로 시간 및 휴일에 대해 협의 및 합의로 연장근로 및 휴일근로를 정하고 있는데 이에 불만을 가진 직원 A는 회사와 노동조합이 단체협약 등으로 정한 근로조건이 직원의 라이프스타일과 맞지 않아 고통스럽다면 이것이 직장 내 괴롭힘에 해당하는지 여부에 대한 질문입니다.

업무상 적정범위를 넘어야 직장 내 괴롭힘이 인정되므로 업무상 지시, 명령에 불만을 느끼는 경우라도 그 행위가 사회 통념상 업무상 필요성이 있다고 인정될 경우에는 직장 내 괴롭힘으로 인정하기는 곤란합니다.

고용노동부 매뉴얼에서는 "근로계약 체결 시 명시했던 업무와 무관한 일을 근로자의 의사에 반해 지시하는 행위가 상당 기간 반복되고 그 지시에 정당한 이유가 인정되지 않는다면 업무상 필요성이 없는 행위로서 업무상 적정 범위를 넘어선 행위로 인정할 수 있다. 업무를 과도하게 부여하는 행위는 그렇게 하도록 지시하지 않으면 안 되는 업무상 불가피한 사정이 없음에도 불구하고 해당 업무에 대해 물리적으로 필요한 최소한의 시간마저도 허락하지 않는 등 상당성이 없다고 인정되면 업무상 적정 범위를 넘어선 행위로 인정 가능하다"라고 명시하고 있습니다. 업무상의 괴롭힘이 업무상 적정 범위를 넘는 행위로 인정되기 위해서는 지시에 정당성이 없거나 업무상 불가피한 사정이 없음에도 최소한의 시간마저 허락하지 않는 등의 사정이 필요하다고 보고 있습니다.

이번 사례의 경우 A는 연장근로를 하기 싫고 휴일에 쉬고 싶다고 할지라도 C사에서 제시하는 연장근로와 휴일근로는 적법한 절차에 따라 운영되는 근로 시간과 휴일제도이므로 회사와 노동조합장이 단체협약 체결 시 법을 위반하거나 권한을 남용했다는 등의 행위로 볼 수 없고 이는 업무상 적정범위를 넘었다고 판단할 수 없기 때문에 직장 내 괴롭힘이 불성립한다고 볼 수 있습니다.

또 A는 공휴일에 쉬고 싶은데 왜 공휴일에 쉬지 못하는 것인지를 물었습니다. 노조위원장은 회사와 '공휴일 대체에 대한 합의'를 했기 때문에 공휴일이 아닌 다른 근무일에 쉰다고 합니다.

A는 법정근로시간을 정해둔 이유가 있을 것이고 공휴일은 모든 국민이 쉬는 날인데 뉴스에서는 '근로 시간 단축'이 중요한 화두로 자주 언급되는 상황에서 대기업인 C회사와 노동조합이 법정근로시간을 준수하지 않고, 연장근로를 당연하다고 말하면서 공휴일에도 쉬지 못하게 하고, 이를 묵인하고 있는 것은 직장 내 괴롭힘이 아닌가 하는 생각이 들었습니다.

A는 HR팀에 확실한 의견을 묻고 싶지만, 신입사원 입장에서 섣불리 이런 질문을 하는 것이 부담스러운 일이 아닐 수 없습니다. 익명 게시판을 통해 질문을 올려봤습니다. 글을 업데이트하자 "직장 내 괴롭힘이 맞다" "아니다" 의견이 분분하지만 명쾌한 답을 얻기가 어려웠습니다. A가 원하지 않는 연장근로와 휴일근로 및 휴일의 대체는 직장 내 괴롭힘에 해당할까요?

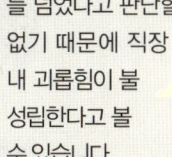

SECTION 2 Q&A

## CASE 4 업무적 괴롭힘 사례

# 승진 약속을 어긴 팀장

A는 회사 고객서비스부에 재직하는 10년 차 과장급 직원입니다. 고객서비스부에는 A직원과 비슷한 연차의 과장인 C직원이 같이 재직하고 있었습니다. 둘은 비슷한 시기에 입사해 같은 부서에서 일하며 늘 서로에 대한 경쟁의식을 갖고 있었습니다.

한편, B팀장은 20년 차 부장급 직원입니다. 고객서비스부의 팀장 역할을 맡고 있으며, 선임직원인 A와 C에게 팀 업무의 상당 부분을 위임하고 공유하고 있습니다.

해당 회사는 연말마다 평가를 진행합니다. 1차 평가자인 팀장의 평가가 가장 큰 점수를 차지하지만, 그것만으로 점수가 확정되는 것은 아닙니다. 2차 평가자인 본부장 평가 및 부서별 평가점수 조정을 거쳐 최종 평가 점수가 확정됩니다. 해당 평가점수는 급여 인상 및 승진 등의 기초자료로 활용됩니다. 평가 방식은 평가 요소별로 점수를 매기고, 합산점수에 부합하는 등급을 부여하는 방식이었습니다.

A는 2020년 연말 평가 결과를 받고 납득하기 힘든 C등급이 부여된 사실을 확인했습니다. 이후 A는 1차 평가자인 B팀장에게 면담을 신청했습니다. 면담에서 B팀장은 A에게 종합평점 B등급을 부여했지만, 2차 평정 및 부서별 조정 과정에서 C등급으로 전환된 것 같다고 얘기했습니다.

A가 이에 대해 용납하기 힘들다는 의견을 B팀장에게 계속 전달했고, 이에 B팀장은 주력 직원인 A의 동기가 떨어지는 것을 막기 위해 다음번 평가 때는 반드시 C등급 이

> **용어설명**
> **근무평정**
>
> 직장의 감독자가 일정한 기준에 따라 종업원의 근무성적을 분석적으로 평정하는 일을 말한다.
> 인사고과·종업원평정·성적평정 또는 업적평정 등과 같이 다양하게 표현된다.

> "승진에 불이익이 없도록 약속하겠다'라는 발언은 그 자체로 고통을 주거나 근무 환경을 악화시키는 발언으로 보기 어려운 측면이 있다.

하가 나오지 않게끔 해 승진에 불이익이 없도록 약속하겠다는 발언을 했습니다.

이후 시간이 흘러 2021년 연말 평가 시즌이 돌아왔습니다. 그런데 A는 2021년 평가에서도 C등급 결과를 받았습니다. 여기서 A가 더욱 화가 난 이유는 자신이 평소 경쟁의식을 갖고 있던 C가 차장으로 승진을 한 것이었습니다.

격분한 A는 B팀장에게 면담을 요청했습니다. 면담 자리에서 A는 왜 본인이 또 C등급인지를 물었습니다. 이에 대해 B팀장은 2021년 평가 기준대로 요소별로 평가하면 C등급이 나와 본인은 원칙대로 해당 점수를 부여했다고 얘기했습니다.

A는 이에 대해 본인과 한 과거의 약속이 지켜지지 않은 것에 대해 설명해달라고 했고 B팀장은 원칙대로 평가하는 것이 본인의 역할이자 책임이라고 재차 답했습니다.

A는 답답하고 억울한 마음에 2차 평가자인 본부장을 만나 B팀장을 직장 내 괴롭힘 행위자로 신고했습니다. 평가 및 승진에 관한 사항을 약속하고 지키지 않은 행위도 직장 내 괴롭힘에 해당할까요?

## 전문가 조언

B팀장은 본인 부서 소속 A직원에 대해 지위의 우위가 있으며 이러한 우위를 이용해 평가 등 행위를 해온 사실에는 이견이 없어 보입니다.

다만 직장 내 괴롭힘으로 인정되기 위해서는 '업무상 적정범위'를 넘어선 행위일 것이 요구됩니다. 문제 된 행위가 업무상 적정범위를 넘는 것으로 인정되기 위해서는 ① 그 행위가 사회 통념에 비춰볼 때 업무상 필요성이 인정되지 않거나 ② 업무상 필요성은 인정되더라도 그 행위 양태가 사회 통념에 비춰볼 때 상당하지 않다고 인정돼야 합니다.

먼저 B가 2020년 평가 결과를 설명하면서 한 "다음번 평가 때는 반드시 C등급 이하가 나오지 않게끔 해 승진에 불이익이 없도록 약속하겠다"라는 발언은 그 자체로 A에게 고통을 주거나 근무 환경을 악화시키는 발언으로 보기 어려운 측면이 있습니다. 따라서 업무상 적정범위를 벗어났는지 여부를 따질 실익이 높지 않아 보입니다.

한편, B가 2021년 평가를 하면서 A에게 이전 약속과 다른 C등급을 부여한 사실은 A에게 고통을 주거나 근무 환경을 악화시킨 행위로 평가할 여지가 있습니다. 따라서 업무상 적정범위 해당 여부를 따져 직장 내 괴롭힘 해당 여부를 판단해볼 필요가 있습니다.

해당 사안에서 B가 본인의 평정 권한을 오·남용한 바 없이 평정 기준에 맞춰 평점을 부여한 결과 C등급이 나왔다면 업무상 필요성이 없는 적정범위를 넘은 행위로 단정하기는 어려워 보입니다. 오히려 B가 A에게 특혜를 줘 평정기준보다 높은 B등급을 부여하고 승진 대상에 올렸다면 그것이 본인의 평정 권한을 남용하는 것이 될 수 있고, 만일 그로 인해 상대적 불이익을 직원 C가 입었다는 것이 확인되면, 오히려 C가 B에 대해 직장 내 괴롭힘 신고를 하는 리스크로 전환될 수도 있습니다.

본 사안에서 가장 안타까운 점은 B가 A에게 "C등급 이하가 나오지 않도록 하겠다"라며 보장할 수 없는 약속을 한 것입니다. 그러한 발언이 직장 내 괴롭힘에 해당하는지 여부와는 별개로 1차 평가자의 발언으로서는 적절치 않아 보입니다. 회사는 이번 사안을 계기로 B를 포함한 1차 평가자들에게 재차 평가자 교육을 실시함으로써 재발 방지 조치를 할 수 있을 것입니다.

SECTION 2 Q&A

## CASE 5 개인적 괴롭힘 사례

# "이런 건 식은 죽 먹기지? 대신 시험 봐줄래"

A는 공무원이 되기 위해 3년 동안 고시 공부를 했지만 계속 낙방하고 말았습니다. 공무원 시험을 위해 준비해 뒀던 통장 잔액도 바닥이 났습니다. 다시 시험에 도전하기 위해서라도 일자리가 필요했기 때문에 급히 채용공고를 확인하고 D공기업 계약직에 지원했습니다. D사 HR 담당자는 합격 통보를 하면서 급여가 낮은 대신 근무 강도도 낮다며 하던 공부도 계속할 수 있는 여유가

**90일 ➡ 30일**
그동안 서울시의 직장 내 괴롭힘 신고 평균 처리기간은 평균 90일이었다. 앞으로는 신고 접수 즉시 조사위원회를 구성해 30일로 기간을 단축한다.

있으니 열심히 해보라고 격려했습니다.
A는 빨리 업무를 끝내고 틈틈이 고시 공부를 했습니다. 급여는 적었지만 야근이 거의 없고 업무강도가 낮아 잠깐씩 공부를 할 수 있어서 만족하고 있었습니다. 그러던 어느 날 저녁 옆 팀 차장 B가 A를 불러냈습니다. B는 "A씨 법대 출신이라며? 이런 건 식은 죽 먹기지?"라고 하면서 다음날 근무 시간 중에 헌법 직무교육 시험을 대신 봐달라고 했습니다.

직무교육 시험을 대신 치르는 것은 회사의 규율에 위반되기 때문에 A는 B에게 단호하게 거절하고 싶었지만 매일 마주치는 B에게 찍히기 싫었습니다. 결국 A는 다음날 대신 시험을 치렀습니다. 그러자 B는 점심을 사주면서 "수고했어. 그런데 85점이더라~ 90점이 넘었으면 좋았을 텐데"라며 나무라듯이 말했습니다. A는 "아 죄송해요. 헌법을 본 지가 오래돼서요"라며 사과했지만 속으로는 너무 화가 났습니다.

A는 이 일이 끝인 줄 알았습니다. 며칠 뒤에는 B차장과 친한 C과장이 찾아왔습니다. C는 작은 소리로 "B차장님 시험 대신

>
> 회사 내 직위 체계상 상위에 있고, 지위를 이용해 근무시간 중에 '직무교육 대리시험'을 요구한 것은 직장 내 괴롭힘에 해당한다.

봐줬다면서? 내 것도 좀 부탁해~ 행정법인데 나는 75점만 받으면 되는 거야. 잘 쳐주면 더 좋고. A의 기본 실력을 한 번 보자"라며 대리시험을 부탁했습니다. A는 "더는 저도 곤란해요"라고 거절을 했는데 C는 "아~ 이게 마지막이야. 한 번만 봐줘. 다른 사람한테는 말 안 할게"라면서 막무가내로 굴었습니다.

A는 이런 식으로 B와 C에게 시간을 빼앗기는 것이 정말 괴로웠습니다. 이번에도 할 수 없이 대리시험을 치러야겠지만 자신이 계약직 직원이라서 이렇게 대하는 것 같아 화가 났습니다. 대리시험을 친 것이 나중에 문제 될까 두렵고 시험을 치는 것 자체로도 굉장히 스트레스를 받았습니다. A는 머리를 싸매고 고민하다가 게시판에서 직원의 고충에 대해 신고를 할 수 있는 회사 신문고 프로그램을 떠올렸습니다.

고충 처리 담당자는 업무상 이뤄진 일이 아니고 업무와 관련 없는 부탁을 들어준 것이 직장 내 괴롭힘에 해당하는지 확인해 보겠다고 합니다. 이 경우 B와 C의 행동은 직장 내 괴롭힘에 해당 될까요?

### 전문가 조언

B와 C는 A의 부서 직속 상급자가 아닙니다. 그러나 직접적인 지휘명령 관계가 아니더라도 회사 내 직위·직급 체계상 상위에 있음을 이용한다면 지위상 우위성이 인정될 수 있으며, 관계상 우위를 형성하는 요소, 즉 근속연수, 정규직 여부, 직장 내 영향력 등도 이 사건과 관련된 사항입니다.

살펴보면 ① B와 C는 정규직이고 A는 정규직이 아니며 ② B와 C의 근속연수 및 직장 내 영향력을 고려할 때 A의 평가 등에 간접적으로 영향을 미칠 수 있는 점 등을 종합적으로 보면 관계상 우위가 인정될 가능성이 있습니다.

한편 사용자가 모든 직장 내 인간관계의 갈등 상황에 대해 근로기준법에 따른 조치를 취해야 하는 것은 아니며, 직장 내 괴롭힘의 관점에서는 문제 된 행위가 '업무 관련성이 있는 상황에서 발생한 일인가'라는 질문으로 대신할 수 있습니다. 여기서 업무 관련성이란 '포괄적인 업무 관련성'을 의미한다고 봐야 합니다. 직접적인 업무 수행 중에 발생한 일이 아니더라도 업무수행에 편승해 이뤄졌거나 업무수행을 빙자해 발생한 경우에도 업무 관련성이 인정됩니다. 그러한 행위가 사회 통념상으로 봤을 때 업무상 필요성이 없거나 업무상 필요성은 인정될지라도 행위 양상이 사회 통념상 상당하지 않을 때 업무상 적정범위를 넘어서는 행위라고 봅니다.

이 사안의 경우 B와 C가 직무교육 시험을 근무 시간 중에 대신 치르도록 요구한 것은 포괄적인 업무 관련성이 있는 것으로 볼 수 있습니다.

설령 직무교육이 업무와 관련이 없다고 하더라도 업무와 관련이 없는 사적 용무를 하도록 한 행위를 직장 내 괴롭힘으로 인정한 사례 역시 존재합니다(서울특별시 시민인권위원회, 20신청-49). 한편 회사의 규율에도 반하는 일을 A의 의사에 반해 강요한 것이므로 업무상 필요성이 없고 그 행위 양상도 사회 통념상 상당하지 않아 업무상 적정범위를 넘어서는 행위라고 할 수 있습니다.

따라서 회사 내 직위 체계 상위에 있고, 계약직인 A의 평가 등에 영향을 미칠 수 있는 지위를 이용해 근무 시간 중에 '직무교육 대리시험'을 요구한 것은 직장 내 괴롭힘에 해당한다고 판단됩니다.

# SECTION 2 Q&A

## CASE 5 개인적 괴롭힘 사례

# 대체 왜
# 그런 거짓말을 해

B는 소문난 거짓말쟁이입니다. B는 회사에서 맡은 일은 잘하지만, 얄팍한 거짓말을 자주 하고 다니기 때문에 거짓말쟁이로 소문이 났습니다. B가 했던 거짓말을 나열해보자면 다음과 같습니다.

> ▶ 화장실에 휴지가 없다고 말했는데, 가보니 멀쩡히 있었음.
>
> ▶ 점심 메뉴 고르느라 어제 뭐 먹었는지 물어보니 '김치찌개' 먹었다고 했는데, 알고 보니 '생선구이' 먹었음.
>
> ▶ 마늘에 알러지가 있다고 호들갑을 떨었는데, 저녁 회식에서 고기쌈에 생마늘 넣어 먹음.
>
> ▶ 아침에 '논어'를 읽는 습관을 2년째 유지하고 있다고 했는데, 한 번 써보라 했더니 '농어'라고 씀.
>
> ▶ 주량이 소주 3병이라고 했는데, 소주 3잔 마시고 취해서 인사불성 됨.
>
> ▶ 휴가 기간 동안 가족여행 간다고 말했는데, 알고 보니 쇼○○머니 예선 참가하러 감.

이외에도 수많은 자잘한 거짓말들로 인해서 B의 이미지는 '입만 열면 거짓말'로 콕 박히게 됐습니다. 그러한 소문은 B도 역시 알

**용어설명**
**고충처리위원**

근로자 참여 및 협력증진에 관한 법률 제26조는 "모든 사업 또는 사업장에는 근로자의 고충을 청취하고 이를 처리하기 위해 고충처리위원을 둬야 한다. 다만, 상시 30명 미만의 근로자를 사용하는 사업이나 사업장은 그러하지 아니하다"고 규정하고 있다. 고충처리위원을 둬야 할 사업 또는 사업장에서 고충처리위원을 두지 않은 사용자는 200만원 이하의 벌금이 부과된다.

고 있었습니다. 다만 B는 아무렇지 않게 계속해서 사소한 거짓말들을 달고 살았고, 대부분 사람도 B에 대해서 허세를 조금 부리지만 그저 웃기고 유쾌한 사람 정도로 여길 뿐이었습니다.

A는 B의 바로 옆자리에서 B가 지시하는 일을 하는 직원입니다. 그런데 업무 특성상 한 번 시스템이 돌아가면 기다리는 시간이 길어 기다리는 동안 B는 항상 A에게 사소한 잡담을 걸곤 했습니다. A는 B의 소문을 익히 들어 알고 있었기 때문에 평소에는 신뢰 없이 조곤조곤 이야기를 나눴고, 둘 다 전혀 연고가 없는 지방 근무를 하고 있어 주말에도 가끔 수다를 떨곤 했습니다.

그러던 어느 주말, 평소처럼 업무와 관계없는 잡담을 나누던 B는 "참, A씨한테 관심 보이는 사람 있던데요?"라고 말했습니다. A는 깜짝 놀라 B에게 대체 누구냐고 되물었습니다. 왜냐하면 A는 C에게 계속 관심이 있었기 때문입니다. 아니나 다를까, B는 C를 지목하며, A에게 잘해보라는 식으로 이야기했습니다. 평소 B가 거짓말을 잘하는 사람이니 그의 말은 거의 믿지 않던 A였지만, 내

### 전문가 조언

고용노동부 매뉴얼에 의하면 직장 내 괴롭힘 성립 판단 시 '업무상 적정범위'는 원칙적으로 "문제 된 행위가 업무 관련성이 있는 상황에서 발생한 것일 필요"가 있는 것으로 봅니다. "여기에서 업무 관련성은 '포괄적인 업무 관련성'을 의미하고 업무수행에 편승해 이뤄졌거나 업무수행을 빙자해 발생한 경우 업무 관련성 인정이 가능하다"고 명시하고 있습니다.

사실관계에 의하면 A와 B는 평소에는 업무시간 중 작업 대기 시간에 대화를 나누지만, 문제 된 행위의 경우에는 업무시간이 아닌 주말에 업무와 관계없는 잡담을 나누던 중 발생한 것이기에 업무 관련성이 인정되지 않는다고 판단할 수 있습니다. 따라서 '직장 내 괴롭힘'이 성립되기는 어려울 것으로 보입니다.

다만 사실관계에서 B의 거짓말이 업무시간 중에 일어난 것이거나 A와 B가 주말에 만나 나눈 대화의 상당 부분이 회사의 업무 또는 동료 직원인 C와 관련이 있는 대화였거나 B가 업무 수행 또는 업무 수행을 빙자해 주말에 불러냈다는 등과 같이 조금이라도 업무 관련성이 있는 단서가 있다면, 다른 요건의 성립 여부는 차치하더라도 매뉴얼에서 표현하듯 '포괄적인' 관점에서의 업무 관련성이 인정될 여지도 있을 것입니다. 반드시 '사업장 내' 또는 '근로 시간 중'에 발생한 행위만이 직장 내 괴롭힘으로 인정되는 것은 아니기 때문입니다.

이처럼 다소 사적영역에 걸쳐 있는 행위들은 직장 내 괴롭힘 조사 및 판단 실무상 매우 까다로운 편에 속하며 똑같은 행위에 똑같은 결과를 야기했더라도 사실조사의 깊이에 따라 성립 여부에 대한 판단이 첨예하게 갈릴 수 있습니다. 그로 인해 발생할 수 있는 불공정을 예방하기 위해 법에서 정한 직장 내 괴롭힘 요건보다 다소 완화된 기준을 취업규칙에서 규정할 수도 있습니다. 하지만 이를 근거로 한 징계 등 처분은 정당성이 인정되지 않을 여지도 있으므로 섬세하게 접근해야 합니다.

한편 B와 같이 거짓말을 자주 하는 개인 특성은 일상적 소통 방법과 매너에 대한 교육 훈련을 통해 개선할 필요가 있습니다.

> **"** 사적영역에 걸쳐 있는 행위들은 직장 내 괴롭힘 조사 및 판단 실무상 매우 까다로운 편이다. 똑같은 행위와 결과여도 사실조사의 깊이에 따라 성립 여부에 대한 판단이 첨예하게 갈릴 수 있다. **"**

심 이런 예민한 부분에 대해서까지 거짓말을 하진 않았으리라 생각했습니다. 왠지 C도 자신을 지켜보고 있는 것 같다는 A 본인이 갖고 있던 은근한 기대감도 그러한 판단에 한몫했습니다.

얼마 후 A는 C에게 퇴근 후 식사를 청했고, C는 흔쾌히 이를 받아들였습니다. A는 C의 반응이 매우 긍정적이라고 생각해 식사 후 C에게 마음 고백을 했습니다. 그런데 충격적이게도 C는 이런 자리인 줄은 몰랐다며 당황해하면서 "마음 같아서는 직장 내 성희롱으로 신고하고 싶은데 한 번만 참을 테니 회사에서 아는 척하지 말아 달라"고 하며 자리를 떴습니다. 결국 B는 이번에도 거짓말을 한 것입니다.

A는 엄청나게 화가 났고, B를 대상으로 '거짓말'로 직장 내 괴롭힘 신고를 접수했습니다. 그런데 회사의 고충 처리 담당자는 신고 행위가 업무와 관련성이 없어 보여 직장 내 괴롭힘 성립 여부 판단을 주저하고 있습니다. B의 거짓말은 '업무 관련성'이 인정될 수 있을까요?

# CASE 5 개인적 괴롭힘 사례

# 팀장님의 생일 선물
# 살 돈을 내라며 압박해요

게임회사의 과장급 팀원인 A는 요즘 팀장의 생일 무렵에 겪은 일로 인해 고통을 받고 있습니다. A는 이 회사에 대리급 경력직으로 입사했습니다. 팀장은 A가 입사한 이후 회사에 잘 적응하도록 여러 가지 조언을 해주고 A가 회사의 주력 게임 개발에 주축으로 참여할 수 있도록 기회를 주는 등 A에게 많은 도움을 준 사람입니다. A도 이런 팀장을 믿고 잘 따랐습니다.

문제는 A가 대리였던 시기에 직속 상사인 차장 B가 팀장의 생일을 챙긴다며 A를 비롯한 팀원들에게 돈을 걷으면서 시작됐습니다.

B는 팀원들에게 팀장의 생일을 맞아 금액을 정해서 돈을 모아 선물을 사자고 했는데, 그 금액이 적게는 3만원에서 많게는 10만원에 달했습니다. 그 과정에서 B는 팀원들이 모인 자리에서 공개적으로 A에게 "이번에 성과급도 많이 받고 누가 봐도 우리 팀의 에이스!"라고 치켜세우더니 10만원을 내라고 했습니다.

그런데 A에게 10만원은 너무 큰돈이었습니다. A는 결혼 후 내 집 마련의 꿈을 꾸며 돈

> **용어설명**
> **사이버불링**
>
> 가상공간을 뜻하는 사이버(cyber)와 집단 따돌림을 뜻하는 불링(bullying)에서 생겨난 신조어로 사이버상에서 특정인을 집단으로 따돌리거나 집요하게 괴롭히는 행위를 말한다.

을 모으고 있던 터라 아내에게 월 용돈 20만원을 받아 빠듯하게 생활하고 있었기 때문입니다. 하지만 A는 급작스러운 요구에 어쩔 수 없이 승낙하고 말았습니다. A는 다른 사람도 아니고 본인을 잘 챙겨준 팀장의 생일이니 기분 좋게 생각하려고 했습니다.

이듬해에도 팀장의 생일이 다가오자 B는 또다시 돈을 모으자고 했습니다. B는 "올해는 팀장님도 고생 많으셨고 팀 성과도 잘 나올 것 같으니 더 좋은 것을 해드리자"며 A를 지목해서 과장으로 진급도 했으니 이번에는 20만원을 낼 것을 요구했습니다.

거절할 수 없는 분위기에 A는 이번에도 어쩔 수 없이 이를 승낙했습니다. 20만원은 A의 한 달 용돈 전부였는데도 말입니다. A는 당장은 15만원밖에 없었기 때문에 조금만 기다려 달라고 부탁했습니다.

조급해진 A는 아내에게 가불을 해 줄 수 있는지 물었지만, 아내는 어떻게 용돈을 받은 지 며칠 되지도 않아서 가불을 받냐며 거절했습니다.

A는 어떻게든 돈을 마련하려고 머리를 굴렸지만, 그렇다고 비상금으로 한 푼 두 푼

>
> 생일 선물을 사는 것 자체는 사회 통념상 상호 간의 친목 도모를 위한 호의관계에서 충분히 일어날 수 있기 때문에 직장 내 괴롭힘 행위가 성립한다고 단정할 수 없다.

### 전문가 조언

근로기준법 제76조의2에서 정의하고 있는 직장 내 괴롭힘에 해당하기 위해서는 업무상 적정범위를 넘는 행위여야 합니다.

고용노동부 매뉴얼에서는 업무상 적정범위를 넘는 것으로 인정되려면 ① 그 행위가 사회 통념에 비춰볼 때 업무상 필요성이 인정되지 않거나 ② 업무상 필요성은 인정되더라도 그 행위 양태가 사회 통념에 비춰볼 때 상당하지 않다고 인정돼야 한다고 보고 있습니다.

위 사례와 같이 B가 팀장의 생일 선물을 사기 위해 돈을 모으는 행위는 업무와는 직접적인 관련이 있는 행위는 아닙니다. 사적으로 친분이 있는 사람들끼리 팀장의 생일을 맞아 돈을 모아 생일 선물을 사는 것 자체는 사회 통념상 상호 간의 친목 도모를 위한 호의관계에서 충분히 일어날 수 있고, 이것만으로 업무상 적정범위를 넘은 직장 내 괴롭힘 행위가 성립한다고 단정하기는 어렵습니다.

다만 거절하기 어려운 상황에서 유독 A에게 더 많은 돈을 낼 것을 요구하고, 돈을 내지 않자 업무 메신저를 이용해 과도하게 독촉한 행위는 그 행위 양태가 사회 통념에 비춰볼 때 상당하다거나 업무상 필요성이 인정된다고 볼 수 없어 직장 내 괴롭힘으로 인정될 수 있습니다.

한편, 민간 기업 종사자가 아닌 공공기관 종사자의 경우 부정청탁 및 금품 등 수수의 금지에 관한 법률의 적용 대상인 "공직자 등"은 경조사비나 선물 등에 대해 그 가액이 정해져 있고, 내부 윤리 강령이나 교육 등을 통해 일정하게 규율하고 있습니다. 만약 이와 같은 사례가 공공기관 등에서 발생했다면 직장 내 괴롭힘 외에도 제재의 대상이 될 수 있습니다.

모아놓은 적금을 깰 수도 없는 노릇이었습니다.

팀장의 생일을 이틀 앞둔 날, B는 업무 메신저로 "돈 안 줄 거야? 돈도 많은 애가 신용은 바닥이네"라며 A를 압박했습니다. 다음 날에는 "너만 입금 안 했어. 오늘까지 안 보내면 30만원이다? 당연히 이자 받아야지~ 우리 회사에 신용불량자가 있었네? 신고할까?"라며 빈정거렸습니다. 결국 A는 급한 대로 친한 친구에게 돈을 빌려 B에게 돈을 보내줬습니다.

돈을 보내주고 나서야 한숨 돌린 A는 갑자기 억울한 마음이 들었습니다. 아끼며 사느라 아내 생일이나 결혼기념일에도 그만한 큰돈을 쓰지 못하는데, 생판 남이나 다름 없는 팀장의 생일 선물에 20만원을 내는 것도 아까운 데다 빚 독촉을 하듯 자신을 몰아붙이는 B의 행동이 너무 과하다고 생각했습니다. 이후 사정을 알게 된 아내와도 다투게 되자, A는 인생을 잘못 사는 것 같다는 기분이 들어 우울했습니다.

A의 고충은 직장 내 괴롭힘으로 인정될 수 있을까요?

SECTION 2 Q&A

## CASE 6 신체적 물리적 괴롭힘 사례

# "그렇다고 너를 때릴 수는 없잖아"

큰 기계가 24시간 돌아가는 공장입니다. 공장 구석구석에는 녹이 슬거나 먼지가 쌓여 있지만, 모든 생산 직원들이 열성적으로 닦아 굴리는 기계는 여전히 소란스럽게 제 역할을 다하고 있습니다. 이 공장에는 2개의 생산팀이 있고, 반장이나 조장 등 불필요한 직함은 모두 떼고 팀장과 팀원으로만 구성돼 있습니다.

**53.6%**
직장 내 괴롭힘 금지법 시행 후 전체 사업장의 절반 이상이 괴롭힘 관련 교육을 못 받은 것으로 나타났다.

생산2팀 팀장인 A는 현장에서 두 번째 연장자이면서 괴팍한 성격의 '꼰대'였습니다. 그래서 다른 직원들은 A의 심기를 거스르는 것이 두려워서 그가 시키는 일이라면 고분고분 말을 들어왔습니다. 실제로 그런 일이 있었던 것은 아니지만, A가 누구 하나를 찍으면 무조건 퇴사할 때까지 괴롭힌다는 소문이 있을 정도였습니다.

이런 A를 못마땅하게 여기던 사람이 있었습니다. 바로 생산1팀 팀장인 B입니다. B는 현장에서 최연장자이면서 공제회장이었고, 공장장과는 동향 출신에 고등학교 동창이니 사실상 공장의 실세나 다름없었습니다. 온화하지만 강단 있는 리더였기에 많은 직원들은 B를 어른으로서 존경했습니다. 하지만 B는 A를 지금껏 눈엣가시처럼 생각해왔습니다. B는 자신이 정년퇴직하면 A가 직원들을 못살게 굴까 봐 늘 걱정했습니다.

그런 분위기에서 일이 터졌습니다. 교대 시간에 큰 싸움이 벌어진 것입니다. 시작은 1팀 팀원 C에게 2팀 팀장 A가 물심부름을 시킨 것이었는데, 이 광경을 보게 된 1팀 팀

발길질과 같은 위협적인 신체적·물리적 행위, 언어 행위 역시 사회 통념에 비춰볼 때 상당하지 않은 행위로 볼 소지가 있다. 따라서 직장 내 괴롭힘이 성립될 수 있다.

장인 B가 "네 물은 네가 떠먹어!"라며 일갈한 것입니다.

그 일갈을 시작으로 A와 B가 언성을 높이며 말싸움을 시작했습니다. 그러던 중 갑자기 B가 돌발행동을 하기 시작했습니다. 말을 멈추고 씩씩거리며 공장 입구로 걸어가더니 철문을 쾅쾅 발로 찬 것입니다. 그 소리는 공장 전체에 울릴 정도로 컸고, 철문에는 작게 흠집이 생겼습니다. 놀란 A가 "아니 1팀장 왜 그럽니까?"라고 묻자, B가 계속 발길질하며 "그렇다고 너를 때릴 수는 없잖아!"라고 말했습니다.

A는 이 일로 엄청난 위협감을 느껴 정신적인 피해를 보았다며 B를 직장 내 괴롭힘으로 신고했고, 신고는 공장 인사담당자를 거쳐 본사의 고충 처리 담당 부서로 이관됐습니다.

본사 고충 처리 담당자는 B의 행동이 직장 내 괴롭힘으로 볼 수 있는 것인지에 대해서는 확실한 판단이 서지 않았습니다. A에게 직접 신체적, 물리적 타격을 한 것이 아니기 때문입니다. 과연 B의 행동을 직장 내 괴롭힘으로 볼 수 있을까요?

## 전문가 조언

이번 사건은 '교대 시간'에 사업장 내에서 발생한 사건이고, A가 C에 대해 행한 '사적 지시'에 대해 C의 상급자인 B가 항의하는 과정에서 발생한 것입니다. 따라서 포괄적인 업무 관련성이나 업무상 필요성 역시 인정될 만합니다.

다만 ① B의 위협행위 대상이 A인지 여부와 ② 그 행위 양태가 사회 통념에 비춰볼 때 상당하지 않다고 인정될 만한지 여부 등이 쟁점이 될 수 있습니다.

B가 A를 직접 때리는 등 물리력을 행사하지 않았기 때문에 직장 내 괴롭힘의 당사자가 성립하지 않는다는 주장이 제기될 수 있습니다. 하지만 A와 B가 서로 갈등을 빚는 과정에서 B가 A가 보는 앞에서 돌발적으로 철문에 흠집이 날 정도로 강하게 발길질을 한 점이나 B가 "그렇다고 너를 때릴 수는 없잖아"라고 말한 점은 사실상 그 행동이 철문을 향한 것이 아니라 A를 향한 것이라는 의미입니다. 이를 종합하면 B의 위협행위의 대상이 A라는 점은 인정될 수 있을 것입니다.

서울지방노동위원회에서도 "여직원을 때릴 수 없잖아"라는 언어 행위를 '언어에 의한 괴롭힘 행위'로 보아 징계사유로 인정한 사례가 존재합니다(서울지노위 2019부해2412, 2019.11.12.).

나아가 B는 A와 동등한 팀장이기는 하나 팀장 중 최연장자이자 최고 근속자로 직원들에게는 더욱 존경받는 인물이었기에 관계상 우위가 인정될 수도 있습니다. 따라서 종합적으로 볼 때 직장 내 괴롭힘이 성립될 수 있습니다.

B가 했던 행동의 발단은 A의 C를 향한 행동이었고, A의 사적 지시 행위 역시 직장 내 괴롭힘으로 성립될 소지가 있는 행위였습니다. 물론 그와 같은 사정이 B의 행동에 정당성을 부여하는 것은 아니며, 행위자의 의도가 괴롭힘 성립 여부에 영향을 미치지 아니하므로 B의 행위는 별개로 판단해야 합니다.

그런데 사건 전체 경위를 보면 B에 대한 징계 등의 조치만으로 마무리하는 것은 A와 B사이에 벌어진 사건과 갈등의 본질적인 원인을 간과한 조치입니다. 따라서 재발 방지를 위해 A의 문제 행동에 대해서도 적절한 조치를 취하는 것은 물론 두 팀장 모두 직장 내 괴롭힘 예방 교육 및 리더십 교육 등을 받는 것이 바람직합니다.

SECTION 2 Q&A

## CASE 6 신체적 물리적 괴롭힘 사례

# 회초리 좀 가져와봐 몇 대 맞을래

A는 수입 자동차 판매회사의 마케팅팀에서 근무하고 있습니다. 최근 A가 속한 마케팅팀은 몇 주 뒤 예정된 신차발표회를 앞두고 잦은 회의와 계속되는 야근에 팀원 전체가 매우 피곤하고 지친 상황이었습니다. 그래도 신차에 대해 시장에서의 좋은 반응이 있기를 기대하며 신차발표회 장소도 공들여 섭외하고, 소개 자료와 VIP 초대장도 정성스레 만들어 준비에 만전을 기했습니다.

준비한 신차발표회 날이 다가왔고, A는 행사 당일 VIP 응대 업무를 맡아 VIP로 초대된 사람들에게 신차에 대해 엄선된 정보를 제공하고, 행사 중 동선 체크와 자리 배정 등을 통해 최대한 편한 관람이 될 수 있도록 도왔으며, 시승 안내 등을 하기도 했습니다.

행사를 무사히 마치고 그다음 날 저녁, A를 포함한 신차발표회 준비 인원들이 모여 전체 회식을 했습니다. 이 자리에는 대표이사를 비롯해 이번 행사의 준비과정을 책임지고 주관한 마케팅 임원인 B도 배석했습니다. 1차 회식 자리에서 대표이사는 모든 준비 인원들에게 격려와 감사의 메시지를 전달하고서 자리를 비웠고, 마케팅 임원인 B는 끝까지 남아

**10명 중 7명**
직장 내 괴롭힘 피해를 경험한 10명 중 7명은 회사를 그만 둔다는 조사결과가 나왔다.

자료 한국노동연구원
※2021년 기준

준비 인원들에게 한 명씩 술을 권하며 한마디씩 건넸습니다.

"수고했다" "잘했다"며 다른 직원들에게 격려해주던 B는 A에게 술을 권할 차례가 되자, 갑자기 얼굴이 붉으락푸르락 해졌습니다. 그러더니 B는 "당신 때문에 중요한 VIP가 강하게 불만을 제기했다"면서 대놓고 면박을 주었습니다.

알고 보니 행사 당일 A가 응대한 VIP 중 한 명이 시승차에 문제가 생겨 다른 차로 변경하는 과정에서 다소 시간이 걸려 VIP가 언짢아한 일이 있었습니다. 그 사실을 알게 된 B가 A를 나무란 것이었습니다.

같이 고생한 직원들이 모두 모인 장소에서 혼자만 면박을 당한 A는 기분이 상했지만 B에게 죄송하다는 말밖에 할 수 없었습니다. 다른 직원들도 그 상황이 불편해서 서로 눈을 피했고 어색한 분위기만 맴돌았습니다.

그렇게 2차 회식 자리가 끝나고 소수만 남아 3차로 이동하기로 했습니다. B도 3차에 같이

신체적 고통을 준 행위는 업무상 필요성이 인정된다고 보기 어렵고, 그 행위 양태 또한 사회 통념에 비춰볼 때 업무상 적정범위를 넘어섰기 때문에 직장 내 괴롭힘에 해당된다.

## 전문가 조언

직장 내 괴롭힘은 사용자 또는 근로자가 직장에서의 지위 또는 관계 등의 우위를 이용해 업무상 적정범위를 넘어 다른 근로자에게 신체적·정신적 고통을 주거나 근무 환경을 악화시키는 행위를 말합니다(근로기준법 제76조의2 참고).

A는 회식을 위해 이동하는 도중에 마케팅팀 임원인 B로부터 나뭇가지를 회초리 삼아 매를 맞았습니다.

사례에서 B는 A가 속한 팀의 담당 임원이므로 당사자성과 지위 등의 우위성이 인정되고, 행위 장소가 반드시 사업장 내일 필요가 없기 때문에 회식 장소 이동 중이라고 하더라도 업무 관련성이 인정되므로 직장 내 괴롭힘 성립이 가능합니다. 또한 나뭇가지로 A의 엉덩이를 세 번 때린 행위는 업무상 필요성이 인정된다고 보기 어렵고, 그 행위 양태 또한 사회 통념에 비춰볼 때 업무상 적정범위를 넘어선 행위로 보입니다.

한편 A를 때린 행위가 형법상 폭행에 해당하는지 여부와는 무관하게 신체적 고통을 준 행위로서 직장 내 괴롭힘에도 해당하는지 여부에 대해서는 엉덩이를 가격해 신체에 직접적으로 위해를 가한 것으로 신체적 고통은 당연히 인정된다고 판단되며, 직장 내 괴롭힘에 해당한다고 볼 수 있습니다.

대법원 판결에서도 위 사례와 유사한 사안에서 회초리로 엉덩이를 폭행하고, 어깨를 밀친 행위를 직장 내 괴롭힘에 해당한다고 판시한 바 있습니다(대법원 2021.11.25. 선고 2020다270503 판결 참고).

간다는 말에 A는 집에 먼저 가고 싶었지만 눈치가 보여 하는 수 없이 끝까지 자리에 함께 하기 위해 남았습니다.

그렇게 가까운 3차 자리로 이동하려는데 갑자기 B가 A를 향해 "회초리 없나? 저기 가서 나뭇가지 좀 꺾어서 회초리 좀 만들어 와 봐"라고 말했습니다. 이에 A는 장난이겠거니 하며 나뭇가지를 꺾어 B에게 건넸는데, 이를 받은 B는 A에게 "엉덩이 이리 내봐. 몇 대 맞을래?"라며 A의 팔을 잡고 뒤돌려 세워 때리려고 했습니다. 이에 주변 직원들도 B를 말렸지만, B는 당황한 A가 대답을 못 하자 "그럼 딱 세대만 맞자"라고 하더니 회초리로 A의 엉덩이를 세 번 내리쳤습니다.

A는 자신이 매를 맞는 것 자체도 이해가 안 됐지만, 다른 동료들을 보는 것도 창피해서 당장 그 자리에서 벗어나기 위해 B의 팔을 뿌리치고 택시를 잡아 귀가했습니다. A는 집에 와서도 매를 맞던 그 장면이 떠올라 수치심과 모욕감에 잠을 설쳤습니다. 결국 A는 매를 맞게 된 정황을 담은 직장 내 괴롭힘 신고서를 작성해 인사팀에 제출했습니다.

B의 행위는 직장 내 괴롭힘에 해당할까요?

# SECTION 2 Q&A

### CASE 6 신체적 물리적 괴롭힘 사례

# 몸으로 반가움을 표현하는 선배

A대리는 입사 4년 차 제조업체 사무직군 직원입니다. A대리가 재직하고 있는 회사는 사무직군 직원들이라 하더라도 현장에 대한 이해와 경험이 필요하다는 철학을 고수하고 있습니다. 그래서 조직의 미래 성장동력이 될 사무직군 직원들을 해당 회사의 모태가 됐던 지방 공장에 1년 이상 파견 보내는 관행을 이어오고 있었습니다. 성실하게 근무해 오던 A대리 또한 조직의 미래 성장동력으로 인정받아 지방 공장에 파견 명령을 받았습니다. 기숙사를 배정받고 공장에서 해야 할 지원업무를 인계받았습니다.

한편, 회사의 지방 공장의 구성원들은 대부분 해당 지역 주민들로 구성됐으며, 생산직군 노동조합에 속해 서로 격의 없이 지내는 분위기였습니다. 해당 산업의 호황기였던 1990년~2000년쯤에 입사한 인원들이 많아 전체적으로 연령대가 높은 편이었습니다. 그 중에서도 성격이 외향적인 입사 30년 차 B는 직원들에게 큰형처럼 여겨지며, 노조위원장까지 맡고 있었습니다.

A대리가 처음 해당 공장에서 업무를 시작했을 때 B의 사투리 섞인 반말 조가 다소 불편

> **용어설명**
> **합리적 피해자 관점**
>
> 피해자의 주관적 사정을 고려하되, 사회 통념상 합리적인 사람이 피해자의 입장이라면 문제가 되는 상황에서 어떻게 판단하고 대응했을지 고려하는 것을 말한다.

했습니다. 내용상으로는 A대리를 챙기는 것이고 친해지기 위한 표현들이라 생각해서 적응해 나가기로 마음먹었습니다.

그러나 A대리가 참기 힘든 부분이 있었습니다. 노조위원장인 B의 장난이었습니다. 한 번은 앉아서 사무작업을 하고 있었는데 누군가가 뒤에서 헤드록(상대의 머리를 옆구리에 끼고 죄는 기술)을 걸어 놀라서 돌아보니 B가 웃으면서 인사를 건넨 후 업무상 용건을 얘기했습니다. 악의는 없어 보였으나 괜히 목에 담이 올 것 같고, 기침이 나올 것 같은 불편한 기분이 들었습니다. 이후에도 A대리를 부르는 소리를 듣고 고개를 들다가 무언가에 맞고 안경이 벗겨지는

> **신체적·정신적 고통 또는 근무 환경 악화는 피해자의 주관적인 피해 인지 사실만으로 인정되지 않는다.**

일이 있었습니다. 날아온 물체는 귤이었고, 던진 사람은 B였습니다. B는 미안하다고 말하며 "아이코 잘 받지~ 잘 먹고~"라고 말하며 가볍게 넘겼습니다. A대리는 마음은 알겠으나 얼굴에 타격감이 남아 기분이 계속 좋지 않았습니다.

뿐만 아니라 B는 "혼자 살면 잘 먹어야지. 살 좀 찌고"라고 말하며 손등으로 배를 치고 간다든지, 눈이 졸고 있다며 집게 손가락으로 미간을 툭툭 치고 가는 등의 행위를 반복했습니다.

B가 A대리에게만 이러한 행위를 하는 것은 아니었습니다. 격의 없이 지내는 후배들에게 일관되게 하는 행위여서 A대리는 본인만 기분이 나쁜 것인지, 본인이 이상한 것인지 의문이 들었습니다.

한참 고민을 하다가 고충 처리 담당자와의 상담 중에 위와 같은 사실이 직장 내 괴롭힘에 해당하는지 물었습니다. B는 아들뻘 후배 동생이 기특하고 귀여워서 친근함을 표현한 게 괴롭힘이냐고 반문하고 있습니다. B의 행동을 직장 내 괴롭힘이라고 볼 수 있을까요?

## 전문가 조언

A는 사무직군, B는 생산직군으로서 지위상 상하관계가 나눠져 있지는 않습니다.

다만 B는 입사 30년 차 선배이면서 노조위원장을 맡고 있는 점, 상호 간의 소통 방식도 B는 A에게 반말 조로 얘기하는 반면, A는 B에게 존대하는 점 등에서 B가 A에 대해 종합적으로 관계의 우위가 있는 것으로 보입니다. B는 이러한 우위를 바탕으로 A를 대해 온 것으로 보입니다.

B의 행위가 업무상 필요한 행위로 볼 수 없어서 업무상 적정 범위 내의 행위가 아님 또한 이견의 소지가 적을 것으로 보입니다.

다만, B의 행위는 공장의 구성원 대부분 대수롭지 않게 여겨왔으며 친근감의 표현으로 인식해온 행위입니다. 이러한 점에서 '신체적·정신적 고통 또는 근무 환경 악화'를 발생시킨 행위인지에 대해 논란이 제기될 수 있습니다.

'신체적·정신적 고통 또는 근무 환경 악화'는 피해자에게 이와 같은 결과가 발생했음이 인정돼야 하나, 피해자의 주관적인 피해 인지 사실만으로 인정되지는 않습니다. 객관적으로 피해자와 같은 처지에 있는 일반적이고도 평균적인 사람의 입장에서 신체적·정신적 고통 또는 근무 환경 악화가 발생할 수 있는 행위여야 괴롭힘으로 인정될 수 있습니다. 이것을 바로 '합리적 피해자 관점'이라고 합니다.

사안의 경우 B와 오랜 기간 가까이 지내왔고 해당 공장의 문화에 익숙한 타 직원들은 고통을 느낄만한 사안이 아니라고 볼 수 있습니다.

그러나 해당 공장의 문화에 익숙하지 않은 A의 지역적, 문화적, 세대 배경을 고려했을 때 A와 같은 처지에 있는 일반 평균인 입장에서 사안과 같은 행위의 대상이 되는 경우를 상정해보면, 경미하긴 하나 신체적 고통을 느낄 수 있고 이러한 신체적 행위의 반복으로 근무 환경 또한 악화할 수 있을 만한 상황으로 보입니다.

따라서 행위자의 의도와 관계없이 직장 내 괴롭힘으로 판단될 여지가 있습니다.

SECTION 2 Q&A

CASE 6 신체적 물리적 괴롭힘 사례

# 서류는
# 부장님도 던지던데요

회사는 흔치 않게 대표이사가 건물주여서 자신이 소유한 건물의 여러 층을 통째로 쓰고 있습니다. 그러다 보니 전체 공간을 독서실처럼 작은 사이즈의 여러 방으로 나눠 직원 한두 명씩을 배치하고 있습니다. 각 방의 문은 위아래가 조금 뚫려있어서 방안에서의 일상적인 대화는 복도에 들리지 않지만 소리를 지르면 복도까지 울려 퍼집니다.

건물 3층에는 마케팅부, 기획부, 물류부가 배치돼 있습니다. 이중 마케팅부가 301~305호 공간을 차지하고 있는데, 301호에는 신입사원과 5년 차 대리인 A, 302호에는 10년 차 과장인 B, 303호에는 20년 차 부장인 C가 근무하고 있습니다.

A, B, C는 현재 프로젝트를 하나 진행하고 있는데, C는 프로젝트 최종보고서를 1차적으로 A가 B에게 보고하고, 이를 B가 C에게 2차적으로 보고하도록 했습니다.

프로젝트 최종보고서 마감 1주일 전 A가 B의 방으로 가서 직접 보고서 초안을 올렸습니다. B는 A가 가져온 보고서를 1~2분간 성의 없이 보더니 A에게 "문제없는 거지?"라고 묻고는 A에게 대답할 시간도 주지 않고 나가

**61%**
직장 내 괴롭힘 신고 이후, 10건 중 6건에 대해 회사는 조사 및 조치의무를 지키지 않았다.

자료 직장갑질119 ※2022년 기준

보라고 했습니다. A가 나간 후 B는 곧장 C의 방으로 가서 해당 보고서를 그대로 올렸습니다. C는 그 자리에서 보고서를 읽은 후 B에게 "보고서가 왜 이 모양이야!"라고 소리를 지르며 보고서를 던졌습니다. 이에 B는 "죄송합니다. 다시 수정해서 올리겠습니다"라고 한 후 바닥에 떨어진 보고서를 주워서 C의 방을 나왔습니다.

B는 씩씩대며 곧장 A의 방으로 들어갔습니다. B는 A에게 "내가 아까 보고서 문제없냐고 물어봤지! 보고서를 왜 이따위로 작성해놨어! 내가 부장님 보기가 죄송스러워! 당장 다시 써와!"라고 소리를 지르며 들고 있던 보고서를 A의 얼굴에 던졌습니다. 그리고는 복도에 소리가 울릴 정도로 문을 쾅 닫으며 방에서 나갔습니다.

B가 나간 직후, 앞방에 근무하는 동료 D와 E가 A의 방에 찾아와서 괜찮냐고 물었습니다. A는 진이 다 빠진 얼굴로 괜찮다고 말하며 얼굴을 감쌌는데 순간 볼이 따가웠습니다. B가 던진 보고서에 긁혀서 A의 얼굴에 생채기가 나 피가 흐르고 있었고, D와 E가 이를 목격했습니다.

## 전문가 조언

사례에서의 B의 행위가 직장 내 괴롭힘에 해당한다는 사실은 다소 명확해 보입니다. B는 A에 대해 상급자이고, 업무 피드백 과정에서 고성을 지르며 상해를 가하는 등 위협적 행위를 했으며, 지위상 우위성이 있는 상태에서 업무상 적정범위를 초과한 행위를 했기 때문입니다.

사건조사 과정에서 B는 자신의 행위와 A의 '신체적 고통' 간에 인과관계가 없다고 항변했습니다. 그러나 사실관계에서 A에게 신체적 고통이 발생한 시점이나 D, E라는 목격자가 존재하는 점을 고려하면 받아들이기 어려운 항변입니다. 설령 B의 항변을 인정한다고 하더라도 B의 행위만으로도 '근무 환경의 악화'가 발생했다는 사실을 확인하는 것은 그리 어려운 일이 아닐 것으로 판단됩니다.

따라서 B의 행위는 A에 대한 직장 내 괴롭힘에 해당할 수 있을 것입니다.

다만 위 사안에서 짚고 넘어가야 할 부분은 부장인 C 역시 B에게 동일한 방식으로 직장 내 괴롭힘 행위를 했다는 사실입니다. 엄밀히 말해 C가 B에게 보고서를 던지지 않았다면, B가 그런 행동 방식을 학습하지 않았을지도 모르기 때문에 오히려 책임의 무게는 C의 잘못된 리더쉽에 더욱더 중하게 부과해야 할 것으로 판단됩니다.

직장 내 괴롭힘 사건을 조사하다 보면 "나만 그런 게 아니다"라고 항변하는 사례가 종종 있습니다. 개인 스스로가 잘못된 선례를 따르고 있는 것은 아닌지 돌아볼 필요가 있으며 조직 차원에서도 조직 내에 잘못된 관행이나 폭력적인 언사를 용인하는 문화로 인해 말 못하는 피해자가 있지는 않은지 조직문화를 점검하고, 필요시에는 타겟팅된 괴롭힘 예방교육과 리더십 교육 실시를 검토해야 할 것입니다.

>  조직 내에 잘못된 관행이나 폭력적인 언사를 용인하는 문화로 인한 피해자가 있는지 점검하고, 필요시 직장 내 괴롭힘 예방 교육을 실시해야 한다.

최종보고서가 나가기까지 1주일간 A는 위와 같은 B의 공격적인 행동을 여러 차례 겪었고 스트레스로 갑작스레 이명이 생겼습니다. A에게 이명이 생긴 사실을 안 D와 E는 'B가 A의 얼굴에 서류를 던지는 등 괴롭힘 행위를 해서 A에게 이명이 생겼다'라며 인사팀에 직장 내 괴롭힘 신고를 했습니다.

조사 과정에서 B는 "A의 얼굴에 생긴 생채기는 나 때문이 아니라 어디 다른 데에서 긁힌 것이고, 이명은 지병 때문"이라고 진술했습니다. 또한 B는 답답하다는 듯이 자신도 많이 겪는 일인데 이러한 행동이 그렇게 문제가 되냐고 되물었습니다.

여기에서 신고된 B의 행위를 A에게 신체적 고통을 주는 직장 내 괴롭힘에 해당한다고 볼 수 있을까요?

SECTION 2 Q&A

## CASE 7 성적 괴롭힘 사례

# 후배 직원이 건넨 말
# "단일화하죠"

때는 바야흐로 대통령 선거철. 국가의 지도자를 결정하는 정말 중요한 기간입니다. 선거철이면 회사도 시끌벅적합니다. 회사는 사내에서 정치적 발언을 삼가라는 공지를 연일 띄우지만, 깨어있는 시간의 절반 이상을 회사에서 보내는 만큼 입이 간질거리는 직원들은 몰래몰래 선거 관련 뉴스를 이야기하며 의견을 나누고 있습니다.

A도 처음에는 그런 정치와 관련된 이야기인 줄로만 알았습니다. 작년에 입사해 친하게 지내던 후배 직원인 B가 A가 작업하고 있는 자리를 지나가며 "단일화하죠"라고 말한 것입니다. 앞뒤로 아무런 말도 붙이지 않고 그냥 "단일화하죠"라고만 말한 것이지요. A 옆에 있던 다른 직원도 똑같이 그렇게 들었습니다.

뜬금없이 '단일화'라니. 아무래도 대선일이 가까워지면서 후보들이 다른 후보들과의 단일화를 추진하던 시기였기 때문에 '단일화를 지지하자는 이야기인가'라고 생각했고, A는 그 상황 자체가 우스워 그냥 웃어 넘겼습니다.

그날 밤, A는 퇴근 후 SNS를 탐방하며 혼자만의 시간을 만끽하고 있었습니다. 흥미로운 이야기, 귀여운 강아지 사진, 이런 것들 사이에 갑자기 A의 눈을 확 사로잡는 '유머글'이 있었습니다. 그 글은 이런 내용이었습니다.

> **용어설명**
> **성인지 감수성**
>
> 성별 간의 불균형에 대한 이해와 지식을 갖춰 일상생활 속에서의 성차별적 요소를 감지해내는 민감성을 말하며, 법조계에서는 성범죄 사건 등 관련 사건을 심리할 때 피해자가 처한 상황의 맥락과 눈높이에서 사건을 바라보고 이해해야 한다는 개념이다.

**(성관계)하자는 말을 최대한 순화해서 할 수 있는 방법 있을까요?**

최대한 저급해 보이지 않고 상대에겐 충분히 의도가 전달되면서 기분을 상하게 하지 않는 그런 진정성 느껴지는 말 있을까요?

 단일화할래?

 ㅋㅋㅋㅋㅋㅋ (이하생략)

 ………

이 글을 보고 A는 온몸에 소름이 돋았습니다. 혹시 B가 이런 생각을 가지고 자신에게 "단일화하죠"라고 말한 것은 아닐까 하는 생각이 머리를 가득 채웠습니다. 엄청난 수치심과 공포감이 느껴졌고, 그날 A는 뜬눈

> 업무와 관련해 성적 언어나 행동으로
> 성적 굴욕감을 느끼게 하거나
> 성적 언동 등을 조건으로 고용상
> 불이익을 주는 행위는
> 성희롱에 해당한다

으로 밤을 새웠습니다.
다음날 A는 출근하자마자 B를 찾아가 무슨 의도로 말한 건지 따져 물었고, B는 "작업이 힘들어 보여서 라인을 합치는 게 어떻겠냐는 의미였는데, 말을 하자마자 팀장이 불러서 간 것"이라고 말했습니다. 하지만 A는 이미 충격에 휩싸인 상태였기에 도저히 B의 말을 믿을 수 없었습니다.
다만 A는 자신도 그 표현이 직장 내 성희롱인지에 대한 의구심이 있었습니다. 회사에서는 성희롱인지 아닌지가 헷갈리면 '성적괴롭힘'으로 신고하라는 가이드라인이 있었습니다. 결국 A는 성적 괴롭힘으로 B를 신고했습니다. "단일화하죠"라는 표현은 '성적 괴롭힘'에 해당하는 표현일까요?

## 전문가 조언

성희롱이 성립하기 위해서는 구체적 사정을 참작해 볼 때, 객관적으로 상대방과 같은 처지에 있는 일반적이고도 평균적인 사람이 성적 굴욕감이나 혐오감을 느낄 수 있게 하는 행위가 있고, 그로 인해 행위의 상대방이 성적 굴욕감이나 혐오감을 느꼈음이 인정돼야 합니다(대법원 2018.4.12. 선고 2017두74702 판결).

즉 '단일화'라는 표현이 "객관적으로 상대방과 같은 처지에 있는 일반적이고도 평균적인 사람이 성적 굴욕감이나 혐오감을 느낄 수 있게 하는 행위"인지 여부가 본 사안의 쟁점이 될 것입니다.

'단일화'는 본래 의미에서 성적 굴욕감이나 혐오감을 느낄 수 있게 하는 표현이 아니기에 B가 상식적인 상황에서 본래 의미로 활용했다면 직장 내 성희롱이 성립될 여지가 전혀 없을 것입니다. 다만 B가 '단일화'라는 표현을 A가 본 유머글에서의 용례처럼 성관계를 포함한 '성적 행위'를 암시하는 의미로 사용한 것이라면, 이는 충분히 성적 굴욕감이나 혐오감을 느낄 수 있게 하는 표현으로 인정될 수 있습니다.

B는 "작업이 힘들어 보여서 라인을 합치는 게 어떻겠냐는 의미"라고 항변했는데, 조사 실무 관점에서는 항변의 신빙성, 즉 B가 그와 같은 발언을 하게 된 배경과 전후 맥락상 합리적인 사유가 있다고 볼 수 있는지와 개연성을 살펴봐야 합니다. 즉 B의 주장에 근거가 충분히 납득될 수 있는 것인지를 판단해야 합니다. 따라서 구체적으로 ① 라인을 합치는 것의 의미 ② 현실적으로 라인을 합칠 수 있는지 ③ 라인을 합쳐야 할 당위성이 있는지 ④ A의 작업이 힘들어 보였던 이유와 라인을 합쳤을 때 A의 업무 부담이 줄어드는지에 대한 A의 의견 등의 질문지를 구성할 수 있을 것입니다.

직장 내 괴롭힘의 관점에서 역시 근본적으로 '단일화'가 성적 언동이었는지 여부가 핵심 쟁점이 됩니다.

성적 언동이었다면 업무상 적정범위를 초과한 것으로 전제한 후 성적 언동이 가능한 맥락을 형성하는 '권력관계' 등 관계상 우위에 대한 조사가 가능합니다. 성적 언동이 아니고 업무상 적정범위를 초과하지도 않았다면 추가 조사의 여지가 거의 없습니다.

# SECTION 2 Q&A

## CASE 7 성적 괴롭힘 사례

# 회사 상사가 회식 후 "내가 데려다 줄게"

A는 K사에 비정규직으로 입사한 5개월 차 여성 신입사원입니다. K사는 투자금융회사로 A가 소속된 L팀은 IPO(기업공개) 사업부 2팀입니다. 2팀은 팀장인 B를 포함해 총 8명으로 구성돼 있고 비정규직 사원은 A가 유일합니다. A는 첫 직장인 K사에서 좋은 성과를 내서 7개월 뒤에 있을 정규직 전환에 성공하는 것이 간절한 꿈입니다.

2팀 팀장인 B는 40대 중반의 유부남으로 많은 사업을 성공적으로 이끌어 차기 임원 후보로 손꼽힙니다. K사 내에는 B가 이끄는 팀은 B의 말이 곧 법이나 마찬가지라는 소문이 돌 정도로 B는 권력형 리더입니다.

그런데 B는 A가 입사 후 석 달이 되는 시기부터는 업무시간 중에 한 주에 2회에서 많게는 3회 문자로 "10분 후 ○○카페로"라고 불러서 한두 시간 정도를 이야기했습니다. "A야, 너는 바지보다는 치마가 더 예쁘다" "A는 야하지 않고 적당히 예뻐" "여자는 돈을 벌면 자기를 가꾸는 데 써야 해. 돈 벌어서 저축하지 말고 자기한테 써"라며 외모 칭찬을 하면서 사적인 일을 캐묻거나 외모에 관한 참견을 계속했습니다. A는 듣기 싫고 불

**83%**
직장 내 성희롱 신고로 100명 중 83명이 보복 갑질을 당했다.

자료 직장갑질119 ※2022년 기준

쾌했지만 B의 지시를 거스르면 정규직이 될 수 없을 것같아 애써 참았습니다. A는 이런 잡담 시간 때문에 야근하는 날이 잦아졌고 너무 힘들었지만 직장동료나 친구들에게 메신저로 고충을 털어놓고 매일 일기를 쓰면서 하루하루 견뎠습니다.

그러던 어느 날 회식 자리가 끝나고 귀가하려고 하자 B팀장은 "A씨는 내가 데려다주고 갈게"라고 말했습니다. A는 "아닙니다. 취하신 것 같은데 택시 타고 들어가겠습니다"라고 만류했지만 B는 "아니야. 막내를 그냥 보내면 안 돼. 택시는 너무 위험해"라고 하면서 차에 타라고 했습니다. A는 두 번이나 거절했지만,

상대방 의사에 반하는 성적 언동으로 불쾌감과 굴욕감을 주고, 이와 관련하여 사회적 혹은 공적 측면에서 상대방에게 피해나 불이익을 주는 모든 행위는 직장 내 성희롱에 해당한다.

### 전문가 조언

고용노동부 매뉴얼에 따르면 녹음, 영상 등의 직접적인 증거뿐만 아니라 일기장, 치료 내용, 메신저 대화 등 정황증거가 있으면 사실이 인정될 수 있습니다. 따라서 회사는 당사자의 진술과 A가 직장동료나 친구들과 나눈 메신저 대화 기록 및 매일 기록한 일기장을 바탕으로 사실을 인정할 수 있을 것입니다.

성희롱이 성립하기 위해서는 행위자에게 반드시 성적 동기나 의도가 있어야 하는 것은 아닙니다. 하지만 당사자의 관계, 행위가 행해진 장소 및 상황, 행위에 대한 상대방의 명시적 또는 추정적인 반응의 내용, 행위의 내용 및 정도, 행위가 일회적 또는 단기간의 것인지 아니면 계속적인지 등의 구체적 사정을 참작해 볼 때, 객관적으로 상대방과 같은 처지에 있는 일반적이고도 평균적인 사람이 성적 굴욕감이나 혐오감을 느낄 수 있게 하는 행위가 있고, 그로 인해 행위의 상대방이 성적 굴욕감이나 혐오감을 느꼈음이 인정돼야 합니다(대법원 2018. 4. 12. 선고 2017두74702 판결 참조).

사례의 사실관계를 종합해 볼 때, B가 자주 카페에서 면담을 하며 A의 외모나 이성관계 등을 간섭하고 A에 대해 성적 대상화를 했던 언어 행위는 직장 내 성희롱에 해당할 수 있습니다. 여성 직원에 대한 외모 언급 내지 평가, 지나친 사적관계 질문 등이 직장 내 성희롱에 해당한다고 본 사례도 존재합니다(서울지노위 2021부해1954, 2021.12.16. 해고).

또한 "아낀다. 발전시키자"와 같은 표현 그 자체만을 떼어놓고 봤을 때는 직접적인 성적 표현으로 보이지는 않습니다. 하지만 유부남 상사가 회식 후 A가 거부의 의사를 표했음에도 극구 집까지 배웅한 후 늦은 시각에 전화로 했던 발언이라는 점 등 발언의 전후 사정과 B가 A를 대해왔던 전체적인 맥락, A와 B와의 관계(친밀도, 연령의 차이, 성별, 상하관계 등)를 고려했을 때, A의 입장에서는 상호허용 가능한 수준을 넘어서는 성적 함의가 있는 표현으로 해석돼 성적 굴욕감을 느끼기에 충분하므로 마찬가지로 직장 내 성희롱에 해당할 것으로 보입니다.

따라서 회사는 A에게 직장 내 성희롱 및 직장 내 괴롭힘에 따른 보호 조치를, B에게는 그에 따른 징계 등 필요한 조치를 해야 할 것입니다.

B의 강요에 더 이상 거절하지 못하고 차에 탔습니다. 불편한 마음에 안절부절못하다가 집 근처 횡단보도에 차량이 멈추자, A는 "팀장님 여기서 내리겠습니다. 감사합니다. 내일 뵙겠습니다"라고 말하고 황급히 내렸습니다.

A가 집에 도착하니 B의 부재중 전화가 와 있어서 전화를 걸었습니다. B는 "뭐 그리 급하게 내리냐. 내가 아끼는 것 알지? 우리 관계를 발전시켜 보자"라고 말했습니다. A는 "아…죄송합니다"라고 말을 얼버무리고 전화를 끊었지만, 불쾌하고 무서운 마음을 지울 수가 없어 그날 있었던 일에 대해 밤늦게까지 일기를 쓰다가 잠이 들었습니다.

다음날, A는 고충 처리 담당자 C에게 이 사실을 털어놓고 어떻게 해야 할지 상담했습니다. 그런데 C는 전화 통화를 녹음하지 않았다면 증거가 없어서 직장 내 괴롭힘으로 신고하기 어렵고 녹음이 있다고 하더라도 "아낀다. 발전시키자"라는 말은 팀장의 좋은 격려의 말일 수도 있으니 성희롱에 해당하기는 어렵지 않겠냐고 했습니다.

A는 막막합니다. 회사로부터 도움을 받을 수 있을까요?

SECTION 2 Q&A

CASE 7 **성적 괴롭힘 사례**

# 여직원들만 편애하는 부서장

본사 마케팅부서의 A는 직원 수가 1000명이 넘는 주류회사에 20여년간 몸을 담은 여성 부서장입니다. A부서장은 남성 중심적인 주류회사의 문화 속에서 여성에 대한 보이지 않는 차별과 역량에 대한 의혹들을 직접 성과로 증명해왔습니다. 그 결과 영업 부문과 제조관리 경험까지 두루 갖춘 재원으로 평가받아 조직 내에서 최초로 여성 임원이 됐으며, 여성 후배들의 롤모델로 불립니다.

A는 부서장 역할을 맡으면서, 본인이 성장하면서 겪었던 부조리들을 여성 후배 직원들이 겪지 않고 평등하게 대우받을 수 있는 부서를 만들겠다고 마음을 먹었습니다. 더 나아가 남성 위주의 조직문

**용어설명**
**적극적 고용개선조치**

남녀고용평등과 일·가정 양립 지원에 관한 법률 제2조제3호는 '적극적 고용개선 조치란 현존하는 남녀 간의 고용차별을 없애거나 고용 평등을 촉진하기 위해 잠정적으로 특정 성을 우대하는 조치를 말한다'고 정의하고 있다.

화가 팽배한 회사를 양성평등한 조직문화로 바꾸기 위해 여성 후배들을 더욱 독려해야겠다는 목표하에 관리자의 임무를 수행했습니다.

A부서장은 성실하게 임무를 수행하던 중 고충 담당 부서로부터 A부서장을 대상으로 한 직장 내 괴롭힘이 접수됐다는 연락을 받게 됐고 그 내용은 다음과 같았습니다.

① 카페에서 커피를 가져오게 하는 일, 도시락 먹고 남은 음식을 정리하고 설거지하는 일 등 잡일을 전부 남성 직원들에게만 지시합니다. ② 부서 내 회의 때 "남자애들은 감각이 없어" "마케팅은 역시 여자애들이 해야 해. 남자애들은 스펙은 좋은데 뽑고 보면 실속이 없어" 등 남성 직원들에 대한 부정적인 얘기를 반복적으로 합니다. ③ 여성 인력만 관리자(팀장급)로 승진시킵니다.

> 여성 관리자 배출을 권장하고 적정한 심사 등을 거쳐 승진했다면 이를 업무상 적정범위를 넘은 행위로 단정하기는 어렵다.

해당 신고 내용을 듣고, A부서장은 다음과 같이 항변했습니다.

"① 오랜 시간 회사에 재직하면서 커피 심부름, 설거지 등 잡일은 늘 저와 같은 여성 직원들의 역할이었다. 해당 업무가 남성에게도 예외가 아니라는 점을 알려주기 위해 남성 직원들에게 시킨 것이다.
② 여성 후배들의 결과물이 뛰어나 좋은 평가를 했을 뿐이다. 특정 성을 비하할 목적은 없었다.
③ 여성 인력 승진은 인사부서에서도 권장하는 사항이었으며 적정한 평가 및 심사를 거친 결과다."

반면, 신고를 제기한 남성 직원들은 "① 성별을 가리지 않고 똑같이 바쁜데 왜 남성 직원만 잡일을 해야 하나 ② 남성 직원들을 비하하는 발언이 지속돼 자존감에 상처 받는다 ③ 부서에 여성 인원들만 팀장이 되는 것은 공정한 평가 및 심사가 아닌 것 같다."

A부서장의 행위는 직장 내 괴롭힘에 해당할 수 있을까요?

## 전문가 조언

A부서장이 지위상 우위가 있다는 전제에서 해당 사안이 업무상 적정범위를 넘은 것인지 여부에 대해 행위별로 검토해 볼 필요가 있습니다.

고용노동부 매뉴얼은 "정당한 이유 없이 일상적인 대우 등에서 차별"하는 행위를 직장 내 괴롭힘 행위의 예시로 들고 있습니다. 한편, 근로기준법 제6조는 사용자는 근로자에 대해 남녀의 성을 이유로 차별적 대우를 하지 못한다고 규정하고 있습니다.

위와 같은 매뉴얼의 내용 및 법률의 취지 등을 고려했을 때 ① 정당한 이유 없이 남성 직원들에게만 잡일을 몰아주는 행위는 업무상 필요성이 인정되기 어려워 보이는바, 업무상 적정범위를 넘은 행위로 볼 여지가 있어 보입니다.

② 남성 직원들에 대해 부정적인 얘기를 하는 행위 또한 업무상 필요가 없거나 설령 여성 직원을 칭찬하기 위한 업무상 필요가 있었다고 할지라도 지속·반복적으로 비하하는 행위 양태는 사회통념에 비춰 상당하지 않은 것으로 평가될 여지가 있어 보이며, 관련해 성차별적 발언을 징계사유로 인정한 사례가 존재합니다(서울지노위 2020부해2329, 2020.10.23. 해고). 따라서 업무상 적정범위를 넘은 행위로 볼 여지가 있다고 판단됩니다.

다만 ③ 여성 직원만 승진시킨 행위에 대해서는 남녀고용평등과 일·가정 양립 지원에 관한 법률(이하 남녀고용평등법)의 취지를 고려해 볼 필요가 있습니다. 남녀고용평등법은 특정 기관 또는 사업장(500인 이상 등)에 대해 현존하는 남녀 간의 고용차별을 없애거나 고용 평등을 촉진하기 위해 잠정적으로 특정 성을 우대하는 조치로써 여성 직원 및 관리자의 비율이 동종 산업 평균의 70%에 수렴토록 관리하도록 하는 '적극적 고용개선 조치'를 실행할 것을 요구하고 있으며 해당 법률에 따른 적극적 고용개선 조치는 차별로 보지 않고 있습니다.

위와 같은 법률의 취지를 고려했을 때 인사부서 등에서 여성 관리자 배출을 권장하고 적정한 심사 등을 거쳐 승진했다면 이를 업무상 적정범위를 넘은 행위로 단정키는 어려울 것으로 보입니다.

SECTION 2 Q&A

### CASE 7 성적 괴롭힘 사례

# 동성인 상사가
# 내 외모를 평가해서 속상해

A는 여성으로 패션 회사에 재직한 지 1년 차인 디자인부 사원입니다. A의 상사인 B 역시 여성으로 회사에 재직한 지 24년 차인 디자인부 부장입니다. A와 B는 평소 별다른 갈등 없이 원만하게 지내는 관계였습니다.

디자인부는 90% 이상이 여성으로 이뤄져 있으며, 업종 및 부서 특성상 직원 대다수가 외모 및 패션에 관심이 많습니다. 이는 A와 B를 포함한 대다수 직원이 매일 출근해서 서로 "오늘 예쁘네" "옷 예쁘다"와 같은 발언을 하는 것만 봐도 알 수 있습니다. 디자인부 내

**3년 이하의 징역, 3000만원 이하의 벌금**

사업주가 직장 내 성희롱 발생 사실을 신고한 근로자 및 피해 근로자 등에게 불리한 처우를 한 경우

에서는 이런 이야기들이 서로에 대한 칭찬이자 안부 인사 정도로 받아들여지는 분위기입니다. A는 그중에서도 칭찬받는 것을 좋아하고, 다른 부서원들에게 칭찬을 건네는 데도 적극적인 편입니다.

하루는 부서 회의가 있었는데 A, B를 비롯해 디자인부 직원 전원이 참석했습니다. 해당 회의는 A를 비롯한 디자인부 사원 C, D가 각자 자신의 디자인 시안을 선보이고 그중 시장에서 가장 좋은 반응을 끌어낼 수 있는 시안을 선택하는 자리였습니다. 3일 밤낮을 꼬박 새우며 야심 차게 시안을 준비한 A는 부푼 마음으로 발표했고, 뒤이어 C, D 역시 자신의 시안을 발표했습니다. 그러나 A의 기대와 달리 최종 결정권자인 B는 오랜 토론 끝에 D의 시안이 가장 대중성 있다고 판단했습니다. 이 과정에서 B는 A에게 독창적이나 대중성이 부족해 보인다는 피드백을 줬습니다.

A는 열심히 준비한 만큼 B에게 자신의 시안을 더욱 어필했으나 이는 받아들여지지 않았고, A는 이 일로 B에 대한 속상함과 원망 어린 마음을 갖게 됐습니다.

>
> 직장 내 괴롭힘 또는 직장 내 성희롱으로 규율해 반드시 금지해야 하는 어떤 행위나 대상은 당사자가 처한 환경이나 맥락 속에서 구체적인 상황 이해를 통해 판단돼야 한다.

A는 다음날 저기압으로 출근해서 사무실에 앉아있었습니다. 조금 후 B가 출근해 여느 때와 같이 A의 자리를 지나가며 "A씨 오늘 예쁘네. 오늘 옷도 A씨한테 딱 어울리고"라고 했습니다. 평소였다면 기분 좋게 감사하다고 했을 A는 B에 대한 속상함이 남아있는 상태에서 이 이야기를 듣자 마음에 들지 않았고, B의 말이 자기 외모와 몸매를 평가하는 듯이 부정적으로 들렸습니다.

A는 홧김에 'B가 자신의 외모를 평가했다'라며 인사팀에 직장 내 괴롭힘 신고를 했습니다. 조사 과정에서 B는 매우 당황스러워하며 자신은 평소처럼 A의 패션을 칭찬한 것뿐이고, 평소에는 이를 기꺼워하던 A가 왜 갑자기 자신을 신고한 건지 모르겠다고 진술했습니다. 참고인 조사 시 디자인부 직원들은 모두 업계 특성상 구성원들이 외모에 관심이 많아 서로 일상적으로 예쁘다는 발언을 한다며, 이는 아침 인사 정도의 의미로 행위 당일 B의 발언이 평소와 다른 점은 전혀 없었다고 진술했습니다.

B의 행위를 A에 대한 직장 내 괴롭힘에 해당한다고 볼 수 있을까요?

### 전문가 조언

성희롱이 성립하기 위해서는 구체적 사정을 참작해 볼 때 객관적으로 상대방과 같은 처지에 있는 일반적이고도 평균적인 사람이 성적 굴욕감이나 혐오감을 느낄 수 있게 하는 행위가 있고, 그로 인해 행위의 상대방이 성적 굴욕감이나 혐오감을 느꼈음이 인정돼야 합니다(대법원 2018.4.12. 선고 2017두74702 판결).

사례에서 디자인부 직원들은 서로 일상적으로 건네는 "예쁘다"는 발언이 아침 인사 정도의 의미라고 하며, 행위 당일 B의 발언 역시 이를 벗어나지 않았다고 진술하고 있습니다. 따라서 B의 행위가 객관적으로 상대방과 같은 처지에 있는 일반적이고도 평균적인 사람이 성적 굴욕감이나 혐오감을 느끼는 행위라고 하기에는 어려워 보입니다.

그렇지만 피해를 주장하는 사람을 제외하고 다수가 그와 같은 발언을 수용한다는 사유가 곧바로 성희롱 불인정의 근거가 되지는 않습니다. 다른 사람들과는 달리 A의 입장에서도 충분히 살펴봐야 합니다.

사실관계를 좀 더 살펴봤을 때 A는 처음부터 외모에 관한 발언에 불편함을 느끼거나 주변에 성적 불쾌감을 표현한 적이 없었습니다. 특히 자신에 대한 칭찬을 좋아했고, 타인에게도 그와 같은 칭찬을 건네왔던 상황 및 A의 태도로 봤을 때 B의 행위에 대해 성적 굴욕감이나 혐오감을 느꼈다는 주장은 쉽사리 수긍하기 어려우며 진술의 신빙성도 없다고 판단됩니다. 따라서 B의 행위는 A에 대한 직장 내 성희롱에 해당한다고 보기는 어려울 것입니다.

만약 평소 B가 직장 내 지위의 우위를 이용해 직원들의 외모에 대해 표현을 할 때 성적인 의미가 내포된 발언을 했고, 평소 A가 이에 대해 지속해서 불편함을 표현해왔고, 다른 직원들 역시 B의 발언으로 인해 성적 굴욕감이나 혐오감을 느꼈다고 진술하는 경우라면 어떨까요? 해당 사실관계 하의 B의 행위는 직장 내 괴롭힘(성적 괴롭힘)에 해당한다고 볼 수도 있을 것입니다.

이렇듯 어떤 행위가 직장 내 성희롱 또는 직장 내 괴롭힘이 되는지 여부는 당사자가 처한 환경이나 맥락 속에서 구체적인 상황 이해를 통해 판단할 필요가 있습니다.

SECTION 2 Q&A

CASE 8 신체적·정신적 고통·근무 환경의 악화 관련 사례

# 과장님들이 자꾸 싸워서 일을 못하겠어요

입사한 지 6개월 차인 A는 요즘 출근길 발걸음이 매우 무겁습니다. 이제 막 취업에 성공해 월급으로 부모님이나 친구들을 챙기는 일은 무척이나 기쁜 일이지만, 하루도 바람 잘 날 없는 사무실 분위기 때문에 A는 출근하는 것이 너무 괴롭고 일도 손에 잡히지 않습니다. A는 어렵게 취직한 직장을 그만두고 싶다는 생각을 하루에도 수십 번씩 하고 있습니다.

A가 속한 인사팀은 팀장 바로 아래에 과장 B와 C, 2명의 대리까지 총 6명으로 구성돼 있습니다. B와 C는 입사 동기이고 나이도 동갑입니다.

**용어설명**
**근로자 지원 프로그램**
EAP, Employee Assistance Program

생산성에 영향을 미치는 근로자의 제반 문제(건강, 부부·가족생활 문제, 법률·재정 문제, 알코올·약물남용, 정서적 문제, 직무 스트레스 등)를 해결하기 위해 개발된 사업장 기반의 프로그램. 문제를 가진 근로자, 가족, 친지, 직무조직, 지역사회 전체를 포괄하며 조직 내·외부의 자원을 이용해 사회·심리적 서비스를 제공한다.

그런데 B와 정말 C는 매일같이 싸우는 앙숙 관계였습니다. B와 C는 업무적으로 사사건건 부딪쳤습니다. 팀장이 있을 때는 점잖게 대화했지만, 팀장이 자리를 비우기만 하면 회의 때는 물론 사무실에서도 큰 소리로 싸워대는 통에 사무실 사람들이 업무에 집중할 수 없고 불안해서 눈치를 볼 정도였습니다.

어떤 때는 시끄러워서 사무실에서는 업무 전화를 받기조차 힘듭니다. 그럴 때는 개인 휴대폰으로 착신전환하고 나가서 전화를 받아야 했습니다.

그러던 어느 날, 팀장은 약 1주일간 자리를 비우면서 B와 C에게 진행 중이던 임금 체계 개선 태스크포스(TF) 보고서가 잘 작성될 수 있도록 서로 협력해 마무리할 것을 주문했습니다.

그럼에도 불구하고 1주일 동안 B와 C는 똑같이 싸워댔습니다. A와 다른 직원이 있는 사무실에서는 물론 외부 컨설팅 업체 직원들 앞에서도 큰 소리를 내거나 회의 도중 자리를 박차고 일어나는 일이 반복됐습니다. 그 과정에서 외부 컨설팅 업체 직원들은 B

## 전문가 조언

근로기준법 제76조의2에서는 신체적·정신적 고통을 주는 행위뿐만 아니라 '근무 환경을 악화시키는 행위'도 직장 내 괴롭힘의 개념 요건으로 정의하고 있습니다.

'근무 환경을 악화시키는 행위'에 대해 고용노동부 매뉴얼에서는 "그 행위로 인해 피해자가 능력을 발휘하는데 간과할 수 없을 정도의 지장이 발생하는 것"을 의미한다고 밝히고 있습니다.

사례에서 B와 C는 신입사원인 A뿐만 아니라 사무실에 있는 모든 직원들이 보는 앞에서 큰 소리로 싸우는 것이 빈번했고, 다른 사람이 듣는 상황에서 욕까지 하면서 다퉜던 적도 있습니다. 이로 인해 A는 업무 수행에 지장이 생겼고, 언제 터질지 모르는 폭탄을 안고 사는 것처럼 불안했으며 퇴사를 고민할 정도로 스트레스를 받고 있습니다.

즉 이 사례에서는 B와 C의 잦은 다툼 행위로 인해 A가 능력을 발휘하는데 간과할 수 없을 정도의 지장이 발생했다고 볼 수 있고 B와 C의 잦은 다툼은 '근무 환경을 악화시키는 행위'로 판단할 수 있습니다.

한편 B와 C가 싸운 행위가 지위상 또는 관계상 우위를 이용한 행위인지 여부가 추가로 쟁점화될 수 있습니다. 살펴보면 ① B와 C는 모두 A에 대해서는 확실히 지위상 우위에 있고 ② B와 C는 팀장이 없는 상황, 즉 자신들이 인사팀 내에서 최상급자가 된 상황에서만 '근무 환경 악화 행위'를 하는 점에 비춰볼 때 B와 C가 자신들의 지위상 우위를 이용했다고 볼 여지가 있는 점을 고려하면 지위상 우위성 요건이 충족될 가능성이 있습니다.

종합해 보면 B와 C의 잦은 다툼 행위는 직장 내 괴롭힘에 해당할 수 있다고 판단됩니다. 물론 더 나은 결과물을 내기 위해 다소 격앙된 상태에서 토론을 이어 나가는 것이 필요한 상황도 있을 수 있습니다. 그러나 사안처럼 별다른 결과물도 없고 외부 업체에도 다소 무례한 방식으로 싸움을 이어 나가는 것은 바람직한 근무 태도라고 보기는 어렵습니다.

B와 C가 스스로 싸움을 멈추지 못할 것으로 판단될 경우 회사는 부득이 이 둘에 대한 분리 조치를 하고, 각자의 자리에서 생산성을 높이기 위한 방안을 고려해봐야 할 것입니다.

신체적·정신적 고통을 주는 행위뿐만 아니라 근무 환경을 악화시키는 행위도 직장 내 괴롭힘의 개념 요건에 포함된다.

와 C가 회의에 들어오면 일을 못 하겠다며 A에게 지속해서 불만을 토로했습니다. 그로 인해 업무가 제대로 진행되지 않아 결국 컨설팅 일정이 지연되기에 이르렀습니다. 하루는 외부 컨설팅 업체와의 회의 이후에도 감정이 격해졌는지 사무실에서 서로 "이 새끼"라고 욕도 하면서 싸웠습니다.

결국 1주일 뒤 팀장이 돌아왔을 때도 보고서는 완성되지 못했습니다. 팀장은 TF팀 전체를 질타했는데, A는 차마 B와 C의 다툼 때문에 벌어진 일이라는 말을 할 수가 없어 그저 듣고 있을 수밖에 없었습니다.

조용한 사무실에서 언제 폭탄이 터질까 조마조마하는 것이 A는 너무나도 괴로웠습니다. 고민 끝에 A는 이런 고충을 사내 고충 처리 상담가에게 털어놨습니다. 고충 처리 상담가는 A의 고충이 '근무 환경을 악화시키는' 직장 내 괴롭힘에 해당할 여지가 있음을 인지하고, 원한다면 조사절차를 개시할 수 있다고 안내해줬습니다.

B와 C가 사무실에서 자주 언성을 높이고 싸우는 것도 근무 환경을 악화시키는 행동일까요?

# SECTION 2 Q&A

## CASE 8 신체적·정신적 고통·근무 환경의 악화 관련 사례

# 밤늦게 미안한데
# 이것 좀 봐줘

A는 미대 출신에 식가공품 미디어 홍보 업무를 맡고 있는 3년 차 대리입니다. A가 소속된 팀의 B팀장은 유쾌하고 직원들과 소통을 잘하는 팀장으로 평판이 좋습니다. 점심시간에도 자주 회사 사람들과 함께 맛집을 찾아다니고 골프, 서핑, 독서 평론 모임 등을 즐기는 활동적인 스타일입니다. 최근 B는 다양한 취미활동을 영상으로 제작해서 유튜브에 업로드하고 실시간 방송을 시작했는데, 늘어가는 구독자 수에 성취감을 느끼고 영상 제작에 더욱 공을 들이는 중입니다.

B는 권위적인 업무수행 방식을 싫어하고 논의와 대화로 문제를 풀어나가는 것을 좋아합니다. 이러한 B의 업무수행 방식이 종종 성과에 마이너스 요소가 되는 경향이 있지만 B는 본인의 스타일을 포기할 수 없습니다. 한편 옆 팀 팀장 C는 원칙을 중요시하는 스타일의 리더입니다. C는 B가 회사에서는 규율을 지키고 업무에 좀 더 충실해야 한다고 생각합니다. 농담을 잘하지 못하는 C의 성격으로는 B가 종종 장난치고 노는 것 같고 직원들 앞에서 권위를 떨어뜨리는 행동을 해서 B가 불편합니다.

### 직장 내 괴롭힘의 판단

| 당사자와의 관계 | 행위 장소 및 상황 | 행위에 대한 피해자의 반응 | 행위 내용 및 정도 | 행위 기간 |

**구체적 사정을 참작해 종합적으로 판단**

며칠 전 B는 팀원인 A대리와 함께 점심을 먹다가 유튜브 이야기를 하게 됐습니다. B는 골프 라운딩을 처음 나갔다는 A에게 본인의 유튜브 채널을 소개하고 싶었습니다. "내가 요즘 운영하는 채널이야~ 주말에 연습하면서 개인 프로 선생님과 함께 이렇게 만들어서 올리고 있으니 A대리도 보면 좋을 것 같은데 어때?" 라고 물었고 A는 흔쾌히 "오~ 팀장님 역시 부지런하시네요. 구독할게요! 가끔 미리 보여주시면 의견 드리겠습니다"라고 말했습니다.

이후 B는 구독자들과 약속한 시간에 콘텐츠를 올리기 전에 A가 한 말이 생각나서 A에게 소셜네트워크서비스(SNS)로 영상을 보내면서 빨리 봐달라고 했습니다. 보내고 보니 밤 10시가 넘은 시각이었습니다. A는 곧바로 영

> 직장 내 괴롭힘이 인정되려면 피해자가 실제로 신체적·정신적 고통을 받았거나 근무 환경이 악화됐다는 결과가 발생해야 한다.

상에 대해 간략하게 코멘트를 남기면서 "팀장님 이 시간에 보내지는 말아주세요"라고 메시지를 보냈습니다. B는 미안한 생각이 들어서 "미안해. 고마워 다음엔 조심할 게"라고 답장과 함께 음료 쿠폰을 보냈습니다. A는 B가 하는 작업을 돕는 것이 재미있고 보람도 된다고 생각이 들어서 "아니에요. 다음에도 도와드릴게요"라고 답장했습니다.

다음날, A는 동기들과 함께 사내 카페에서 차를 마시다가 어젯밤 이야기를 했습니다. 그런데 옆 테이블에서 이 이야기를 들은 C는 '그 늦은 시각에 업무 연락도 아니고, 급한 일도 아닌데 그런 부탁을 하는 게 말이 돼? 이건 꼭 신고해서 B의 태도를 고치도록 하는 게 옳아'라고 생각했습니다. 이후 C는 B를 직장 내 괴롭힘으로 신고했습니다.

A와 B는 직장 내 괴롭힘 조사를 받으라는 통지를 받았습니다. B는 억울 했고 A는 황당했습니다. HR(인사담당)팀은 B가 영상 제작에 대해 의견을 구하는 것은 사적인 업무에 대해 A에게 부담을 준 것이므로 직장 내 괴롭힘이 될 수 있다고 합니다. 이 경우 B의 행동은 직장 내 괴롭힘일까요?

## 전문가 조언

B는 A의 직속 상사이므로 영상 제작에 대해 의견을 구하는 것은 정상적인 업무가 아닌 사적인 업무에 대해 A에게 부담을 준 것입니다. 따라서 신체적·정신적 고통을 주거나 근무 환경을 악화시켰는지 여부를 우선적으로 검토할 필요가 있습니다.

행위자의 의도가 없더라도 행위에 따른 결과로 신체적·정신적 고통을 받았거나 근무 환경이 악화됐다면 괴롭힘으로 인정됩니다. 여기에서 '근무 환경을 악화시키는 것'이란 그 행위로 인해 피해자가 능력을 발휘하는데 간과할 수 없을 정도의 지장이 발생하는 것을 의미합니다.

사례의 경우에는 제3자인 C가 신고를 한 것이기 때문에 A에게 '신체적·정신적 고통을 주거나 근무 환경을 악화시키는' 결과가 있었는지 여부는 직접 당사자인 A에게 확인할 필요가 있습니다. 이 사건의 당사자는 C가 아니라 A이기 때문에 A의 관점에서 이 사안이 어떠한 영향을 미쳤는지가 중요한 포인트가 됩니다. 당시 A의 반응과 직후 A가 동료에게 어떠한 이야기를 했는지도 판단의 근거가 될 것입니다.

당시 A는 B에게 곧바로 불편하다는 점을 답장으로 이야기했고, A는 B에게 사과의 답장을 받고 다음에도 도와주겠다고 흔쾌히 이야기했다는 점을 고려하면 B가 A에게 직장 내 괴롭힘에 이를 만큼 정신적 고통을 줬다고 판단하기는 어려울 것으로 보입니다.

피해자가 피해를 신고하거나 호소하지 않는다고 하더라도 객관적으로 신체적·정신적 고통을 주거나 근무 환경을 악화시키는 행위인 폭행, 폭언 등의 행위는 직장 내 괴롭힘이 성립할 수 있습니다. 그러나 C가 지목한 A의 관점에서 봤을 때 당사자인 A 역시 호의적인 동료관계에서 있을 수 있는 일이라는 입장이고, 당시 A의 대응과 상황을 종합해 봤을 때, B의 행위는 객관적으로 정신적 고통을 주거나 근무 환경을 악화시킨 행위라고 판단하기 어려워 직장 내 괴롭힘이 불성립된다고 볼 수 있습니다.

SECTION 2 Q&A

**CASE 8** 신체적·정신적 고통·근무 환경의 악화 관련 사례

# 간호사 선배가
# 실수할 때마다 꼬집어요

A는 대학병원에 입사한 지 2개월 된 혈액종양내과 간호사로, 입사 6년 차인 교육 담당 간호사 B에게 업무교육을 받고 있습니다. A에게는 고민이 하나 있는데 바로 B의 업무교육 방식입니다.

B는 교육 시 다른 선배 간호사들처럼 고성을 내거나 폭언하지는 않지만 A를 꼬집는 버릇이 있습니다.

이는 A가 신규로 입사한 다음 날부터 시작됐습니다. 그날 B는 A에게 환자가 처음으로 입원하는 경우 혈압측정을 비롯해 기본 검사를 하는 법을 교육한 후 A와 함께 새로 입원한 환자를 검사하러 갔습니다. 기본 검사를 처음 해보는 A는 교육받은 내용을 떠올리며 검사를 진행하느라 버벅거렸고, 혈압계를 잘못 사용하는 등 몇 번의 실수를 했습니다. B는 A가 실수할 때마다 팔 뒤쪽을 세게 꼬집었습니다. A는 꼬집힌 부위가 아팠으나 환자 앞이라서 티를 내지 못했고, 최대한 실수하지 않으려고 노력했습니다.

검사가 끝난 후 병실에서 나온 B는 A의 실수를 하나하나 알려준 후 "나도 교육받을 때 담당 간호사님이 환자 앞에서 실수할 때

**용어설명**
**태움**

'영혼이 재가 될 때까지 태운다'는 뜻으로, 선배 간호사가 후배 간호사에게 교육을 명목으로 가하는 정신적·육체적 괴롭힘을 의미한다.

마다 꼬집었는데 정신이 확 들더라고. 너도 정신이 확 들지?"라고 말하며 웃었고, A는 당황했으나 우선 "네"라고 대답했습니다.

그날을 시작으로 B는 A가 교육 중 환자 앞에서 실수할 때마다 팔 뒤쪽을 세게 꼬집었고, 그로 인해 A의 양팔은 갈수록 멍이 늘었습니다. A는 팔이 너무 아팠으나 전반적으로 원만했던 B와의 관계를 해치는 것이 두려워 B에게 차마 자신의 고충을 말할 수 없었습니다.

그러던 어느 날, A는 입사 동기들과 함께 입

꼬집는 행위가 상당기간 지속·반복적으로 이뤄져 몸에 멍이 들고 고통을 호소할 지경에 이르렀다면, 그 행위로 인한 피해 결과가 명백하다고 볼 수 있다.

## 전문가 조언

고용노동부 매뉴얼은 행위자가 피해자에게 신체적·정신적 고통을 줄 의도를 가지고 문제가 되는 행위를 한 것이 아니더라도, 그 행위로 신체적·정신적 고통을 받았다면 '신체적·정신적 고통을 주는 행위'로 인정될 수 있다고 기재하고 있습니다. 사례에서 B의 진짜 의도는 '정신이 확 들게' 해 실수를 반복하지 않도록 하기 위해서였다고 볼 수도 있습니다. 그러나 객관적으로 보면 B의 행위로 인해 A는 양쪽 팔에 멍이 들었고, 동료 C에게 "팔을 건들지 말아줘. 멍들어서 아파"라고 말한 사실이 확인되므로, B의 행동으로 인해 A에게 신체적 고통이 발생한 것으로 판단됩니다. 특히 B의 꼬집는 행위가 한두 번에 그친 것이 아니라 상당 기간 지속·반복적으로 이뤄져 몸에 멍이 들고 고통을 호소할 지경에 이르렀다면 그 행위로 인한 피해 결과가 명백하다고 볼 수 있습니다. 또한 B가 자신이 상사로부터 교육받는 과정에서 그와 같은 방식으로 교육받았다는 항변이 곧 '업무상 적정범위 내'에서 있을 수 있는 사회 통념상 합리적인 교육방식이라고 보기도 어렵습니다. 따라서 B의 행위는 A에게 신체적·정신적 고통을 주는 직장 내 괴롭힘에 해당할 수 있을 것입니다.

사례에서 A가 B를 즉각 신고하지 못한 이유는 B와의 관계가 전반적으로 원만했기 때문이지만, 다른 한편 그나마 팔이 아픈 게 낫다고 판단했을 가능성도 있어 보입니다. 만약 직장 내 괴롭힘 신고를 통해 A와 B를 분리하는 조치를 하게 되면 A는 B보다 더 무서운 선배 간호사에게 고성이나 폭언 등으로 더욱 큰 고통을 받을 수도 있습니다.

물론 반드시 골라야 한다면 그나마 자신에게 덜 고통스러운 선택지를 고르는 것이 합리적인 선택처럼 여겨질 수도 있습니다. 그러나 근로기준법에서는 직장 내 괴롭힘을 전면 금지하고 있습니다. 업무상 적정범위를 초과한 부당한 피해를 그저 감내하기보다는 자기 보호를 위한 최소한의 노력은 지속돼야 할 것입니다.

사 한 달을 기념하며 저녁을 먹기로 했습니다. 다 함께 모여서 식당으로 가는 길에 응급실에서 일하는 동기 간호사 C가 A의 팔짱을 꼈는데, A는 순간 멍이 든 부위가 아파서 C에게 "팔을 건들지 말아줘. 멍들어서 아파"라고 했습니다. 깜짝 놀란 C는 왜 멍이 들었냐고 물었고, A는 고민 끝에 B의 꼬집는 행동 때문이라고 C에게 말했습니다. 자초지종을 듣고 화가 난 C가 A에게 B를 직장 내 괴롭힘으로 신고하자고 했으나 A는 "스스로 신고할 자신이 없다"고 답했습니다.

시간이 갈수록 A의 팔에서 멍이 사라지기는커녕 느는 것을 본 C는 직접 'B가 업무교육 중 A를 꼬집는 등 신체적으로 괴롭혔다'며 인사팀에 직장 내 괴롭힘 신고를 했습니다. 이에 대한 직장 내 괴롭힘 조사에서 B는 A에게 고통을 줄 의도는 전혀 없었으며, 다만 교육 중에 환자 앞에서 A의 실수를 말로 할 수 없어서 알려주려는 의도로 팔을 꼬집은 것이라고 진술했습니다.

여기에서 신고된 B의 행위를 A에게 '신체적·정신적 고통을 주는' 직장 내 괴롭힘에 해당한다고 볼 수 있을까요?

SECTION 2 Q&A

## CASE 9 종합적 판단 사례

# 파견근로자도 보호받을 수 있나요

최근 회사가 아주 바빠졌습니다. 2015년에 시작한 사업이 5년 동안 깡통만 차다가 2020년부터 급성장하기 시작한 것입니다. 매일 주문이 쇄도해 주문자상표부착 방식(OEM) 생산이 감당하지 못할 정도로 방대해졌습니다. 회사는 최근 폭증한 업무량을 감당하기 위해 채용을 확대하는 동시에 파견 직원을 받아 함께 일하고 있습니다.

그러던 어느 날, 파견 직원 A가 회사에 직장 내 괴롭힘 신고를 했습니다. 신고 내용은 "대표이사 B가 상습적으로 '파견이'라는 차별적인 호칭으로 불러서 정신적 스트레스를 받았다"라는 내용이었습니다. A는 정직원과 똑같이 '매니저' 호칭을 받았음에도 불구하고 B가 업무시간 중에 옆을 지나가며 "파견이 일 잘하는지 감시해~" "C과장, 파견이 놀게 두지 말고 좀 굴려"라는 등 자신을 감시하는 발언들을 계속했던 것입니다.

A는 회사로부터 "본인이 조사를 해보니 사실이 아닌데다가 직장 내 괴롭힘은 같은 회사 내에서만 적용되고 타 회사 소속인 파견 직원은 해당하지 않는다"라는 답변을 들었습니다.

A는 분개하며 인사팀을 찾아가 제대로 조사를 하지 않으면 노동청에 신고하겠다며

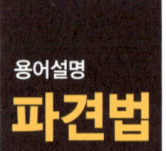

**용어설명 파견법**

파견근로자의 고용안정과 복지증진을 도모하고 인력수급을 원활하게 하기 위한 법률로 원 명칭은 "파견근로자보호 등에 관한 법률"이다.

## 전문가 조언

본 사안은 ① A와 B가 같은 회사가 아닌데도 불구하고 '직장 내' 괴롭힘의 당사자가 될 수 있는지 ② B가 A를 '파견이'라고 부른 것이 직장 내 괴롭힘으로 인정될 수 있는지 ③ '지속적인 문제 제기'를 사유로 한 파견계약 해지에 대해 A가 어떤 조치를 취할 수 있는지가 쟁점입니다.

우선 A는 파견회사의 직원, B는 사용 회사의 대표이사이니 분명 소속이 다릅니다. 하지만 파견근로자보호 등에 관한 법률 제34조에 따르면 "파견 중인 근로자의 파견근로에 관해 파견사업주 및 사용사업주를 근로기준법 제2조 제1항 제2호의 사용자로 보아 같은 법을 적용한다"라고 규정하고 있습니다. 즉, B는 근로기준법에 따른 A의 사용자가 되고, 다른 회사 소속이라 하더라도 직장 내 괴롭힘의 당사자가 될 수 있는 것입니다.

그리고 해당 사안이 직장 내 괴롭힘에 해당하는지 여부에 대해서는 ① 사용사업주인 B는 파견근로자 A에게 업무를 지휘하는 지위에 있으므로 우위성이 인정되고 ② '파견이'라는 호칭은 파견근로자를 낮춰 부르는 호칭으로 볼 수 있으므로 업무상 적정범위를 초과했다고 볼 수 있으며 ③ A가 겪는 정신적 스트레스뿐만 아니라 회사 내에서 동등하게 대우받지 못함으로 인한 근무 환경의 악화까지 발생한 것으로 볼 수 있다는 점에서 직장 내 괴롭힘이 인정될 수 있을 것으로 판단됩니다. 따라서 회사는 A의 신고에 대해 근로기준법 제76조의3에 따른 조치 의무를 이행해야 합니다.

한편 근로기준법 제76조의3 제6항에서는 "사용자는 직장 내 괴롭힘 발생 사실을 신고한 근로자 및 피해근로자 등에게 해고나 그 밖의 불리한 처우를 해서는 아니 된다"라고 규정하고 있으며, 동법 제109조 제1항에서는 위반 시 3년 이하의 징역 또는 3000만원 이하의 벌금형을 규정하고 있습니다. 사안에서 파견계약 해지의 사유가 '파견 직원의 지속적인 문제 제기'로 명확하게 기재됐기에 회사가 '직장 내 괴롭힘 발생 사실을 신고한 근로자'에게 직장 내 괴롭힘 신고 및 조사 결과에 대한 항의를 이유로 계약 해지라는 불리한 처우를 한 것으로 평가될 수 있습니다. 이에 A는 관할 노동청에 진정 또는 고소를 할 수 있고, 민사상 불법행위에 기한 손해배상 청구소송 등을 제기할 수 있습니다.

>
> 파견근로자보호 등에 관한 법률 제34조 제1항에 따라 사용사업주도 사용자로서 근로기준법에서 정한 의무를 부담한다.

크게 항의했습니다. 그러자 회사에서는 원래는 안 되지만 특별히 정식 조사로 접수하겠다며 노선을 틀었고, 얼마 후 회사는 조사담당자를 지정해 A와 B를 각각 조사했습니다. 그런데 회사는 "B가 '파견이'라고 부른 것은 사실이지만, 귀엽게 부르는 애칭에 가깝고 차별적인 호칭으로 보기는 어려워 직장 내 괴롭힘이 성립되지 않는다"라고 결론을 내렸습니다. A는 그 즉시 반발했지만 다른 직원들이 불편해하는 모습을 본 후, 며칠 고민해보기로 했습니다.

그런데 며칠 후, A는 소속 파견회사로부터 청천벽력 같은 소식을 전해 들었습니다. A가 근무하고 있는 회사로부터 파견계약 해지 통보를 받았다는 것입니다. A가 통보서를 받아 확인해보니 해지 사유에 "파견 직원의 지속적인 문제 제기로 업무 정상 이행 불가에 따른 부득이한 조치"로 명시돼 있었습니다.

당장 다음 주면 A는 파견계약 해지에 따라 회사를 못 나오게 됩니다. A는 이에 대해 어떻게 대응할 수 있을까요? A는 직장 내 괴롭힘 금지법으로 보호받을 수 있을까요?

# SECTION 2 Q&A

## CASE 9 종합적 판단 사례

# 현장 짬밥을 무시하지마

회사에 지점장으로 파견을 나가 현장 경험을 쌓을 수 있는 제도가 있습니다. 현장 경험이 있으면 승진에 유리하기도 하고, 현장 지점들이 본사에서 크게 멀지도 않아서 경쟁이 치열한 편입니다. 다만 현장에서는 본사에서 쉬고 싶은 사람들이 오는 제도라며 비판의 목소리가 있습니다.
평소 현장 경험에 대한 갈증과 회사의 고위직에 욕심이 있었던 A는 해당 공모에 지원했고, 최종 선발돼 근처 지점의 팀장으로 발령을 받았습니다.
A는 현장으로 가기 전에 주변 선배로부터 "현장직의 텃세가 심할 것"이라는 이야기를 들었기에 지점 업무 프로세스를 미리 파악하는 등 만반의 준비를 했습니다.
A가 발령 난 지점의 직원은 총 3명으로, 이중 가장 연장자인 B는 A보다 스무 살이 많았습니다. 그 외에 C, D도 열 살 이상 많았으며 모두 A보다 근속연수가 10년 이상 월등히 길었습니다.

**18명 극단적 선택**
직장 내 괴롭힘을 호소하며 목숨을 끊은 사례
자료 직장갑질119 ※2022년 기준

발령 첫날, A는 지점 구성원들과 가까워지기 위해 회식을 열었습니다. 모두 모인 자리에서 A는 앞으로 잘 부탁한다며 직원들에게 한 잔씩 술을 따르면서 인사를 했습니다. 그런데 대뜸 B가 "알지도 못하면서 우리가 하는 일에 간섭이나 하지 마쇼. 얘들아, 평소처럼 하자!"라며 A를 무안하게 했습니

> **정당한 이유 없이 업무와 관련된 중요한 정보 제공이나 의사결정 과정에서 배제시키는 것은 직장 내 괴롭힘으로 판단할 수 있다.**

다. 이에 A는 B와 호의적인 관계를 쌓는 것이 중요하다고 생각해 "많이 알려주세요. 선생님"이라며 그 자리를 마무리했습니다. 이후 지속해서 A는 B와 가까워지기 위해 노력했으나 B를 중심으로 모든 팀원이 A를 무시하고 밀어냈습니다. 결국 A는 첫 발령 당시의 전의를 상실했고, 그렇게 아무런 소득도 없이 6개월이 지나갔습니다.

그러던 어느 날, 본사에서는 20년 만에 출시하는 새로운 설비 매뉴얼이 현장에서 적용될 수 있도록 각 지점 팀장에게 요청했습니다. 이에 A는 직원들을 모아 바뀐 매뉴얼의 내용을 설명했지만, B는 "알아서 할 테니 신경 꺼라"며 평소처럼 A를 무시했습니다. 순간 A는 화를 참지 못하고 "제가 지점장입니다!"라고 큰 소리를 냈지만, 그 자리는 아무런 소득 없이 정리되고 말았습니다. 화가 난 A는 본사로 조기 복귀를 신청했고, B, C, D를 대상으로 집단 따돌림 및 지휘 감독 불응 등을 이유로 본사에 직장 내 괴롭힘 신고를 했습니다.

이 경우 A에 대한 B, C, D의 행위는 직장 내 괴롭힘에 해당할까요?

## 전문가 조언

본 사안은 본사와 현장의 갈등 구조의 한 면을 단적으로 보여주는 사례로, 직장 내 괴롭힘의 관점에서 종합적인 판단과 구조적인 솔루션을 요하는 사례에 해당합니다.

A, B, C, D는 모두 회사와 직접 근로계약 관계에 있는 근로자로서 당사자성이 인정되고, 신고한 근로자인 A가 현장 파견 기간 동안 많은 스트레스를 겪은 점은 사실관계에서 확인이 가능합니다. 따라서 본 사안에서 A가 신고한 행위인 '집단 따돌림 및 지휘 감독 불응 등'을 기준으로 할 때, ① B, C, D의 A에 대한 행위가 '관계상 우위성'이 인정되는지 ② B, C, D의 A에 대한 행위가 '업무상 적정범위를 초과하는지' 여부가 쟁점이 될 수 있습니다.

우선 관계상 우위성에 대해 ① B, C, D는 장기 근속한 현장직원으로서 비록 A에 비해 회사 내 공식적인 지위는 낮겠지만 근속연수나 연령이 월등히 높고 ② 이들이 해당 현장지점에서 근무한 기간 동안 확보한 장악력을 토대로 본사 직원인 A에게 위압적, 적대적으로 표출하고 있는 정황이 있으며 ③ A에 대해 텃세처럼 행한 반복적인 무시나 지시 불이행 등이 어느 한 명의 독단적 행동이 아닌 B, C, D의 집단행위로 보이는 점 등을 고려하면, 사실상 B, C, D는 A에 대해서 관계상의 우위를 점하고 이를 이용한 행위를 지속한 것이라 볼 수 있습니다.

한편 B, C, D의 행위들은 업무와 깊은 관련이 있고, 공식적으로 지휘명령권을 갖는 '지점장'의 권한을 별다른 소통 과정 없이 처음부터 무시함으로써 업무상 필요성을 상실했고, 그 행위 양태도 사회 통념상 상당하지 않아 업무상 적정범위를 초과한 행위로 판단할 수 있습니다. 따라서 종합적으로 볼 때 B, C, D의 행위는 직장 내 괴롭힘으로 인정될 가능성이 높습니다.

A가 먼저 현장 파견을 지원해서 차출됐고 A가 지위상 높은 권한을 제대로 활용하지 못했다는 견해도 있습니다. 현장 직원들로서는 현장 경험이 없는 사람이 지점장 권한을 막무가내로 행사해 고통을 겪는 등의 피해 사례도 충분히 예측할 수 있는 범위의 문제이므로 본사 직원에 대한 좋지 않은 시선도 이해하지 못할 것은 아닙니다. 하지만 직장동료로서 지켜야 할 업무상의 정도(正道)를 넘어서는 텃세는 회사가 반드시 제거해야 할 악습입니다.

## SECTION 3

# 직장 내 괴롭힘이 발생했다면?
# 실무자가 꼭 알아야 할 상식

개정 근로기준법은 직장 내 괴롭힘을 법으로 금지하면서 구체적인 대응은 사업장별 상황에 맞게 취업규칙 등을 통해 따르도록 하고 있다. 2021년 4월 13일 법 개정으로 직장 내 괴롭힘 사건에 대한 사용자의 적절한 조치 미이행시 과태료 등 제재규정이 신설됐다. 따라서 사용자는 직장 내 괴롭힘으로부터 근로자를 보호할 수 있도록 대응책을 마련해야 한다.

PROC

## 상담 시 고려 사항

### 1. 상담 과정에서 확인할 내용

- 신고인·피해자, 행위자 인적사항 및 당사자 간 관계
- 신고인 또는 피해자 진술에 따른 직장 내 괴롭힘 피해 상황
- 피해자가 문제 해결을 위해 요구하는 내용
- 괴롭힘 해결 과정에서 우려되는 상황
- 직접증거 및 정황증거에 관한 정보(목격자, 이메일, 녹음, 메신저 대화 내용, 일기, 치료기록 등)

### 2. 약식 조사 보고서에 기술해야 할 내용

- 피해자와 행위자의 관계(우위성 판단요소)
- 피해자 또는 피해자가 추천한 참고인이 진술한 내용을 기반으로 한 사건 경위
- 문제가 된 행위가 직장 내 괴롭힘에 해당하는지를 입증할 수 있는 증거(직접 또는 정황증거)
- 피해자의 피해 정도
- 피해자의 요청사항

### 3. 정식 조사 과정에서 확인할 사항

- 사건의 경위
- 피해자, 행위자 인적사항 및 당사자 관계
- 괴롭힘 행위의 반복성 또는 지속성 여부
- 행위로 인한 피해자의 피해 정도
- 조사 과정에서의 피해자 요청사항
- 괴롭힘 인정 후 행위자 조치에 관한 피해자 의견
- 직접증거 및 정황증거(목격자, 이메일, 녹음, 메신저 대화 내용, 일기, 치료기록 등) 검증

### 4. 괴롭힘 상담 보고서에 기술해야 할 내용

- 피해자가 진술한 직장 내 괴롭힘 행위
- 행위를 입증할 수 있는 근거
- 피해 정도
- 피해자의 요청사항

SECTION 3 *Process*

### 사용자 조치

# 매년 늘어나는 직장 내 괴롭힘 신고

직장 내 괴롭힘 사건으로 기업현장은 몸살을 앓고 있습니다.
사용자는 '직원을 보호할 의무'와 동시에 관리자로서의 '관리할 권리' 양자의
균형을 갖춘 규범을 수립해야 합니다.

직장 내 괴롭힘 금지법 시행(2019.7.16.)부터 이후 개정법 시행(2021.10.14.)까지 전국 노동청에 접수된 직장 내 괴롭힘 신고 사건은 총 1만7342건입니다. 이는 평균적으로 매월 600여 건, 매일 21건씩 접수된 수준으로, 가히 폭발적인 숫자라고 할 수 있습니다.

### 폭언이 가장 많아

유형별로 보면 폭언이 6199건(35.7%)으로 가장 많았고, 부당 인사 조치(2695건, 15.5%), 험담·따돌림(2000건, 11.5%) 등이 주요 행위였으며, 차별(529건, 3.1%), 업무 미부여(502건, 2.9%), 감시(450건, 2.6%), 폭행(410건, 2.4%), 강요(259건, 1.5%), 사적용무 지시(161건, 0.9%) 순으로 나타났습니다.

그런데 위의 유형으로 분류하기 어려워 '기타'로 분류된 사건이 무려 4137건(23.9%)에 달합니다. 이는 직장 내 괴롭힘이 그만큼 다양한 방식으로 이루어지고 있다는 커다란 시사점을 보여주는 것이기도 합니다. 물론 모든 신고 사건이 직장 내 괴롭힘으로 인정되지는 않겠지만, 정말 많은 수의 근로자가 일터에서 겪는 고통을 해결하기 위한 방법으로 노동청의 문을 두드리고 있는 것은 틀림없는 사실입니다. 직장 내 괴롭힘 금지법의

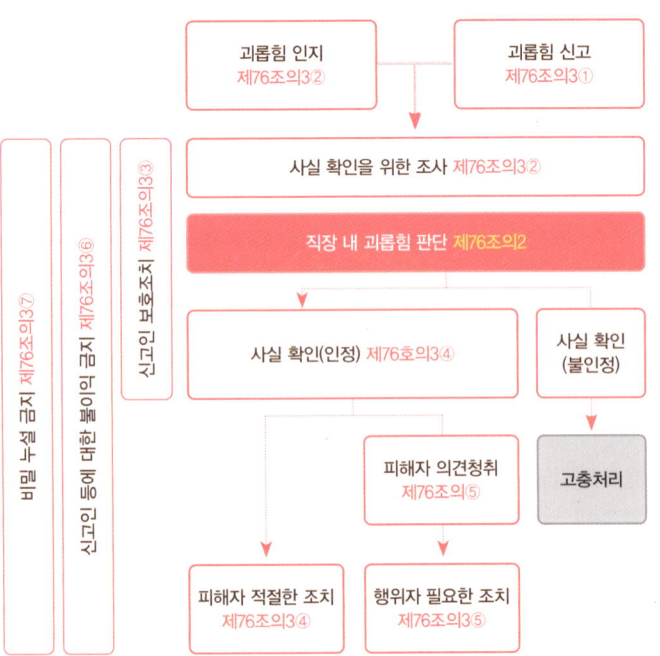

### 직장 내 괴롭힘 금지법 시행 효과를 체감하는가?

22.2% YES
77.8% NO

자료 사람인 ※2021년 기준

본래 취지는 회사 내에서의 자체적인 해결을 유도하는 것입니다. 그러니 많은 근로자가 사내 신고가 아니라 노동청에 신고해 처리하고자 한다는 사실은 여러 가지 해석을 하게 합니다.

### 회사 못 믿는 근로자들

그중 근로자들이 회사를 신뢰하지 못해서 노동청을 찾는다는 해석이 대표적입니다. 회사는 편파적일 것 같고, 전문성이 부족해 제대로 조사를 하지 못할 것 같다는 의심을 하고 있다고 볼 수 있습니다. "왜 근로자들이 회사를 신뢰하지 못할까?"라는 생각이 들게 하는 대목입니다. 나아가 "어떻게 하면 근로자들이 회사를 신뢰할 수 있을까?"라는 질문을 던지고 있습니다.

우선 사용자에게 직장 내 괴롭힘 조사 및 조치 의무를 부여하고 있는 근로기준법 제76조의3을 통해 직장 내 괴롭힘이 발생했을 때 어떻게 조치해야 하는지 알 수 있습니다. 직장 내 괴롭힘 조사의 개시, 조사의 진행, 조사 방법 및 유의 사항, 조사과정과 조사 후 당사자에 대한 조치 등과 관련하여 실무적으로 맞닥뜨릴 수 있는 다양한 문제를 중심으로 대처방안을 제시합니다.

> **PLUS**
>
> **근로기준법 제76조의3 (직장 내 괴롭힘 발생 시 조치)**
>
> ① 누구든지 직장 내 괴롭힘 발생 사실을 알게 된 경우 그 사실을 사용자에게 신고할 수 있다.
> ② 사용자는 제1항에 따른 신고를 접수하거나 직장 내 괴롭힘 발생 사실을 인지한 경우에는 지체 없이 당사자 등을 대상으로 그 사실 확인을 위하여 객관적으로 조사를 실시하여야 한다.
> ③ 사용자는 제2항에 따른 조사 기간 동안 직장 내 괴롭힘과 관련하여 피해를 입은 근로자 또는 피해를 입었다고 주장하는 근로자(이하 "피해근로자등"이라 한다)를 보호하기 위하여 필요한 경우 해당 피해근로자등에 대하여 근무장소의 변경, 유급휴가 명령 등 적절한 조치를 하여야 한다. 이 경우 사용자는 피해근로자등의 의사에 반하는 조치를 하여서는 아니 된다.
> ④ 사용자는 제2항에 따른 조사 결과 직장 내 괴롭힘 발생 사실이 확인된 때에는 피해근로자가 요청하면 근무장소의 변경, 배치전환, 유급휴가 명령 등 적절한 조치를 하여야 한다.
> ⑤ 사용자는 제2항에 따른 조사 결과 직장 내 괴롭힘 발생 사실이 확인된 때에는 지체 없이 행위자에 대하여 징계, 근무장소의 변경 등 필요한 조치를 하여야 한다. 이 경우 사용자는 징계 등의 조치를 하기 전에 그 조치에 대하여 피해근로자의 의견을 들어야 한다.
> ⑥ 사용자는 직장 내 괴롭힘 발생 사실을 신고한 근로자 및 피해근로자등에게 해고나 그 밖의 불리한 처우를 하여서는 아니 된다.
> ⑦ 제2항에 따라 직장 내 괴롭힘 발생 사실을 조사한 사람, 조사 내용을 보고받은 사람 및 그 밖에 조사 과정에 참여한 사람은 해당 조사 과정에서 알게 된 비밀을 피해근로자등의 의사에 반하여 다른 사람에게 누설하여서는 아니 된다. 다만, 조사와 관련된 내용을 사용자에게 보고하거나 관계 기관의 요청에 따라 필요한 정보를 제공하는 경우는 제외한다.
>
> **제109조(벌칙)** ① 제76조의3제6항을 위반한 자는 3년 이하의 징역 또는 3천만원 이하의 벌금에 처한다.
>
> **제116조(과태료)** ① 사용자(사용자의 「민법」 제767조에 따른 친족 중 대통령령으로 정하는 사람이 해당 사업 또는 사업장의 근로자인 경우를 포함한다)가 제76조의2를 위반하여 직장 내 괴롭힘을 한 경우에는 1천만원 이하의 과태료를 부과한다.
> ② 다음 각 호의 어느 하나에 해당하는 자에게는 500만원 이하의 과태료를 부과한다.
> 2. 제76조의3제2항·제4항·제5항·제7항을 위반한 자

**SECTION 3** *Process*

## 신고

# 퇴직한 사람도 직장 내 괴롭힘 신고할 수 있나요

제76조의3 제1항은 '신고의 권리'에 관한 사항입니다. 법에서는 '누구든지' 신고하도록 해 신고 자격을 제한하지 않고 있습니다. 따라서 사용자는 괴롭힘의 당사자가 아니라는 이유나 사내 구성원이 아니라는 이유 등 신고자의 신분이나 자격을 문제 삼아 신고의 접수를 거절할 수는 없습니다.

### 관련 법조항
**근로기준법 제76조의3 (직장 내 괴롭힘 발생 시 조치)**
❶ 누구든지 직장 내 괴롭힘 발생 사실을 알게 된 경우 그 사실을 사용자에게 신고할 수 있다.

**Q1.** 직원 한 분이 신고를 하겠다고 해 만나 보았는데, 이야기를 들어보니 아무리 봐도 피해의 내용이 직장 내 괴롭힘으로 보이지 않습니다. 이런 경우에도 신고서를 접수해야 하나요?

**A1.** 직장 내 괴롭힘으로 확인된 사실만 신고할 수 있는 것은 아닙니다. 본인이 받는 피해가 직장 내 괴롭힘이라는 의심이 든다면 신고할 수 있지요. 따라서 우선 신고서를 접수해 조사 개시를 검토하는 것이 원칙입니다.

물론 면담 과정에서 해당 직원이 스스로 신고서 제출을 철회하거나 다른 해법을 찾겠다고 할 수도 있지만, 회사에서 일방적으로 조사 없이 신고서를 반려하는 경우에는 근로기준법 제76조의3 제2항에서 정한 조사 의무를 위반할 소지가 있습니다(위반 시 500만원 이하 과태료). 특히 고충 상담원은 직장 내 괴롭힘 성립 여부를 임의로 판단해 신고서를 반려해서는 안 됩니다. 다만, 그 내용이 직장 내 괴롭힘과는 거리가 먼 비리의 제보나 인사 고충, 기타 고충 사안에 해당할 경우에는 관련된 부서로 이관하거나 해당 고충 처리 절차를 안내하도록 합니다.

**Q2.** 고충 처리 담당자인데, 고충 처리 외에도 업무가 너무 많습니다. 그냥 각 부서에서 먼저 직장 내 괴롭힘 신고를 접수하게 해도 되나요?

**A2.** 신고-조사의 세부적인 프로세스는 법에서 정하고 있지 않으므로, 각 회사에서 자율적으로 규율할 수 있습니다. 다만, 고충 처리에 대한 각 부서장의 이해가 부족하다면, 자칫 직장 내 괴롭힘 피해자에게 추가적인 피해나 불이익이 발생하는 등 프로세스 운영의 불확실성이 증대될 수 있습니다.

신고의 방법은 여러 가지 채널을 두는 것이 접근성을 높이는 방법이 될 수 있지만, 신고 접수창구와 접수된 사건에 대한 조사에 착

인 모두 가능합니다. 실제로 직장 동료가 대신 신고서를 제출하거나, 조력을 받는 법률 대리인이 신고하기도 하고, 피해자의 배우자가 전문가의 도움을 받아 신고서를 내용증명으로 발송하는 등의 사례도 있습니다. 이 경우에도 회사는 원칙적으로 신고서 접수에 따른 조사 의무를 지게 됩니다.

직장 내 성희롱 사건의 경우는 비교적 일대일 관계에서 은밀하게 발생하는 경우가 많아, 피해자 본인이 직접 신고를 하지 않으면 다른 사람들이 발생 사실을 잘 알지 못하기도 합니다. 그런데 직장 내 괴롭힘의 경우에는 상대적으로 업무 공간에서 벌어지는 경우가 많고, 피해자가 주변에 자신의 고충을 토로하는 경우도 있습니다. 이런 경우 목격자나 괴롭힘 사건 발생을 알게 된 구성원이 신고를 할 수도 있겠지요. '누구든지 신고할 수 있다'라는 법 취지에 비춰보면, 해당 신고 사건을 접수해 처리해야 합니다.

수하는 실무를 담당하는 부서는 가급적 일원화하는 것이 좋습니다. 고충 처리 업무도 조직 관리에 있어 매우 중요한 업무이므로 회사 차원에서 인력지원이나 업무 조정 등의 방안을 고민해 문제를 해결해야 합니다.

**직장 내 괴롭힘 신고 및 대응 방법**
- 1350 고용노동청
- 예방·대응 업무 담당조직에 직접 신고
- 온라인 신고센터
- 이메일

### Q3.
직장 동료가 대신 직장 내 괴롭힘 신고를 하는 경우에도 신고서를 접수해야 하나요?
당사자 신고가 필수 인가요?

**A3.** 직장 내 괴롭힘 신고는 '누구든지' 할 수 있습니다. 즉, 직장 내 괴롭힘으로 고통받고 있는 근로자 본인은 물론, 이를 목격한 동료나 가족, 고객, 법률대리

### Q4.
몇 달 전 퇴직한 사람이 재직 시절에 부서장이 동료 직원을 괴롭혔다며 징계해달라는 신고를 했습니다. 이미 퇴직한 사람이 자신의 피해도 아닌 동료의 피해에 대해 신고한 것인데, 이런 경우에도 조사를 해야 하나요?

**A4.** 신고인이 재직 시절, 자신이 목격한 동료의 피해에 대해 신고를 했네요. 피해자 본인이 아닌, 피해를 목격한 사람도 신고를 할 수 있다는 점은 잘 알고 계실 듯한데, 퇴직한 사람 즉 사내 구성원이 아닌 사람의 신고도 조사 의무가 발생하

## SECTION 3 Process
## 신고

는지가 궁금하신 듯합니다.
누구든지 직장 내 괴롭힘 신고를 할 수 있기에 퇴직자가 신고하는 것도 가능합니다. 재직 중에는 차마 신고할 수 없었던 사건에 대해 자신의 신분이 좀 더 안전한 상황이 된 후에야 신고하는 것으로 봐야겠지요. 피해의 내용은 자신의 피해일 수도 있고, 다른 동료의 피해일 수도 있습니다. 신고인이 지목한 행위 당사자가 아직 재직 중이라면 퇴직자의 신고에 대해 회사의 조사 의무는 발생합니다.

**Q5.** 저는 감사실에서 근무하고 있는 괴롭힘 사건 담당자입니다. 부서장이 동료 직원을 괴롭혔다고 온라인 익명 게시판에 신고가 들어왔습니다. 신고한 사람의 신원이 정확하지도 않은데, 이런 경우에는 어떻게 해야 하나요?

**A5.** 우선 법에서 직장 내 괴롭힘 발생 사실을 알게 된 누구에게나 괴롭힘 신고권을 부여하고 있으며, 신고의 방법에도 제한이 없습니다. 그러니 예외 규정은 없다고 이해하시면 됩니다. 따라서 피해자이든 목격자이든 퇴직자나 외부인이든 익명으로 접수했다고 하더라도 원칙적으로 조사할 의무가 있습니다.

그런데 신고 내용이 얼마나 구체적인지에 따라 조사에 어려움이 발생할 수도 있습니다. 예를 들면 신고된 내용만으로는 사건 개요를 정확하게 파악하기 어려운 수준일 수도 있습니다. 또 '부장을 괴롭힘으로 신고한

### 직장 내 괴롭힘이 고용에 미치는 영향

**1503명** 전체 직장 내 괴롭힘 경험자

**693명** 이직 및 이직의사
**480명** 기타
**330명** 경력단절

자료 고용노동부 ※2020년 기준

다는 말'만 있을 뿐 피해자도 피해의 내용도 없는 경우 조사하기 난감할 수 있습니다. 신고된 내용을 바탕으로 피해자나 행위자, 사건에 대해 알 수 있는 관련자들이 일부라도 특정이 돼야 익명 신고에도 불구하고 조사 가능성 여부를 판단할 수가 있겠지요. 그런데 최소한의 정보도 담겨 있지 않은 익명 신고라면 조사는커녕 사건의 실체조차 파악하기 어려울 것입니다.

이런 경우가 발생할 수도 있다는 점을 괴롭힘 사건 담당자가 사전에 알고 있었다면, 익명 신고 창구에 "신고의 내용이 구체적이지 않거나 당사자에 대한 파악이 불가능한 경우에는 사건의 조사 및 행위자에 대한 조치가 어려울 수도 있다"라는 점을 사전에 안내하는 것이 바람직합니다. 또한 "피해자와 행위

자, 피해의 내용 등을 필수기재 사항으로 기입"해 신고할 수 있도록 하거나 신고서 양식을 다운로드 받아 신고 접수하도록 하는 것도 방법이 될 수 있습니다.

한편, 신고된 내용만으로 객관적 조사나 당사자에 대한 직접적인 조치가 어려운 경우일지라도 사건 발생의 배경이나 발단이 된 사안에 대해 적극적으로 파악하고, 관련 후속 조치를 하는 것 역시 괴롭힘 예방 차원에서 중요한 일입니다. 따라서 모든 익명 신고가 원천적으로 조사가 불가능하다고 인식하거나 필요한 조치를 결정하기 어렵다고 판단하기보다 조직문화 개선 및 예방 차원에서 적극적으로 접근하는 것이 중요합니다.

> 직장 내 괴롭힘 신고는 피해자, 가족, 노동조합, 외부 제3자 등 누구든지 할 수 있다.

## Q6.

우리 회사에는 괴롭힘 피해에 대해 신고할 수 있는 창구가 있고, 누구든지 신고할 수 있다는 규정이 있습니다. 그런데 얼마 전, 협력업체 직원이 우리 회사 직원에게 괴롭힘 피해를 겪었다면서 괴롭힘 신고를 했습니다. 누구든지 신고를 할 수 있다고 한다면, 협력업체 직원이 신고한 사건도 우리 회사가 조사해야 하는 건가요?

## A6.

협력업체 직원은 사용자 소속 직원이 아니므로 이 경우는 제3자의 신고에 해당합니다. 당연히 접수할 의무가 있겠지요. 그런데 법령상 '직장 내 괴롭힘'의 정의에 따라 생각해본다면, 서로 다른 회사에 속한 근로자 간에 발생한 사건은 '직장 내 괴롭힘'이 성립될 여지가 없기 때문에 사용자에게 법적 의무가 곧바로 발생하지 않는다고 봅니다.

### PLUS

제76조의2(직장 내 괴롭힘의 금지) 사용자 또는 근로자는 직장에서의 지위 또는 관계 등의 우위를 이용하여 업무상 적정 범위를 넘어 다른 근로자에게 신체적·정신적 고통을 주거나 근무 환경을 악화시키는 행위(이하 "직장 내 괴롭힘"이라 한다)를 하여서는 아니 된다.

그런데 만약 회사의 취업규칙(사규 등)에서 직장 내 괴롭힘의 범위를 협력업체, 하도급업체 직원까지 확대해 정했다면, 취업규칙에 따른 조사 및 조치 의무가 발생할 수 있습니다.

그렇다면 반대의 경우, 즉 우리 회사 직원이 원청업체 직원으로부터 괴롭힘 피해를 입었다고 회사에 신고를 하는 경우라면 어떻게 해야 할까요? 마찬가지로 행위자가 다른 회사 소속이기 때문에 우리 회사에서 해당 사건에 대해 처리해야 하는 법적 의무는 없습니다. 그러나 우리 조직의 구성원이 업무 수행 도중에 입은 피해이기 때문에, '안전배려의무'상 구성원 보호를 위한 조치를 강구하는 것이 우선일 것입니다.

이러한 문제에 대비해 사전에 보호조치 등에 대한 기준을 만들어 두는 것도 좋은 방법입니다. 우리 조직이 외부 업체와 협업이 많고, 을의 지위에서 수행하는 업무가 많다면 내부 취업규칙을 통해 괴롭힘 피해자에 대한 최소한의 보호 방안을 마련하는 것은 매우 의미가 있습니다.

## SECTION 3 Process
### 조사

# 폭행 시비가 붙었는데 경찰조사 결과가 나올 때까지 기다려야 되나요?

괴롭힘 사건을 조사할 때에는 신속성과 객관성이 담보돼야 한다는 것을 법률에 규정하고 있습니다. 근로기준법 제76조의3 제2항은 괴롭힘 사건 조사의 개시 요건과 조사의 대상 및 방법에 대한 기준을 제시하고 있습니다. 조사는 '괴롭힘 발생 사실(조사 대상)'을 '신고 또는 인지(경위)'했을 때, '지체 없이(신속성) 개시해야 하며, '객관적(객관성)'으로 해야 합니다.

### Q1.
경찰서에서 전화가 왔습니다. 알고 보니 우리 회사 직원끼리 폭행 시비가 붙어 고소장이 접수됐다고 하네요. 그런데 그중 1명이 직장 내 괴롭힘 신고까지 했습니다. 경찰조사 결과가 나올 때까지 우선 기다려야 되나요?

### 관련 법조항
**근로기준법 제76조의3 (직장 내 괴롭힘 발생 시 조치)**
❷ 사용자는 제1항에 따른 신고를 접수하거나 직장 내 괴롭힘 발생 사실을 인지한 경우에는 지체 없이 당사자 등을 대상으로 그 사실 확인을 위하여 객관적으로 조사를 실시하여야 한다.

**제116조②** 제76조의3 제2항을 위반한 자는 500만원 이하의 과태료를 부과한다.

### Q2.
대면조사를 시작하자마자 피신고인이 무조건 잘못했고 전부 인정하겠다는 취지로 진술했고, 건강상의 문제로 조사가 충분히 이루어지지 않았습니다. 이대로 사실 확정을 해도 되나요?

### A1.
사람의 신체에 대해 유형력을 행사하는 폭행 사건이 직원끼리 발생한 경우 역시 직장 내 괴롭힘의 한 유형에 해당됩니다. 피해 당사자가 형법에 따라 수사기관에 고소를 했다고 하더라도 이는 '범죄행위'에 대한 국가의 형벌권 행사 여부에 관한 문제입니다. 직장 내 괴롭힘에 대한 조사 및 조치와는 성격이 다르고, 법률의 취지와 목적이 다른 문제라고 봐야 합니다.

따라서 '폭행'으로 접수된 사건에 대해 회사는 경찰조사 결과와 무관하게 우선 접수된 사건을 직장 내 괴롭힘 신고 사건의 처리 절차에 따라 조사, 판단, 조치를 해야 합니다.

### A2.
피신고인이 자신의 언행에 대해 기억이 나지 않는다고 발뺌하거나 부인하는 경우보다 행위 사실을 인정하는 태도를 보이는 것은 상대적으로 바람직한 일입니다. 하지만 충분한 조사 없이 소위 '자백'만으로 피해자 진술을 그대로 사실로 확정하는 것은 추후 문제가 될 수 있습니다. 법에서는 '객관적으로 조사'할 것을 요구하고 있는데, 당사자들의 진술은 자신의 기억에 의존한 일종의 '주장'에 해당합니다. 그와 같은 주장을 뒷받침할만한 객관적인 근거 자료나 정황적 증거, 간접적 사실 등을 통해 '객관적 사실'을 확인하는 것이 필요합니다. 그런데 그와 같은 과정 없이 당사자들의 진술만으로 사실관계를 그대로 확정하는 것은 '객관적 조사'라고 할 수 없습니다.

특히나 직장 내 괴롭힘은 판단 결과에 따라 징계나 인사 조치로 이어지기 때문에 근거 사실이 명확하지 않다면, 나중에라도 피신고인이 회사의 조치에 불복해 부당징계 구제신청을 하게 된다면 대응이 어려워질 수 있습니다. 따라서 피신고인이 자신의 행위에 대해 무조건 인정을 하는 경우에도 어떠한 근거나 이유를 바탕으로 그와 같은 진술을 하는지 충분히 듣고, 또 관련된 자료 제출을 요구해 신고 내용에 따른 개별 행위를 구체적으로 짚어낼 수 있어야 합니다.

### Q3.
피신고인이 조사자를 교체해달라고 합니다. 이유는 "조사자가 너무 강압적이고 자백을 강요한다"는 것입니다. 조사자를 통해 조사 녹취를 들어보니, 강압적이거나 자백 강요는 아닌 것 같습니다. 그럼에도 피신고인의 요구를 들어주어야 할까요?

**500만원**
직장 내 괴롭힘 발생 시 사업주는 객관적인 조사를 실시할 의무가 있으며, 조사 및 조치 의무 위반 시 500만원의 과태료가 부과된다.

### A3.
원칙적으로 조사 절차나 방법에 대한 부분은 근로기준법이 정한 사항 외에는 회사의 고유한 권한입니다. 따라서 조사 대상자가 조사자를 교체해 달라는 요구에 대해 회사가 반드시 응해야 할 의무는 없습니다.

그러나 조사 대상자의 조사자 교체 요구에 대해 아무런 검토 과정 없이 거부하는 것은 조사 과정의 공정성이나 객관성을 추후 문제 삼기 쉬운 상황을 초래하기도 합니다. 따라서 우선 구체적인 이유를 제출하게 해 충분히 검토하고, 합리적인 이유가 있는지 여부에 따른 결론을 회사의 명확한 입장으로 회신하는 것이 좋습니다. 그것이 사건의 본질에서 벗어난 분쟁을 최소화하는 방법입니다.

### Q4.
신고인이 대리인을 보낼 테니 대리인을 대신 조사해달라고 합니다. 대리인이 누구인지는 모르지만, 신고인 본인은 직접 조사 참여가 어렵다고 합니다. 신고인 대신 대리인을 조사해도 괜찮을까요?

### A4.
조사는 신고 내용 즉, 피해 사실에 대해 객관적인 조사를 통해 사실관계를 확정하는 과정입니다. 따라서 신고인 또는 피해자의 구체적인 진술이나 주

## SECTION 3 Process
## 조사

관적 인식, 감정이나 상태에 대한 면밀한 조사가 선행돼야 합니다. 이러한 부분은 피해자 본인이 가장 정확하게 알고 있는 내용이므로 아무리 대리인이라 하더라도 구체적인 진술에 한계가 있을 수밖에 없습니다.

따라서 우선 신고인이 직접 조사를 받기 어려운 사정에 대해 설명을 듣고, 신고인이 직접 조사가 가능한 상황과 환경을 갖춰 직접 조사를 받을 수 있도록 설득하는 것이 필요합니다. 이때 신고인이 자신은 법이나 규정을 잘 몰라서 또는 정서적으로 불안정해 조사 자체를 두렵다고 할 수도 있습니다. 그럴 때에는 대리인이 배석해 조력을 받을 수 있도록 안내해 조사가 원활히 진행될 수 있도록 하는 것이 좋습니다.

### Q5.
오늘 익명으로 신고된 사건의 신고인이 누구인지 알게 돼, 즉시 면담을 진행했습니다. 그런데 신고인은 자신이 드러나기를 원치 않고 있어요. 익명 신고의 이유도 바로 그 때문이라고 했습니다. 이런 경우에는 어떻게 해야 할까요?

### A5.
 직장 내 괴롭힘 사건의 조사는 일반적으로 신고인, 피신고인, 참고인 모두 직접 대면조사하는 방식으로 진행됩니다. 신고인의 신고 내용을 확인하고 사실관계를 확정해 행위자 및 피해 근로자에 대해 조치를 취하기 위한 목적에서 당사자 전원에 대한 조사를 하는 것입니다. 그런데 피해자가 자신을 신고인으로 드러내지 않고 사건이 처리되길 바라며 익명 신고를 하는 경우도 있고, 피해자가 신고인이 아닌 참고인으로 자신의 피해를 진술하는 경우도 있습니다. 따라서 피해자 또는 신고인을 익명 처리해 사건을 조사할 수 있습니다.

보통 괴롭힘 조사에서 조사자는 신고인이나 참고인의 신원을 피신고인에게 밝히지 않습니다. 피신고인이 조사 과정에서 추측은 할 수 있겠지만, 조사자는 신고인과 참고인의 신원, 개별 진술에 대해서는 피신고인에게 구체적으로 알리지 말아야 합니다. 이것은 피해자 보호의 기본적인 원칙이며, 참고인 등이 안심하고 있는 그대로 진술할 수 있도록 하기 위함입니다.

다만 피해자의 익명 신고에도 불구하고, 해당 괴롭힘 행위가 둘만 있을 때 벌어진 일이거나 피해 사실로 주장하는 내용이 오

**직장 내 괴롭힘 신고 처리 현황**

- 1만 934건 합계
- 1477건 시정지시
- 102건 검찰송치
- 4633건 취하
- 4203건 기타
- 519건 처리 중

자료 고용노동부
※2021년 6월 기준(2년치)

로지 행위자와 피해자만 알 수 있는 내용이 포함된 경우라면, 조사자가 비밀유지 원칙을 지켜 조사를 하더라도 피신고인이 추측할 가능성도 있다는 점은 미리 안내할 수 있어야 합니다. 물론 피신고인에게는 조사 후 추가 피해가 발생하거나 관련자들을 접촉하는 행위는 또 다른 징계의 대상이 될 수도 있다는 점 역시 상세하게 알리고 비밀유지서약서를 받도록 합니다.

> 결과보고서는 고충 처리 담당자, 고충심의위원회 또는 인사위원회 위원 및 인사결정권자 외에는 열람할 수 없음이 원칙이다.

입니다. 이는 신고인도 마찬가지이므로 신고인이 조사보고서를 요청하는 경우에도 불가합니다. 또한 조사 대상자는 자신이 참여한 조사의 문답서의 열람만 가능할 뿐, 결과보고서는 고충 처리 담당자, 고충심의위원회 또는 인사위원회 위원 및 인사결정권자 외에는 열람할 수 없음이 원칙입니다.

### Q6.
피신고인이 '객관적 조사'가 이뤄졌는지 궁금하다며 조사보고서를 달라고 요구합니다. 피신고인의 요구를 들어줘야 할까요?

**A6.** 결론부터 답변하자면 해당 요구는 들어줄 수 없습니다. 조사의 내용과 결과, 그 과정 전반은 비밀유지의무가 발생하는 대상이 됩니다. 이와 같은 법 규정에 기대어 조사 대상자는 자신이 알고 있는 사실에 대해 안심하고 진술할 수 있는 것이지요. 그런데 만약 피신고인에게 조사결과보고서에 대한 열람권이 보장돼 있다면, 신고인이나 참고인이 안심하고 진술을 할 수 있을까요? 아마도 후환이 두려워 자신이 알고 있는 사실에 대해 진술하기를 꺼릴 것이고, 조사 자체를 기피할 수도 있습니다. 조사결과보고서는 직장 내 괴롭힘 성립 여부를 판단하고, 행위자에게 그에 상응하는 책임을 지울 수 있도록 인사 조치를 결정하는 권한이 있는 사람만 열람이 가능합니다. 특히 사건의 당사자로서 피신고인이 조사의 객관성 여부를 판단하기란 애초부터 어려운 일

### Q7.
회사에서 자체 조사를 하면 '객관적 조사' 위반인가요?

**A7.** 근로기준법 제76조의3 제2항에서는 직장 내 괴롭힘 사건에 대하여 '객관적으로 조사를 실시'할 것을 정하고 있습니다. 객관성이라는 것은 간단하게 말하면, 어느 한 편의 주관에 따르지 않고, '언제 누가 봐도 그러하다고 인정할 수 있는 것'이라고 할 수 있습니다. 따라서 조사의 객

## SECTION 3 Process
## 조사

에게 유리하게 결론을 지었던 경험이 있다면, 피해자는 이 점을 염려할 수밖에 없을 것입니다.

회사가 자체 조사를 하는 것만으로 객관성을 상실한 조사라고 단정할 수는 없습니다. 그러나 회사는 직장 내 괴롭힘 상담 및 신고 사건의 처리 과정에서 객관성과 공정성을 담보할 수 있는 장치를 마련해야 합니다. 담당 부서의 전문성을 키우고 인사권자나 관리자들의 영향력에서 벗어나 독립적으로 안전하게 본연의 역할을 다할 수 있도록 제도적으로 보장할 필요가 있습니다. 또한 이와 같은 노력이 구성원들에게 잘 전달될 수 있도록 적극적으로 안내하고 홍보하는 것 역시 직장 내 괴롭힘 예방 활동이라고 할 수 있겠습니다.

관성은 주체가 누구냐의 문제로 단정할 수 없는 문제입니다.

그런데 회사가 조사하면 객관성과 공정성이 없어서 신뢰할 수 없다고 걱정하는 피해자들이 많습니다. 그도 그럴 것이 행위자로 지목된 사람이 회사에 영향력이 크거나 공적이 많은 관리자인 경우가 많고, 그런 상황에서 회사가 객관성을 잃고 행위 지목자의 편에서 사건을 조사하게 될 것이라는 의구심을 갖게 되는 것이지요. 사실 피해자의 이러한 걱정은 상당 부분 공감이 되기도 합니다. 조직이 직장 내 괴롭힘 신고 사실을 불편하고 소란스러운 문제로 보는 경우도 있으니까요. 또한 이전에 발생한 사건에 대해 회사가 행위자

**23.5%**
지난 1년간 직장 내 괴롭힘을 경험했다
자료 직장갑질119 & 공공상생연대기금
*2022년 기준

### Q8.
사건 조사 중인데, 피신고인이 "아무것도 기억나지 않는다"고 하네요. 어떻게 대응하면 좋을까요?

**A8.** 피신고인이 피해 사실에 관한 질문을 받았을 때 "술에 취해 아무것도 기억나지 않는다"라고 하는 경우는 흔히 직장 내 성희롱 사건에서 많이 접하는 상황입니다. 직장 내 괴롭힘 사건의 경우에도 "너무 오래돼서 기억나지 않는다", "어제 먹은 점심 메뉴도 기억이 나지 않는데, 몇 달 전 일을 내가 어떻게 기억하느냐"며 부인으로 일관하며 비협조적인 태도를 보이는 경우도 많이 있습니다.

진술의 불일치와는 다르게 전면 부인의 태세를 취하는 경우에는 각각의 신고행위들에

대해 '기억나지 않음'인지 '하지 않았음'인지에 대해 재확인하는 절차를 거치면서 피신고인의 답변 취지를 세부적으로 확인해야 합니다.

이때, 피신고인이 여전히 '기억나지 않음'이라 진술하면 크게 두 가지 경우를 가정해볼 수 있습니다.

첫째, 신고행위가 있은 날로부터 상당한 시간이 흐른 후라 피신고인이 진짜로 기억하지 못하는 경우입니다. 이 경우 조사자는 피신고인이 기억을 떠올릴 수 있도록 신고 사실을 기초로해 세부적인 질문을 해나갑니다. 그럼에도 불구하고 제한된 대면조사 시간 중 피신고인이 신고 행위들에 대한 기억을 떠올리지 못한다면 조사자는 참고인 조사 등 추가적인 방법을 활용해 부족한 사실관계를 보완하는 방법을 고려해야 합니다.

둘째, 피신고인이 신고행위들을 기억하지만 인정하는 취지로 진술하는 것이 본인에게 불리하다고 판단하거나 대면조사 자체가 두려워 기억나지 않는다고 하는 경우입니다. 이 경우 조사자는 피신고인에게 해당 조사의 주된 목적이 사실관계 확인임을 안내할 수 있으며, 피신고인이 진술하지 않는 것이 본인의 진술권 및 방어권을 저해하는 결과를 초래할 수 있다는 점을 충분히 설명해 최대한 진술을 이끌어 내도록 합니다.

피신고인이 기억나지 않는다고 하거나 그런 행동을 한 적이 없다고 하는 경우에도 조사를 통해 관련 사실을 객관적으로 뒷받침하는 자료나 진술이 있는 경우 객관적인 사실관계를 확정할 수 있습니다. 또한 동일한 사실관계에 대해 다양한 각도에서 질문을 하거나 반복적으로 확인하면 피신고인 진술의 신빙성이나 일관성, 논리성 여부는 충분히 파악할 수 있습니다. 따라서 조사자는 면밀한 조사를 위해 피해자 및 참고인에 대한 조사를 선행한 뒤, 이미 확보된 사실관계의 확인을 위한 질문들을 준비해 각각의 진술의 신빙성과 일관성을 짚어내야 합니다.

> 상시근로자 수 5인 미만 사업장은 원칙적으로 직장 내 괴롭힘 금지법 적용 제외 대상이지만, 직장 내 괴롭힘을 하는 것은 어떤 경우에나 바람직하지 않다.

## Q9.
**사용자는 직장 내 괴롭힘을 '인지'하면 조사해야 한다는데, 인지의 기준이 도대체 뭔가요?**

**A9.** 어려운 질문이네요. 수사기관이 범죄 또는 범죄의 단서를 직접 인지해 조사하는 경우 '인지 수사'를 한다고 합니다. 피해자의 고소나 제3자의 고발 즉, 직접적인 신고가 이뤄지지 않았음에도 어떠한 사실을 알게 됐을 때를 '인지'라고 합니다. 따라서 직장 내 괴롭힘 발생 사실을 사용자

## SECTION 3 Process
## 조사

가 알게 된다면 법에서 말하고 있는 '인지'라고 할 수 있습니다.

보통 "여기서 '사용자'가 누구인가요?"라는 질문이 함께 떠오르기도 합니다. 근로기준법에서는 '사업주' '사업 경영담당자'나 '근로자에 관한 사항에 대하여 사업주를 위하여 행위를 하는 자'까지를 사용자로 보고 있습니다. 직급이나 직위만으로 구분하기는 어렵지만, 보통 대표이사(CEO), 경영기획실장이나 각 사업본부장 등 임원급, 각 부서장 정도를 사용자로 보고 있지요.

한편 '인지'하게 되는 경로는 관할 노동지청을 통해 직장 내 괴롭힘 사건이 신고 접수됐다는 사실을 알게 됐을 때, 고충 상담원이 상담 과정에서 괴롭힘 피해 사건의 발생을 알게 됐을 때, 직장 내 괴롭힘 담당 부서의 부서장이나 소속 부서장이 직원 면담 과정에서 괴롭힘 피해 사실을 알게 됐을 때, 블라인드나 SNS, 익명 게시판의 모니터링 과정에서 알게 됐을 때, 인사권자나 인사팀장이 사내 소문을 통해 알게 됐을 때, 노동조합의 창구를 통해 인사권자가 사건의 발생을 알게 됐을 때 등 매우 다양합니다.

나아가 "얼마나 알아야 '인지'한 것인가요?"라고 질문할 수도 있겠네요. 해석의 여지는 있지만, 조사 개시 요건에 해당하는지 판단하기 위해서는 적어도 피해 당사자나 피해 내용, 사건 발생의 시점 등을 구체적으로 전달받았을 때라고 엄격하게 해석하는 관점도 있고, 단순히 '직장 내 괴롭힘으로 의심되는 피해가 존재한다'라는 상황을 알게 된 것만으로 조사 의무가 발생한다고 보는 관점도 있습니다.

관련해 많은 기업은 취업규칙이나 징계 규정 등에 사실조사의 요건으로 '사용자나 담당

부서(인사팀·감사팀 등)의 인지'를 기재해 운영하는 등 '인지'의 범위를 좁게 해석하고 있는 점을 고려할 필요가 있습니다. 다만 실무상의 해석 방향에도 불구하고, 직장 내 괴롭힘 조사의 목적이 행위자에 대한 처벌뿐만 아니라 조직 전반의 제도개선이나 조직문화 개선으로 이어질 수 있는 점을 고려하면, 반드시 규정상 요건을 충족해야만 사실조사를 할 수 있다는 한계를 스스로 지을 필요는 없습니다.

연장선상에서 '피해자가 사건 조사를 명시적으로 반대'하는 경우에는 조사 의무가 즉시 면제된다고 해석하는 경우가 있습니다. 하지만 '조직 차원의 개선 필요성'이 있다면 최대한 협조를 구하고 조사를 진행하는 것이 더욱 바람직합니다. 나아가 조사를 통해 실제로 직장 내 괴롭힘 발생이 사실로 확인되면

피해자를 실질적으로 보호할 수 있는 최선의 방법을 발 빠르게 모색할 수 있는 기회가 될 수 있으므로 어떤 경우에는 인지한 사건에 대한 적극적인 처리를 위한 노력이 필요합니다.

**Q10.**
피신고인이 조사를 전면 거부합니다. 신고인의 주장대로 사실을 인정해도 될까요?

**A10.** 법에서는 당사자들을 대상으로 사실관계를 조사하도록 정하고 있습니다. 그럼에도 불구하고 피신고인이 조사를 거부하는 경우 수사기관이 아닌 사용자가 조사 대상자들의 헌법상 양심의 자유를 침해할 수는 없는 노릇입니다. 사건의 주요 당사자인 피신고인에 대한 조사가 어려운 경우 조사자가 신고인과 참고인에 대

피신고인이 대면조사를 거부하는 경우에는 차선책으로 서면조사를 진행하는 방법을 취하는 것이 좋다.

한 조사 및 관련 근거 자료 등을 종합해 사실관계를 확정할 수 있다면, 실무적으로는 피신고인에 대한 조사가 없더라도 조사 결과를 보고할 수는 있습니다.

그러나 직장 내 괴롭힘 성립 여부를 판단하고, 이후 인사 조치 결정을 하는 과정에서 피신고인이 자신에게 방어권이 주어지지 않았다며 부당성을 제기할 가능성도 있습니다. 따라서 피신고인이 대면조사를 거부하는 경우에는 차선책으로 서면조사를 진행하는 방법을 취하는 것이 좋습니다. 그럼에도 불구하고 피신고인이 조사에 응하지 않는다면, 회사가 본인의 진술권과 방어권 확보를 위한 조치를 하였다는 사실을 명확히 하고, 피신고인의 조사 불응으로 인한 불이익에 대한 책임을 스스로 져야 한다는 점을 고지하고 이후 결과보고서에도 이와 같은 점을 반영하도록 합니다. 물론 이와 같은 경우에도 '객관적인 조사'는 신고인의 진술만이 아니라 참고인 및 관련 자료의 검토가 충분히 이뤄진 후 사실관계를 확정해야 한다는 점은 같습니다.

한편, 직원이 입사할 때 윤리 강령이나 선서 등을 통해 '회사 규정에 따라 필요한 경우 회사의 조사 과정에 적극적으로 참여한다'는 내용을 미리 고지하거나 동의를 받거나 '회사 규정에 따라 비위 행위 등에 대한 조사에 합리적인 이유 없이 불참하거나 조사를 방해하는 행위'에 대해 제재할 수 있다는 기준을 마련할 수도 있을 것입니다. 조사에 대한 성실한 참여가 조직 구성원의 의무를 다하는 공익적 행동이라는 사실을 전달하는 것이지요. 그런 측면에서 보면 사용자의 일상적인 괴롭힘 예방 활동과 교육은 매우 중요한 일입니다.

### 직장 내 괴롭힘 조사 절차

| | |
|---|---|
| 사전조사 | 신고인 및 피해자 상담을 통해 사건개요 및 피해자의 요구를 파악한다. |
| 대면조사 | 사건 개요를 바탕으로 당사자 및 참고인과 대면 인터뷰를 하고, 사건과 관련된 입증자료를 조사한다. |
| 보충조사, 협의타진 | 추가적인 조사 필요 시 보충조사를 실시하며, 조사된 내용을 바탕으로 당사자 간 협의점이 있는지 검토 후 협의를 타진한다. |
| 조사보고서 작성 | 판례 및 사례 등을 검토해 조사 보고서를 작성한 후 사업주에게 보고한다. |
| 인사조치 | 근로기준법 제76조의3제4항 및 제5항에 따라 행위자와 피해자에 대한 조치를 한다. |
| 사후조치 | 직장 내 괴롭힘 예방교육을 실시하고, 행위자의 괴롭힘 재발 및 보복 등이 발생하지 않도록 피해자를 지원한다. |

자료 고용노동부

## SECTION 3 Process
## 조사

**Q11.**

직장 내 괴롭힘 고충 상담원입니다. 처음 담당하는 일이라 상담 요청이 들어오면 어떻게 해야 하나 고민이 됐습니다. 그래서 고충 상담원으로서 나름대로 관련 법도 잘 숙지하고, 고충 처리 실무역량 향상과정도 회사의 지원으로 열심히 들었지요. 그러던 중 처음으로 고충 상담을 했습니다. 상담 결과 아무래도 거짓 신고라는 생각이 들어요. 그런데 이분이 사건 조사신청서를 제출하겠다고 합니다. 괴롭힘 피해 사실이 없는데도 조사를 해야 하나요?

**A11.** 사건 조사의 대상은 '직장 내 괴롭힘 발생 사실'입니다. '직장 내 괴롭힘 발생 사실을 알게 된 경우 그 사실을 신고'하거나 '직장 내 괴롭힘 발생 사실을 인지한 경우' 사용자는 조사해야 합니다(제76조의3 제1항 및 제2항). 따라서 조사 의무가 발생하는 대상은 '직장 내 괴롭힘 사실'이라고 할 수 있습니다. 그런데 '직장 내 괴롭힘 사실'은 신고와 접수만으로는 알 수 없고 결국 조사를 통해서 확인이 가능합니다. 어떤 경우에는 괴롭힘 사실이 없거나 본인이 알게 되지 않았음에도 사사로운 이익을 목적으로 하거나 악의적으로 거짓 신고를 하기도 합니다. 이와 같은 허위 또는 거짓 신고는 용인될 수 없습니다. 그러나 허위 신고인지 여부조차 조사를 통해 확인이 가능하기 때문에 담당 부서가 자의적·선험적 판단을 하는 것 역시 경계해야 하고, 조사를 하는 것이 원칙입니다.

직장 내 괴롭힘은 주로 '정신적 고통'이 수반되는 분쟁입니다. 즉, 피해 수준이 겉으로 쉽게 드러나지 않는 '주관성'을 특징으로 하므로 '객관적'으로 사실을 파악하는 과정은 어려운 과정입니다. 신고된 내용이 직장 내 괴롭힘의 유형에 해당한다면 객관적인 조사를 통해 허위인지 여부를 밝혀야 합니다. 또한 교묘하게 이뤄지는 괴롭힘의 경우 객관적 입증이 어려운 경우가 많으므로 명확히 사실이 아니라는 확신이 없는 한 쉽게 진정성을 부인해서는 안 될 것입니다. 한편, 있는 사실을 과장하거나 비약해 진술하는 것과 허위 신고는 다르다는 점도 기억해야 합니다.

## Q12.
최근 신고를 접수한 직원이 "분명히 지체 없이 조사한다고 했는데 사흘이나 지나도록 소식이 없느냐"고 항의했습니다. 인사팀에서는 사건조사를 외부에 위탁하려고 하는 것 같은데, 그러는 동안 조사가 지연되면 '지체 없이' 조사해야 하는 의무를 위반하는 게 아닌지 걱정됩니다. '지체 없이'라는 게 며칠 이내인지 기준이 있는 건가요?

## A12.
근로기준법 제76조의3 제2항 에서도 '지체 없는' 객관적 조사를 요구하고 있습니다. 다만 '지체 없이'라는 표현을 두고 기간의 제한이 있다거나, 신고 접수 즉시 대면조사를 해야 한다고 곧장 해석하기는 어렵습니다. 왜냐하면 실무상 조사를 개시하기 위해 준비하는 과정 및 신고한 근로자 또는 피해 근로자에 대한 보호조치 이행을 위한 과정이 함께 이뤄져야 하기 때문입니다.

특히 객관적 조사를 위해 직장 내 괴롭힘·직장 내 성희롱 전문 조사기관을 투입하기 위해서는 사전에 계약 절차도 필요하며, 조사 계획을 수립하기 위해 조사기관의 담당자가 자료를 확인하는 시간도 필요하며, 이후 조사를 위해 당사자 또는 참고인과 일정을 조율하는 시간도 필요합니다. 경우에 따라 대면조사 일정을 잡지 못해 조사가 지연되는 경우도 존재합니다. 따라서 여러모로 '접수 즉시' 대면조사 등이 개시되기란 어려운 일입니다.

다만 직장 내 괴롭힘 사건의 특성상 괴롭힘 행위가 지속되거나 행위는 중단되더라도 행위자와 직접 마주치는 등 시간이 흐를수록 피해자의 고통이 가중된다는 점은 반드시 기억해야 하는 부분입니다. 따라서 조사 자체의 개시에 약간의 시간이 걸리더라도 최소한 보호조치는 빠른 시일 내에 이뤄져야 하고, 조사 자체도 최대한 빠른 시일 내에 개시해야만 합니다.

취업규칙 등 기업의 내부 규정을 보면, 많은 회사가 20일에서 30일 이내의 조사기간을 정해두고 있습니다. 사건이 복잡하거나 조사 대상이 많은 경우 등을 고려하면 조사 기간의 한정을 두는 것이 오히려 졸속 조사를 야기할 수도 있지만, 신고인으로서는 회사 규정에 조사 기간이 정해져 있다면 그 기간 내에 조사가 이행되도록 요구할 수 있을 것입니다. 따라서 회사로서는 내부 규정에 따른 기한을 준수하되, 특별한 사정이 발생하는 경우 신고인 등에게 그 사정을 설명하고 불가피하게 기한을 연장한다는 점에 대해 양해를 구해야 합니다.

### 직장 내 괴롭힘 정의
법안은 '사용자 또는 근로자가 직장에서의 지위 또는 관계 등의 우위를 이용하여 업무상 적정범위를 넘어 다른 근로자에게 신체적·정신적 고통을 주거나 근무 환경을 악화시키는 행위'로 정의했다.

## SECTION 3 Process
### 조사

**Q13.**
사실 조사를 최대한 객관적으로 하고 있는데도 불구하고, 구체적인 행위나 발언 내용에 대한 양 당사자의 진술이 상반되며 사실을 확인해 줄 참고인이나 목격자도 없는데 어떻게 사실 확정을 해야 하나요?

**A13.** 사실 확인을 위해 최선을 다 했음에도 불구하고 양 당사자가 사실관계에 대해 상반된 주장과 진술만 있을 뿐, 이를 확인해 줄 물증 등 기타 증거는 없거나 참고인 등의 진술 확보가 불가능한 경우도 많이 발생합니다.

그렇다면 조사자나 심의위원회 등에서는 양 당사자의 진술의 객관성과 신빙성을 토대로 판단해야 할 것입니다. 이와 관련, 직장 내 성희롱 관련 사례에서 대법원(2018.4.12. 선고 2017두74702 판결)은 "성희롱을 사유로 한 징계처분의 당부를 다툴 때 그 사실의 증명은 추호의 의혹도 없어야 한다는 자연과학적 증명이 아니고, 특별한 사정이 없는 한 경험칙에 비춰 모든 증거를 종합적으로 검토해 볼 때 어떤 사실이 있었다는 점을 시인할 수 있는 고도의 개연성을 증명하면 충분하고, 피해자 진술의 증명력을 가볍게 배척하지 말 것"을 주문한 바 있는데, 이는 직장 내 괴롭힘 사건에서도 동일하게 적용된다고 보면 됩니다.

즉, 신고인의 진술에 대해 '그와 같은 사실이 있었다는 점이 인정될 정도'의 '고도의 개연성'이 인정된다면, 아무리 피신고인이 신고인 진술에 상반되는 항변

> 66
> 사건 전후 시점에서의 일이나 발언 및 태도, 생각이나 감정 등에 대한 개연성을 파악하고 다양한 측면으로 반복적인 질문을 하는 등으로 최대한 진술의 신빙성 및 일관성을 확인하고 기록을 남겨두는 것이 중요하다.
> 99

을 한다고 하더라도 신고인 진술이 갖는 증명력을 무시하기는 어렵다는 것입니다. 물론 그만큼 조사자의 진정한 최선의 노력이 필요하겠지요.

따라서 조사 과정 전반에 거쳐 동일한 사실관계에 대해 사건 전후 시점에서의 일이나 발언 및 태도, 생각이나 감정 등에 대한 개연성을 파악하고 다양한 측면으로 반복적인 질문을 하는 등으로 최대한 진술의 신빙성 및 일관성을 확인하고 기록을 남겨두는 것이 중요합니다. 향후 기록을 확인하는 과정에서 진술의 왜곡이나 결함, 비논리성이 발견된다면 누구의 진술에 더 신빙성이 있는지 판단하면 됩니다.

**Q14.**
최근에 괴롭힘 고충 심의위원회 심의 결과 신고 사건이 괴롭힘이 아니라고 의결이 됐습니다. 당사자들에 대해 통지하자마자 행위자로 지목된 상사가 신고인을 상대로 괴롭힘으로 신고를 하든지 무고죄로 고소를 하겠다고 말하면서 자신이 얼마나 억울한지 이야기했다고 합니다.
정말 신고를 한다면 보복성 신고로 보고, 조사를 거부해도 되나요?

**A14.** '직장 내 괴롭힘 불성립' 판정을 받은 피신고인이, 신고인이나 회사를 상대로 '무고죄', '명예훼손죄', '업무방해죄' 등으로 신고, 고소 등을 하겠다며 억울해하는 사례는 종종 볼 수 있는 모습입니다. 그만큼 조사 과정에서 겪게 되는 허망함, 허탈함, 부당감, 분노, 억울함과 같은 감정들이 엄청난 스트레스를 줬다는 것이지요. 그러나 회사로서는 신고를 접수했다면 조사

는 반드시 해야 합니다. 조사를 통하지 않고서 심증만으로 그 신고가 보복성 신고인지 판단하는 것은 위험하고, 회사는 새로운 직장 내 괴롭힘 신고에 대해 근로기준법 제76조의3제2항에 따른 조사 의무를 이행해야 하기 때문입니다.

즉, 이미 신고된 괴롭힘 신고 사실과는 다른 새로운 괴롭힘 고충을 신고했는지, 아니면 기존에 피신고된 내용을 근거로 허위 사실에 대한 신고로 인해 괴롭힘 고충이 발생했다고 주장하는 것인지, 한편 특별히 다른 내용이 없어 신고인이 신고한 사건에 대한 진위가 파악돼 이미 결론이 났음에도 불구하고 신고인을 고소하거나 신고했는지를 살펴봐야 합니다.

그런데 새로운 신고의 내용이 '신고인의 괴롭힘 신고 사실 그 자체'인 경우에는 원사건의 조사 과정을 면밀하게 살펴볼 필요가 있습니다. 신고한 내용이 완전히 허위 날조로 점철된 악의적 신고라고 판단된다면, 우선 회사의 공적 절차를 오·남용한 것으로 보고 그에 대한 책임을 묻는 것은 별론으로 하고, 그 자

> 신고인에게 정신적 고통을 주기 위한 목적 또는 징계를 받게 할 목적으로 역으로 신고를 한 것이라면, 이를 조사해 확인한 뒤, 사내 규정에 따라 조치를 함으로써 괴롭힘 신고가 오·남용되지 않도록 해야한다.

체로 직장 내 괴롭힘 성립 요건이 충족될 수 있기 때문입니다. 물론 신고된 사실관계 자체에 허위 사실이 있거나 거짓 신고라는 점이 확인된 것이 아니라면, 피신고인의 '허위 사실에 대한 신고로 인한 괴롭힘' 역시 괴롭힘으로 인정되기는 어렵습니다.

한편 무고죄와 관련해 수원지방법원은 2021 고정766판결에서 "회사 대표자는 피고인으로부터 직장 내 괴롭힘 등에 대한 민원을 접수하고, 2차례 조사 및 2차례 노사협의회를 개최했으나 해당 사항이 없다는 결론을 내렸다는 사실확인서를 작성했고, 피고인도 위 대화 내용 유출과 관련해 회사 내 여러 차례 조사에서 B(피신고인)에게 혐의가 없다는 결론이 났음을 알고 있었음에도 B를 고소한 사건"에 대해 "피고인이 B가 피고인의 카카오톡을 유포한 사실이 없다는 고충 처리 의결결과를 고지 받았음에도 불구하고, B로 하여금 형사처분을 받게 할 목적으로 '2020. 12. 말쯤 B대리님께서 제가 회사 내 프론트 컴퓨터 카카오톡을 로그인하고 자리를 비웠을 때 제 개인적인 카톡을 뒤져서 보고, 카톡을 캡쳐한 후 타인(직장 동료)과 공유하거나 타인에게 유포했으니 처벌해 달라'는 고소장을 제출해 B를 무고했고 이에 벌금 300만원에 처한다"는 판결을 내렸습니다.

이와 같은 판례를 근거로 종합해 봤을 때, 신고된 사건이 거짓 신고 내지는 허위 신고가 아니라는 점을 피신고인이 알고 있었음에도 불구하고 신고인에게 정신적 고통을 주기 위한 목적 또는 징계를 받게 할 목적으로 역으로 신고를 한 것이라면, 이를 조사해 확인한 뒤, 사내 규정에 따라 조치를 함으로써 괴롭힘 신고가 오·남용되지 않도록 하는 것도 중요하다고 봅니다.

## SECTION 3 Process
### 조사기간 중 보호조치

# 신고인이 보호조치로서
# 특정 부서로 보내달라고 합니다

'피해 근로자 등'에 대한 조치는 '조사 진행 기간 중의 보호'를 위한 조치이며 사실 확인 전에 필요한 조치를 말합니다. 조사가 완료되기까지는 상당한 시간이 소요됩니다. 조사기간 동안 직장 내 괴롭힘이 지속되거나 추가적인 피해를 겪게 될 가능성을 고려해 해당 기간 중 피해 근로자 등을 보호하는 조치가 필요합니다.

### Q1.
직장 내 괴롭힘을 신고한 사람은 괴롭힘으로 확인이 되기 전이라도 보호조치를 해야 한다는 것은 잘 알고 있습니다. 그런데 아무리 생각해도 신고한 내용이 직장 내 괴롭힘은 아닌 것 같습니다. 그런데도 보호조치를 해야 할까요?

**관련 법조항**

**근로기준법 제76조의3 (직장 내 괴롭힘 발생 시 조치)**
③ 사용자는 제2항에 따른 조사 기간 동안 직장 내 괴롭힘과 관련해 피해를 입은 근로자 또는 피해를 입었다고 주장하는 근로자(이하 "피해근로자 등"이라 한다)를 보호하기 위해 필요한 경우 해당 피해 근로자 등에 대해 근무장소의 변경, 유급휴가 명령 등 적절한 조치를 해야 한다. 이 경우 사용자는 피해 근로자 등의 의사에 반하는 조치를 해서는 아니 된다.

### A1.
결론부터 말씀드리면, 당연히 보호조치를 해야 합니다. 고충 처리 담당자가 고충을 청취하는 과정에서 신고의 내용이 직장 내 괴롭힘에 해당할 것 같지 않다는 판단이 들더라도 조사를 해야 한다는 것은 잘 알고 계시죠? 보호조치도 마찬가지입니다. 신고된 내용이 괴롭힘에 해당하는지 여부가 확정되기 전까지 신고인은 '직장 내 괴롭힘 피해를 입었다고 주장하는 근로자로서의 지위에 있으며, 제3항의 보호조치 적용 대상에 해당된다는 것은 명백합니다.
물론 '보호 필요성'에 대한 판단은 별개입니다. 피해 근로자 등을 보호할 필요가 없다면 보호조치를 이행할 의무는 없습니다. 다만 '보호 필요성' 자체에 대한 판단이 모호한데다 틀린 판단을 내릴 가능성도 있으니, 어느 정도는 보호조치를 하는 쪽으로 방향을 잡는 것이 안전하겠지요. 피해 근로자 등에 대한 보호조치에 관해 신고인에 대한 고충 상담 과정에서 신고인의 의사를 확인해 결정하는 것도 필요한 과정이라 할 수 있습니다.

### Q2.
한 직원이 직장 동료 대신 신고를 하겠다고 찾아왔습니다. 그런데 신고한 직원이 자기가 보복당할까봐 무섭다며, 조사가 끝날 때까지만이라도 행위자와의 자연스러운 분리가 가능한지 묻습니다. 직접적인 피해자가 아닌데, 보호조치를 해야 할까요?

### A2.
조사 과정 중의 보호조치의 핵심은 피해 근로자 등의 피해 복구를 위해 행위자로 지목된 자와의 분리와 휴식을 위한 일시적 인사 조치입니다. 이때 법률상 '피해 근로자 등'의 범위에는 제3자인 신고인이나 목격자 등은 포함되지 않습니다.

따라서 제3자에 대해 이 조항을 적용해야 할 법적 의무는 없습니다.

그러나 회사 규정에서 신고인, 조력인, 대리인 등에 대한 보호 의무를 정하고 있다면 당연히 보호 대상이 될 것입니다. 피해 근로자 등에 대한 사전 보호 의무의 주체는 피해 근로자 등이 아니라 회사입니다. 직접적인 법적 규정이나 사내 규정이 없더라도, 제3자인 신고인에 대한 보호조치에 대한 결정은 '보호조치의 필요성이 있느냐'에 주목하고 적극적으로 검토할 필요가 있습니다. 대신 신고를 했다는 이유로, 또는 조사에 협조했다는 이유로 피신고인이 위협을 가하거나 억지로 신고인과의 만남을 주선하도록 강요받는 등 새로운 피해가 발생할 수도 있는 경우 등입니다. 사건의 특성이나 제반 형편을 고려해 보

### 2차 피해

여성가족부에서는 '성희롱·성폭력 예방지침 표준안'에서 피해자등, 신고자, 조력자, 대리인에 대해 고충의 상담, 조사 신청, 협력 등을 이유로 한 불리한 처우를 '2차 피해'로 정의했다. 기업 실정에 맞게 이를 직장 내 괴롭힘 영역으로 확대해 자율적으로 정의하고 보호할 수 있다.

호 대상이나 보호 조건을 적절히 집행해야 할 필요가 있습니다. 이때 피해 근로자 등의 의사에 반하지 않도록 하는 것에 유념해야겠습니다.

### Q3.
직장 내 괴롭힘 조사기간 동안 어떤 보호조치를 할 수 있나요?

**A3.** 제3항의 보호조치의 목적은 피해 근로자 등이 휴식을 통해 심신이 안정된 상태에서 조사받을 수 있도록 하기 위함입니다. 또한 추가적인 피해를 막기 위해 행위 지목자와의 분리가 목적이기도 합니다.

법에서는 이와 같은 목적 달성을 위한 조치의 내용으로 근무 장소의 변경, 유급휴가 명령 등을 예시하면서 '필요한 경우 적절한 조치'를 '근로자 의사에 반하지 않게' 해야 한다고 하고 있습니다.

우선 사용자는 신고인과 피신고인의 분리가 필요한지, 긴급성을 필요로 하는지, 그에 따른 적절한 조치 방법에는 무엇이 있을지 고려해야 합니다. 휴식이 필요한 상황이라면 유급휴가 명령을 내릴 수도 있고, 근무를 계속하되 피신고인과 마주치지 않도록 임시로 근무 장소를 변경시킬 수도 있을 것입니다. 또는 업무적으로 마주치지 않도록 피신고인과 관련된 업무에서 잠시 배제할 수도 있겠지요. 출장 또는 파견 등 양 당사자를 분리하거나 휴가 대신 경미한 근로로 전환하

## SECTION 3 Process
### 조사기간중 보호조치

는 등 사업장의 특성이나 업무의 특성에 따라 결정할 수 있을 것입니다.

**Q4.** 유급휴가나 근무 장소 등을 변경하고자 할 때 신고인에게 꼭 동의를 받아야 하나요?

**A4.** 직장 내 괴롭힘 조사 상황을 고려하지 않는 경우라면, 법률상 인사 조치의 동의 필요 여부는 개별 조치마다 달리 판단하는 게 원칙입니다. 가령 근로계약서에 명시된 업무를 변경할 때는 반드시 동의받아야 하지만, 근로계약서에서 재택근무를 명할 수 있다고 명시된 상황이라면 별도의 동의 절차 없이도 재택근무를 명할 수 있습니다.

이는 일반적인 노동법률상 인사 조치에 대한 절차이고, 피해 근로자 등에 대한 보호조치를 결정할 때는 피해 근로자 등에 대한 조치의 '필요성'에 대한 판단, 그 필요성에 비춰 할 수 있는 '적절한 조치의 내용'의 결정, 그리고 그 결정의 시행에 앞서 '해당 근로자의 의사' 타진 등이 고려돼야 합니다.

아무리 행위자와의 분리가 필요하다고 하더라도, 피해 근로자 등 당사자가 유급휴가를 원치 않을 수도 있습니다. 가령 자신의 커리어 상 중요한 프로젝트가 있어서 반드시 출근하고자 하는 상황이라면, 오히려 유급휴가를 강제로 보내는 것이 부당한 조치가 될 수도 있습니다. 이 때문에 법에서도 본인 의사에 반하는 조치를 금하고 있는 것입니다.

그래서 실무적으로는 최초 상담 과정이나 신고서 접수 직후에 피해 근로자 등에게 조사

**10건 중 7건**
신고된 사건 10건 중 7건 이상은 취하 또는 법 적용 대상이 아니라는 이유로 단순 행정 종결 처리
자료 직장갑질119

과정 중의 보호조치를 원하는지, 구체적으로 원하는 조치의 내용이 있는지 등에 관해 청취하고, 가장 적절한 방법을 찾아서 시행하게 됩니다. 즉, '피해 근로자 등이 동의할 만한 조치'를 최우선으로 고려해야 합니다.

**Q5.** 신고인이 보호조치로서 특정 부서로 보내달라고 요구했습니다. 이 요구를 들어줘야 할까요?

**A5.** 특정 부서로 발령하는 것이 경영상 불가능한 선택지가 아니라면 요구를 수용하는 것을 고려해볼 수 있습니다. 염두에 두어야 할 것은 근로기준법

제76조의3제3항이 피해 근로자 등의 요구를 반드시 들어줘야 한다는 의미로 해석할 수는 없다는 것입니다. 제3항은 행위자로 지목된 자와의 분리나 심신의 안정을 위한 휴식을 목적으로 하는 것이므로 그와 같은 목적이 달성될 방법이면 됩니다. 가령, 특정 부서로 조사기간 동안만 임시로 발령을 내리는 것도 방법입니다.

특정 부서로 발령하는 것이 불가능하다면 회사가 활용할 수 있는 다른 방법을 찾아봐야 합니다. 다만 피해 근로자 등이 회사가 제시하는 다른 제안을 모두 거부할 경우 회사로서는 법률상 의무 이행과 피해 근로자 등에 대한 보호에 최선을 다했다고 보고, 피해 근로자 등이 회사의 제안을 모두 거부했다는 사실을 문서로 남겨 둘 필요가 있습니다.

## 직장 내 괴롭힘 피해자 관리

- 피해자 신고자 보호 및 피해자 고충 처리
- 피해자 심리상담, 근무 장소 변경 등 보호조치
- 업무 복귀

과를 확정하는 때까지 꽤 긴 시간이 소요됩니다. 즉, 조사기간은 조사한 객관적 사실에 대한 최종 판단이 나올 때까지라고 볼 수 있습니다.

이러한 사정을 고려해 조사 중 보호조치를 적절히 부여할 필요가 있습니다. 조사 중 보호조치에는 유급휴가 외에도 다양한 방식을 고려할 수 있습니다. 따라서 조사기간 장기화 등 상황에서는 재택근무나 파견근무 등 적절한 방법을 모색해야 합니다.

물론 보호조치의 방법을 변경하는 과정에서도 역시 해당 근로자의 의사를 확인하는 과정을 거쳐야 합니다. 자칫 회사가 피해 근로자 등에게 유급휴가를 부여하기 싫어서 복귀 명령을 내린다고 이해될 수도 있고, 복귀 후 안전한 근로에 대한 장담이 없는 상황에서 피해 근로자 등의 피해가 악화할 수도 있으니까요. 따라서 조사가 신속하게 마무리될 수 있도록 조치하고, 피해 근로자 등이 안전

## Q6.

신고인에 대해 유급휴가 조치를 한 지 2주가 흘렀습니다. 그런데 조사 일정을 잡아보니 앞으로 1개월은 더 조사해야 할 것 같습니다. 회사에서는 일도 하지 않는 직원에게 1개월이나 유급휴가를 더 줄 수는 없다고 압박하는데, 유급휴가 조치를 계속 이어 나가야 할까요?

## A6.

법에서 말하는 조치 의무 기간인 '조사기간 동안'은 얼마간의 기간을 의미할까요? 조사라고 했을 때 흔히 조사자가 신고인 등에 대한 대면조사를 실시하는 기간으로 이해하는 경우가 많습니다. 그러나 실무적으로는 대면조사 이후 조사자가 결과보고서를 작성하고, 사업장에서는 규정에 따라 결과보고서에 따른 괴롭힘 성립 여부에 대한 심의를 통해 최종적인 판단 결

유급휴가 명령
재택근무
파견근무
특정 부서로 임시 발령

## SECTION 3 Process
## 조사기간 중 보호조치

휘·보고체계로부터의 분리, 당사자 동의에 기한 임시적 인사발령 등 직무로부터의 분리, 그 외에도 다양한 분리 가능성을 생각해 볼 수 있습니다.

### Q8.
'피해 근로자 등의 의사에 반하는 조치'는 하면 안 된다는데, 그럼 피해 근로자 등이 거절하면 아무것도 못하는 건가요?

### A8.
조사기간 중 피해 근로자 등을 보호하기 위한 방법으로 제안한 내용이 당사자 스스로 판단했을 때 받아들여지지 않는 내용이면 실제 의사에 반하는 조치로 보아 제3항 위반이 될 수 있습니다. 그러나 회사의 명령이나 지시의 내용이 일상적인 업무 관련 사항이고, 또 그와 같은 지시가 피해 근로자 등에 대한 보호조치와 아무런 관련이 없는 상황이라면 '피해 근로자의 거절이 곧 의사에 반하는 조치'라고 단정할 수는 없습니다. 의사에 반하는 조치를 해서는 안 된다는 의미가 피해 근로자 등의 일상적인 업무 지시의 거부나 거절에 정당성을 부여하는 것은 아닙니다.

하게 복귀할 수 있는 여건·방법을 마련할 필요가 있습니다.

### Q7.
신고인이 분리 조치를 요구합니다. 그런데 회사가 작아서, 어떻게 분리 조치를 해줘야 할지 잘 모르겠습니다. 어떻게 하면 좋을까요?

### A7.
만약 사업장 내에서의 물리적인 분리 조치가 원천적으로 불가능하다면 우선 이러한 사정을 피해 근로자 등에게 알려 공감대를 형성하고, 본인이 원하는 방안이 있는지 의견을 들어볼 필요가 있습니다. 나아가 의견을 청취하는 데 그치지 않고, 피해 근로자 등의 보호를 위해 가능한 최선의 지원을 모두 검토해야 합니다. '실제로 분리 조치가 완전히 불가능한지 여부'에 대해서도 면밀한 검토가 필요합니다. 흔히 분리 조치로서 유급휴가, 교대 조 변경 등 공간 분리나 시간 분리를 염두에 두지만, 지

> 공간 분리나 시간 분리를 염두에 두지만, 지휘·보고체계로부터의 분리, 당사자 동의에 기한 임시적 인사발령 등 직무로부터의 분리, 그 외에도 다양한 분리 가능성을 생각해볼 수 있다.

### Q9.
신고인 보호를 위해서 조사기간 동안 피신고인에게 대기발령 조치를 해도 되나요?

### A9.
피해 근로자 등에 대해 보호조치하기 위해 의견 청취를 하는

과정에서 자신에 대한 조치는 받아들일 수 없고, 대신 행위자를 다른 부서나 지역으로 발령해주거나 조사가 끝날 때까지 대기 발령을 내달라고 요구하는 경우가 있습니다.

그러나 조사기간 동안에는 피신고인도 행위자로 확정되기 이전이며, 이 단계에서 행위자로 지목됐다는 사정만으로 인사 조치를 하는 것은 합리적인 사유가 없는 인사 조치가 될 가능성이 높습니다. 법에서 말하는 조사기간 동안의 보호조치는 '피해 근로자 등에 대한 조치'만을 의미하며, 조사기간 동안 '피신고인에 대한 조치'를 가할 근거가 명시돼 있지 않다는 점은 명심해야 합니다.

간혹 모든 리스크를 감수하고서 피신고인에게 대기발령 조치를 하겠다는 경우도 있습니다. 통상 징계 조사 과정에서도 대기발령 조치가 종종 이뤄지기도 하니까요. 특히 피신고인이 지속해서 위협적인 행동을 함으로써 '계속 직무를 담당하게 될 경우에 예상되는 업무상의 장애 등을 예방하기 위해' 조사 절차와 관계없이 일시적으로 대기발령을 내릴 수도 있을 것입니다(대법원 1997. 9. 26. 선고, 97다25590 참고).

그러나 이는 특수한 상황이고, 피신고인이 별다른 이상행동을 보이지 않는 등 대기발령을 내릴 근거가 없다면 회사에서 임의로 대기발령 조치를 하는 것은 정당성이 인정되기 어렵고 '신고인 보호'라는 취지에도 맞지 않은 과도한 조치로 판단할 수 있기 때문에 유의해야 합니다.

**갑질을 경험했다**
45.5% 2020년 6월
28.9% 2021년 9월

**갑질이 심각하다**
33.0% 2020년 6월
32.5% 2021년 9월

자료 엠브레인퍼블릭

## Q10.
신고인에게 보호조치로 타 부서 발령을 권했는데, 본인이 거절해서 기존 부서로 계속 출근하고 있는 상황입니다. 그런데 곧 정기인사 발령 시즌인데, 처음 권했던 타 부서로 발령이 될 것 같습니다. 본인이 거절했는데 인사발령을 내려도 될까요?

**A10.** 근로기준법 제76조의3 제3항에서 정한 바와 같이 직장 내 괴롭힘을 신고한 근로자에 대해서는 조사기간 동안 보호조치가 필요하나, 신고한 근로자의 의사에 반하는 조치를 할 수 없습니다. 따라서 신고한 근로자의 의사에 반하는 인사발령은 부당한 인사발령으로 판단될 소지가 있습니다.

그런데 정기 인사발령의 경우에는 신고 사건의 진행과는 별개로 이뤄지는 전사적인 인사이동입니다. 보통 이와 같은 정기 인사발령은 내부적인 기준에 따라 계획이 수립되고, 필요한 절차를 걸쳐 확정 시행되기 때문에 구성원들이 예측성을 갖고 있기도 합니다. 신고 사건과 관련이 없는 인사발령이라면 무조건 부당한 인사발령이라고 할 수 없습니다.

다만, 사례에서는 보호조치 결정 과정에서 이미 거절했던 상황이 있었던 만큼 인사명령을 내리되, 사건이 종결될 때까지는 시행을 유보하는 것으로 결정하는 것이 합리적인 결정이라고 판단됩니다.

## SECTION 3 Process
### 피해자 보호와 조치

# 피해자가 보호조치로
# 6개월 유급 휴직을 요청했습니다

제3항의 조치가 조사기간 중의 임시적인 조치라면, 제4항에서는 피해 근로자가 안전하고 건강하게 계속 근로를
할 수 있도록 근무 장소의 변경, 배치전환, 유급 휴가 명령 등의 적절한 인사 처분입니다.
직장 내 괴롭힘 사실이 확인된 시점에 실무에서는 상담 또는 조사 과정에서 고충 상담원이나 조사자가
신고인의 요구사항을 미리 파악해두고 있는 것이 가장 바람직합니다.

### Q1.
직장 내 괴롭힘 조사가 끝났습니다.
조사보고서도 받았고요.
그럼 조사보고서대로 확정하고
조치해도 될까요?

**관련 법조항**

**근로기준법 제76조의3
(직장 내 괴롭힘 발생 시 조치)**
❹ 사용자는 제2항에 따른 조사 결과 직장 내 괴롭힘 발생 사실이 확인된 때에는 피해 근로자가 요청하면 근무장소의 변경, 배치전환, 유급휴가 명령 등 적절한 조치를 하여야 한다.

제116조② 제76조의3 제4항을 위반한 자는 500만원 이하의 과태료를 부과한다.

**A1.** 당사자 등을 대상으로 객관적인 조사가 잘 진행됐다면, 그에 따른 결과보고서는 최종 인사권자에게 보고가 될 것입니다. 조사보고서의 결과에 따른 괴롭힘 성립 여부에 대한 최종적인 결정과 당사자들에 대한 인사 조치에 관한 결정 권한은 결국 최종 인사권자의 몫이 될 가능성이 높습니다. 따라서 최종 인사권자가 조사보고서의 내용에 따라 괴롭힘 성립에 대한 최종 확정, 인사 조치하는 것은 법률상 문제가 없습니다.

다만 직장 내 괴롭힘은 전문성이 있어야 하는 부분이 많아 취업규칙 등을 통해 괴롭힘 성립 여부를 판단하는 단위나 인사 조치를 결정하는 단위를 별도로 두는 경우가 많습니다. 이와 같이 취업규칙에 조사보고서에 대한 최종 판단이나 인사 조치에 관한 심의·의결 단위가 별도로 있는 경우에는 그 절차에 따라 진행해야 합니다.

한편 이와 같은 내부 규정이 구체적으로 마련되지 않았거나 소규모 사업장인 경우 최종 인사권자가 전문가의 자문 의견을 받아 최종 확정 조치를 하는 것이 사건을 처리하는 데에 있어 객관성과 공정성, 전문성을 확보하는 방법입니다.

### Q2.
별도 위원회를 열어 직장 내 괴롭힘
성립 여부를 확정하려고 합니다.
대표가 규정에는 없지만
외부 전문가를 꼭 참석시키라고 합니다.
그렇게 진행해도 될까요?

**A2.** 직장 내 괴롭힘 사건은 사실 상당히 어렵습니다. 철저하게 주인공(protagonist)과 악당(antagonist) 관계가 눈에 보이면 수월하겠지만, 수 많은 사건들은 그런 관계가 성립되지 않습니다. 저

니다.

규정이 없는 상황이더라도 전문가를 외부 위원으로 참석하게 해 심의하는 것이 당사자에게 특별히 불리할 이유가 없고, 사안을 명확하게 처리하기 위해 권장되는 방법이므로 사례와 같은 지시를 이행하는 것에는 문제가 없습니다. 회사에서는 이러한 절차로 진행하고자 하는 이유와 취지에 대해 신고인 및 피신고인에게 사전에 잘 안내해 절차를 진행해야 합니다. 규정상, 또는 규정에는 없더라도 외부 위원의 요청으로 당사자 소명이 필요할 수 있기 때문입니다.

### Q3. 별도 고충심의위원회 말고 인사위원회에서 심의해도 되나요?

**직장 내 괴롭힘 신고 건수 대비 불리한 처우 비율**
53.5% 조치의무 위반
34.6% 불이익
자료 직장갑질119 ※2021년 기준

**A3.** 괴롭힘에 대한 객관적인 조사가 완료된 이후, 괴롭힘 성립 여부에 대한 판단 권한을 고충심의위원회에 둘 것인지, 인사위원회에 둘 것인지, 최종 인사권자가 독자적으로 판단할 것인지는 각 조직에서 결정할 문제입니다. 즉, 객관성과 전문성, 공정성을 충분히 확보하고 법 위반 소지가 없도록 하기 위한 다양한 장치를 마련하고자 괴롭힘 고충심의위원회를 별도로 두는 조직도 많이 있는데, 반드시 그렇게 해야 하는 것은 아닙니다.

따라서 별도의 고충심의위원회를 거치지 않고 인사위원회가 괴롭힘 성립 여부를 판단하고, 최종 인사 조치까지 결정할 수 있는 권한을 가진다고 규정하고 있다면

마다의 사정과 이해할 수 있는 맥락이 있기 때문이지요.

확보한 자료만으로는 사실관계를 확정할 수 없는 경우도 부지기수고, 어렵게 사실관계를 확정했더라도 직장 내 괴롭힘 요건에 들어맞는지 판단하는 것도 보통 일은 아닙니다. 따라서 관련 사건을 많이 다뤄보고, 직장 내 괴롭힘 성립 여부 판단에 대한 믿을 만한 경력 있는 전문가의 판단이나 자문이 필요한 영역이라고 할 수 있습니다.

따라서 객관적이고 공정한 판단을 하기 위해 전문성을 갖춘 위원들로 구성된 별도의 위원회에서 심의한 뒤 결정하는 것이 바람직합니다. 이를 위해 외부 전문가 풀을 구성하기 위한 근거, 세부적 규정 등을 갖출 필요가 있습

## SECTION 3 Process
## 피해자 보호와 조치

없었다는 것만으로 법 위반 소지는 없다고 할 수 있습니다.

괴롭힘 피해 사실이 확인된 이후의 조치는 피해자와 행위자의 분리 필요성에 따라 일반적으로는 행위자에 대한 배치전환이라는 방식을 취합니다. 행위자에 대한 인사 조치를 통해 피해자에 대한 보호가 이뤄진다면 피해자가 더 원하는 것이 없을 수도 있겠지요. 그러나 피해자가 2차 피해의 우려나 피해의 복구를 위해 본인이 배치 전환되기를 희망하거나 행위자에 대한 인사 조치와는 별개로 본인의 회복과 휴식을 위한 유급휴가를 원할 수도 있습니다. 사후에라도 피해자의 요구 사항을 파악해 적절한 방법을 찾아주는 것도 좋습니다.

내부 규정에 따라 인사위원회에서 심의해도 무방합니다. 그러나 내부 규정에 괴롭힘 성립 여부에 대한 심의·의결 권한을 괴롭힘 고충심의위원회에 두고 있다면 반드시 고충심의위원회의 판단을 거쳐야 절차 위반이 되지 않습니다.

**Q4.** 장 내 괴롭힘 성립으로 판단됐는데, 피해자가 아무런 조치도 원하지 않는 상황입니다. 조치를 하지 않으면 법 위반 아닌가요?

**A4.** 피해 근로자의 요청이 없는 경우라면 피해자에 대한 조치가

**Q5.** 피해자가 특수전문직이라, 다른 부서로 발령을 낼 수 없는 상황입니다. 인사발령 외에 피해자에 대한 보호조치는 어떤 게 있나요?

**A5.** 피해 근로자가 요청하는 경우 근무 장소의 변경, 배치전환, 유급휴가 명령 등의 방법으로 피해자의 회복과 계속 근로를 안전하게 보장해주는 것은 사용자의 의무입니다. 피해자에 대해 반드시 부서 이동 등 인사 조치를 해야 하는 것이 아니므로, 이 경우에는 피해자의 회복을 위한 지원 방법을 고민해 볼 수 있겠지요. 예컨대 심리 치유 프로그램에 참여할 수 있도록 기관을 안내 또는 비용을 지원하거나 해당 시간을 유급으로 처리해주는 방법, 재택 근무나 일정 기간 근로시간 단축도 하나

의 방법이 될 수 있습니다. 또한 행위자와 업무적 연관성이 있는 경우에는 해당 부서에서 계속 근무하더라도 일정 기간 동안 세부적인 담당 업무를 변경하거나 배제하는 것도 고민해 볼 수 있습니다. 이와 같은 방법은 피해자가 요청하는 사항이나 사업장의 여건에 따라 다양하게 모색해 볼 수 있습니다.

## Q6.
피해자가 보호조치로 6개월 유급 휴직을 요청하고 있습니다. 병원에서 정신적 회복이 필요하다며 6개월 안정가료를 요한다는 진단서도 제출한 상황입니다. 요청대로 들어줘야 하나요?

**A6.** 괴롭힘 피해로 인한 정신적, 신체적 손상을 회복하기 위한 일정 기간의 휴식은 피해자가 건강한 상태로 회복해 근로 제공을 할 수 있도록 지원하는 조치입니다. 그런데 법은 그 구체적인 기간은 정하지 않고 있어 사용자가 사업장의 상황과 여건, 정책에 따라 자율적으로 결정하도록 하고 있습니다.

따라서 피해자가 6개월 정도의 휴직을 원하고 있고 근거 자료를 첨부한 상황에서 그 요구가 합리성과 적절성이 있다면 이를 수용하는 것이 이 조항의 취지에 맞습니다. 다만 합리성과 적절성에 대한 판단의 기준, 유급휴가 부여의 근거, 유급휴가 부여 시 기간의 설정 등을 체계적으로 마련할 필요가 있습니다. 그래야 피해자의 요구를 수용하거나 거절 또는 조정하는 경우에도 합리적인 근거로 활용할 수 있으니까요. 그것이 모두 '고충 처리시스템'의 범위에 포함되기도 합니다.

### 직장 내 괴롭힘을 당했을 때 대응

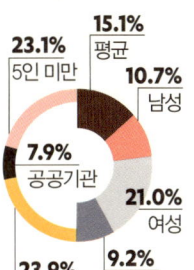

괴롭힘 대응
**76.2%**
참거나 모르는 척했다

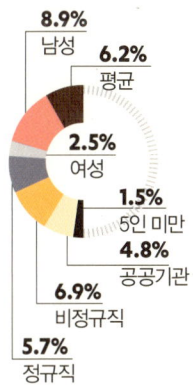

회사를 그만뒀다
- 평균 15.1%
- 남성 10.7%
- 여성 21.0%
- 정규직 9.2%
- 비정규직 23.9%
- 공공기관 7.9%
- 5인 미만 23.1%

신고했다 (회사, 노조, 관련기관)
- 남성 8.9%
- 평균 6.2%
- 여성 2.5%
- 5인 미만 1.5%
- 공공기관 4.8%
- 비정규직 6.9%
- 정규직 5.7%

자료 직장갑질119, 공공상생연대기금
※2022년 기준

가령 사안과 같이 유급 휴직의 경우 회사는 ① 유급으로 보장할 수 있는 기간과 요건, ② 유급 처리되는 임금 항목의 범위, ③ 유급과 무급을 모두 합쳐 휴직을 부여할 수 있는 기간과 요건을 사전에 규정으로 수립하는 것이 바람직합니다. 일각에서는 규정으로 유급 휴직 등을 보장하는 경우에는 이를 노리고 절차를 악용할 수도 있다는 우려를 표하기도 합니다. 그러나 피해자가 요청하는 유급 휴직 부여를 결정하면서 관련 규정에 그 근거와 방법, 판단기준을 정해둔다면, 악용의 사례는 막을 수 있습니다.

피해자가 요구하는 내용대로 반드시 들어줘야 하는 법적 의무는 없지만, 별도로 관련 규정이 없는 상황에서 회사의 여건이 허락하는 한 피해자의 온전한 회복을 위해 최대한 배려하는 방향으로 의사결정을 내릴 것을 권합니다.

## Q7.
피해자 보호조치로 유급휴가를 주려고 하는데, 혹시 연차휴가를 먼저 쓰게 해도 되나요?

**A7.** 근로기준법 제60조 제5항에 따라 근로자는 자신에게 발생한 연차휴가 사용시기를 자신이 결정할 수 있고, 사용자는 사업 운영에 막대한 지장이 있는 경우에 한해 그 시기를 변경할 수 있습니다. 이에 따르면 사용자가 유급휴가를 명령하면서 피해자에게 자신의 연차유급휴가를 사용하라고 하는 것은 근로자의 연차유급휴가

## SECTION 3 Process
### 피해자 보호와 조치

시기 지정권을 침해하게 됩니다. 따라서 연차유급휴가를 먼저 사용하도록 강제하는 것은 불가하며 피해자에 대한 적절한 조치를 취하라는 법 취지에도 부합하지 않습니다. 그럼에도 연차휴가를 사용하도록 강권하는 경우 그 자체로 직장 내 괴롭힘이 되거나 제6항의 불리한 처우가 될 수도 있으니 괴롭힘 피해자에게 유급휴가를 부여하는 것과 관련한 내부적인 기준을 마련해 두면 좋습니다.

**Q8.** 직장 내 괴롭힘 성립으로 결론이 났는데, 가해자가 이의를 제기한 상황입니다. 가해자의 이의 제기가 마무리되기 전에 조치를 해도 되나요?

**A8.** 회사의 처분에 대해 직장 내 괴롭힘 행위자가 불복을 할 수 있는 방법은 여러 가지가 있습니다. 우선 괴롭힘 성립 여부 판단 결과에 대한 이의 제기가 있을 수 있고, 괴롭힘 행위 사실에 대한 징계 등의 인사 조치에 대해 불복할 수도 있습니다. 이것은 모두 조직 안에서의 이의 제기인데, 모두 내부 규정에 그 절차가 명시적으로 존재하는 경우에 한합니다. 외부 기관을 통한 문제 제기는 노동위원회나 법원을 통한 불복도 있습니다.

어떤 경우든지 행위자의 이의 제기를 이유로 피해자에 대한 조치를 하지 않거나 중단하는 것은 법 위반 소지가 있습니다. 행위자의 이의 제기는 회사의 결정에 대한 본인의 권리행사일뿐이며, 권리행사로 인해 피해자의 권리를 침해할 수는 없기 때문입니다. 회사의 판단 및 조치 결정이 내려졌다면 그 결정에 따라 피해자에게 적절한 조치를 신속히 하는 것이 회사의 법적인 의무이자, 유보할 수 없는 피해 근로자의 권리라는 점을 기억해야 합니다.

**Q9.** 부서장의 '과도한 감시'가 직장 내 괴롭힘으로 인정된 상황입니다. 본인이 앉은 자리에서 다른 직원들의 모니터를 다 볼 수 있도록 책상을 배치한 것인데요. 혹시 보호조치로서 그냥 책상 재배치로만 마무리해도 되나요?

**A9.** 피해 근로자에 대한 보호조치를 결정하는 데에 있어 중요한 기준은 피해의 회복과 괴롭힘 행위의 중단,

피해자의 심신 회복, 행위자와의 분리 등이 있습니다. 보호조치의 구체적인 내용은 이와 같은 취지에 맞게 결정이 돼야 하는데, 문제가 됐던 괴롭힘 행위가 만약 '과도한 감시'라고 한다면 행위가 중단될 수 있도록 책상을 재배치하는 것도 적절한 보호조치의 방법이라고 할 수 있습니다.

그런데 만약 피해자가 행위자의 보복이 두려워 행위자와의 분리를 요청한다면 사용자는 그 요청에 따라 행위자와의 분리가 가능한 방법을 모색해야 합니다. 사용자가 피해자의 요청 사항 모두를 응해야 하는 것은 아니지만, 피해자의 분리 요청이 있었다면 행위자와의 분리의 요청에 대한 검토와 그 방안을 찾아 봐야 합니다.

따라서 실무에서는 책상 재배치와 같은 조치만으로도 안전한 근무 환경이 조성될 수 있는지 여부와 행위자와의 분리의 필요성을 더욱 면밀하게 검토해 피해 근로자의 요청에 따른 조치 방법을 추가로 찾아야 할 것입니다.

그런데 신고인에 대한 보호조치에 관해서는 다른 측면에서 고민해봐야 합니다. 이는 제76조의3제6항과도 연관이 있습니다. 제76조의3제6항에서의 불리한 처우 금지의 적용 대상은 피해 근로자뿐만이 아니라 피해를 주장하는 근로자, 신고인에게도 적용이 됩니다. 피해자가 아닌 신고인에 대한 인사발령의 결정은 단순히 제4항의 적용 대상이 아니라는 점만으로 그 요청을 배척하기보다는 신고인에 대한 2차 피해의 예방을 위한 관점에서 이뤄져야 하므로 그에 따른 사후 조치를 고려해야 합니다.

### Q10.
직장 내 괴롭힘이 성립되지 않았는데, 신고인이 2차 피해가 두렵다며 인사발령을 요구하고 있는 상황입니다. 이런 상황에서는 보호조치를 안 해도 되나요?

### A10.
제4항은 괴롭힘 사실이 확인된 때 즉, 직장 내 괴롭힘이 성립된 경우에 있어서 피해자에 대한 보호조치에 관한 내용입니다. 따라서 직장 내 괴롭힘 성립이 되지 않는 경우에는 신고인은 제4항의 적용 대상이 아니라고 보는 것이 타당하겠지요.

## SECTION 3 Process
### 행위자에 대한 조치

# 외부위원들은 행위가 경미하다고 하는데 반드시 징계를 해야 하나요

괴롭힘 사건 해결에 있어 가장 중요한 원칙은 괴롭힘 행위자에게 자신의 언행에 대한 책임을 묻고, 피해자를 보호하는 것입니다. 행위자에 대한 제재와 재발 방지를 위한 후속 조치 명령은 그 자체가 직장 내 괴롭힘의 예방적 효과를 거두는 문제이므로 매우 중요합니다. 제5항은 바로 괴롭힘 행위자에 대한 사용자의 조치 의무에 관한 사항입니다.

### Q1. 직장 내 괴롭힘 행위자에 대한 조치로는 어떤 게 있나요?

**A1.** 직장 내 괴롭힘 사실이 확인되면 행위 지목자 즉, 피신고인은 '행위자'가 됩니다. 제5항에서 사용자에게 지체없이 행위자에 대해 필요한 조치를 하도록 법적 의무를 부과한 것은 행위자에게 자신의 행위에 대해 책임을 지우고 재발 방지를 위한 조치를 통해 건강하고 안전한 조직문화를 조성하기 위해서입니다.

제5항에서는 '징계, 근무 장소의 변경 등'이라고 조치 방법에 대한 예시를 들고 있는데, 그 조치 내용에 대한 결정 권한은 사용자에게 있으므로 법의 취지에 맞게 결정하면 됩니다. 이와 같은 조치는 괴롭힘 행위의 정도와 수준, 고의 또는 과실 유무와 정도, 사업장에 미치는 영향, 재발 방지를 위한 대책, 피해 근로자가 기대하고 있는 조치의 수준까지 감안해 결정합니다.

#### 관련 법조항
**근로기준법 제76조의3 (직장 내 괴롭힘 발생 시 조치)**
❺ 사용자는 제2항에 따른 조사 결과 직장 내 괴롭힘 발생 사실이 확인된 때에는 지체 없이 행위자에 대하여 징계, 근무장소의 변경 등 필요한 조치를 해야 한다. 이 경우 사용자는 징계 등의 조치를 하기 전에 그 조치에 대해 피해 근로자의 의견을 들어야 한다.

**제116조② 제76조의3 제5항을 위반한 자는 500만원 이하의 과태료를 부과한다.**

행위자에 대한 조치는 징계, 근무 장소의 변경, 부서의 이동, 업무의 변경, 공식적인 사과의 권고, 재발 방지를 위한 교육 이수 명령 또는 코칭 교육 이수 명령도 있을 수 있습니다. 이와 같은 사과의 권고나 교육 이수는 징계 처분과 함께 병과할 수도 있겠습니다.

### Q2. 직장 내 괴롭힘 조사 결과 성립으로 판단됐습니다. 그런데 외부위원의 의견은 행위가 경미하다고 합니다. 반드시 징계를 해야 하나요?

**A2.** 행위자에 대한 처분을 하는데 있어 징계가 반드시 법적인 의무라고 볼 수는 없습니다. 괴롭힘 행위자에 대한 징계 조치가 행위자에 대한 적절한 조치의 한 방법으로 주로 이뤄지기는 합니다. 하지만 행위자에 대한 조치의 근본적인 목적 중 하나가 재발 방지와 행위자의 행동 개선이라고 봤을 때 사용자는 그 행위의 수준과 특징, 사업장에 미치는 영향 등을 두루 고

려할 수 있습니다.

만약 그 행위의 정도가 상대적으로 경미하고 행위자 스스로가 반성과 개전의 뜻이 확실한 경우 징계보다는 재발 방지 교육이나 인권 교육 이수 등을 통해 변화의 기회를 제공하는 것도 효과적입니다. 물론 징계와 교육 이수는 동시에 내릴 수 있는 조치이기도 합니다.

한편, 외부위원 등 제3자의 관점에서 경미한 행위로 보이는 경우라 할지라도 최소한의 경고와 재발 방지, 경각심 부여 의미에서 견책, 서면 경고 조치 등을 할 수도 있습니다. 물론 행위의 경중이나 피해 근로자의 규모 등을 고려해 징계 수위를 잘 판단해 봐야합니다.

**Q3.**
직장 내 괴롭힘이 성립되지 않는 것으로 결론이 났는데, 판단이 영 미덥지 않고, 피신고인의 태도가 불손해 신고인에게 보복을 할까봐 불안합니다.
경고의 의미로 징계를 해도 되나요?

**A3.** 제5항에서의 행위자에 대한 조치는 직장 내 괴롭힘이 발생했을 경우 필요한 조치를 반드시 하라는 의미이므로 괴롭힘이 성립되지 않은 경우에는 제5항이 적용되지 않습니다. 그런데 제5항의 의미가 괴롭힘으로 성립되지 않은 경우에는 행위자에 대한 조치를 할 수 없다는 의미는 아닙니다.

즉, 직장 내 괴롭힘 성립 요건상 일부의 요건에 해당하지 않아 직장 내 괴롭힘에는 해당이 되지 않을 뿐 행위자의 특정 행위 사실이 확인됐고 그와 같은 행위가 구성원의 행위로서는 문제가 있거나 부적절할 경우 또는 취업규칙이나 다른 규정을 위반한 사실이 확인된다면, 사용자는 해당자에 대해 징계를 결정할 수 있습니다. 이 경우에도 징계의 사유와 양정의 적절성, 절차적 정당성은 확보돼야 한다는 점은 기억해야 합니다.

물론 취업규칙 또는 다른 규정을 위반한 행위가 아님에도 불구하고 단지 '경고의 의미' 만을 목적으로 하는 징계 처분이라면, 그 처분의 정당성을 확보하기 어려울 수 있습니다. 징계가 정당하지 못한 경우에는 부당징계로서 무효가 될 수 있으니까요.

## SECTION 3 Process
### 행위자에 대한 조치

**Q4.**
행위자에 대한 조치까지 모두 마무리한 상황입니다. 그런데 피해자가 계속 조치가 부족하다며 인사팀에 연락해 행위자에게 추가 조치를 하라고 하네요. 어떻게 하면 좋을까요?

**A4.** 행위자에 대한 필요한 조치의 결정은 회사의 권한입니다. 피해자 입장에서 회사가 결정한 조치의 수준이 경미하거나 부족한 측면이 있다고 느낄 수는 있겠지만, 피해자가 회사의 조치 결정에도 불구하고 지속해서 추가 조치를 요구한다고 해서 반드시 그 의견을 수용해야 할 의무는 없습니다.

물론 피해자를 조사 절차에 충분히 참여시켜 정보를 제공하는 것은 매우 중요합니다. 특히 회사의 절차 이행에 대한 불만족이 발생하지 않도록 사전에 피해 근로자의 의견을 충분히 청취하는 과정, 조치 결정이 난 뒤 당사자에게 충분히 설명하는 과정은 피해자가 자신의 문제를 해결하는 과정에서의 실질적인 당사자로서 처리 과정에서 소외되지 않도록 배려하는 의미가 될 수 있지요.

따라서 회사의 조치가 합리적인 수준에서 필요한 조치로 결정이 됐다면, 이를 피해자가 납득할 수 있도록 충분히 설명하는 노력이 필요합니다. 또한 이 과정에서 피해 근로자 등이 우려하고 있는 점이나 두려움을 덜고 다양한 방법 등을 논의하고 지원한다면, 피해자의 니즈를 충족시킬 수 있을 것입니다.

일례로, 행위자에게 징계 조치 후 인사발령을 내렸는데, 피해자가 행위자를 아예 지방으로 보내달라고 요구했습니다. 그러한 요구의 본질적 목적은 '행위자와 완전히 마주치는 일이 없었으면 좋겠다'라는 심리겠지요. 이때 회사로서는 지방 발령이라는 무리한 재처분보다는 행위자가 피해자와 마주치지 않을 수 있게끔 행위자의 동선과 이동시간 또는 피해자에 대한 무리한 대화 시도 등을 통제하는 방법도 고려할 수 있습니다.

한편 피해자에게도 현실적으로 완전히 마주치는 일이 없도록 하는 것은 사실상 불가능하다는 점을 최대한 설득하고 필요한 경우 피해자가 가진 두려움을 해소할 수 있도록 상담 등을 지원하는 것도 방법입니다.

## Q5.
피해 근로자가 행위자에 대한 징계 조치를 하지 말아 달라고 간곡하게 요청하고 있는 상황에서 아무리 인사권이 사용자의 고유권한이라고 해도 피해자의 의사를 무시하고 강행하기가 어렵습니다. 다른 방법은 없을까요?

**피해자 상담 시 유의사항**

- 피해자의 이야기를 경청한다
- 피해 정도는 충분한 시간을 들여 파악한다
- 사건 해결을 위한 법 제도, 사내 제도·절차 정보를 제공한다
- 피해자의 요청사항을 정확하게 파악하고, 그에 맞는 절차로 진행한다

## A5.
피해자가 행위자에 대한 징계 조치를 바라지 않을 때는 어차피 다시 같이 일해야 할 사람이기 때문인 경우가 많습니다. 특히 사업장이 한 곳에 있어 분리가 원천적으로 불가능하거나, 업무 특성상 계속 같이 근무해야 하는 경우에 해당합니다. 이런 경우라면, 피해자의 부담감을 이해할 수는 있습니다. 자신으로 인해 행위자가 징계받았다고 생각하거나 행위자가 이후 앙심을 품고 2차 가해를 할까봐 우려하는 것일 테니까요.

그러나 책임과 부담은 행위자가 져야 합니다. 여기에서 책임과 부담이란 '행위자가 자기 생각과 행동을 변화시켜야 할 책임'과 '자신이 손해를 끼친 사람과 마주치는 것에 대한 부담'을 말합니다. 또한 추후에 같은 행위가 발생하는 경우, 이전에 징계 조치를 하지 않은 것이 '선례'가 되기도 합니다. 다른 구성원의 비슷한 행위에 대해 징계를 하지 못하게 되는 불상사가 발생할 수도 있다는 뜻입니다.

이 점을 충분히 이해하고 있음에도 불구하고 피해자가 징계를 원치 않는 경우라면, 피해자의 의견을 존중할 필요도 있습니다. 그러나 실질적인 재발 방지를 위해서 징계 이외의 방법으로라도 행위자의 생각과 행동을 변화시키는 노력은 지속해야 합니다. 어떠한 점이 잘못됐는지, 향후 어떻게 존중하는 방식으로 일할 것인지를 코칭해 줄 필요도 있겠지요. 반성과 성찰, 긍정적 태도로 행위 변화를 위해 코칭이나 교육, 상담 등을 이행하게 하고 이후 모니터링을 시행하는 것도 "행위자에 대한 필요한 조치"의 취지를 살릴 수 있는 좋은 방법입니다.

## Q6.
행위자에 대한 조치 외에 회사에서 필요하다고 판단되는 다른 조치를 추가로 할 수도 있는 건가요?

## A6.
물론 할 수 있습니다. 법에서는 괴롭힘 사실이 확인된 때 피해자와 행위자에 대해 조치를 하는 것까지 의무로 규정하고는 있지만, 어떤 경우에는 특정 조치만으로 근본적인 원인이 해소되지 않기도 합니다. 진정한 재발 방지를 위해서는 직장 내 괴롭힘이 발생하게 된 원인을 중심

## SECTION 3 Process
## 행위자에 대한 조치

으로 조직문화, 업무 관행, 구성원들 간 의사소통의 방식 등을 전반적으로 개선하기 위한 혜안이 필요할 때가 있지요.
궁극적으로 일하는 방식 자체를 개선할 수 있는 계기로 삼는 것이 바람직합니다. 상호 존중의 조직문화 목표를 수립하고, 이를 뒷받침할 수 있는 제도적 개선까지 나아갈 수 있다면 좋겠지요. 직장 내 괴롭힘 예방과 근절의 의지가 확고하다면 회사에서 필요하다고 판단되는 추가적인 조치를 하는 것은 바람직한 방향이라고 할 수 있습니다.
이를 위해 사건의 당사자들을 포함해 사건이 발생한 부서를 대상으로 한 모니터링이나 심층 면접, 전사적인 실태조사, 특별예방 교육, 사건 발생의 원인에 대한 진단 및 대책의 수립, 관리자 대상 리더십 교육, 조직문화 개선 교육, 업무 분장 재편성 및 프로세스 리스트럭처링, 기타 관행적 업무 수행 방식 개선 방안의 마련 등 각 기업과 사안의 특성에 따라 개선 방향을 모색해야 합니다.

### 리스트럭처링
**RESTRUCTURING**
경영 제고를 위해 사업 단위들을 어떻게 통합해 나갈 것인가를 결정하는 중장기 경영 혁신 전략.

### Q7.
피해자가 행위자에 대한 조치 내용을 구체적으로 요구하며 자신의 요구를 따르지 않으면 언론에 제보하겠다고 합니다. 법에는 피해자의 의견을 청취하라고 하고 있는데, 그렇다면 회사는 피해자의 요구에 모두 따라야 하나요?

### A7.
결론부터 말씀드리면, 회사가 피해 근로자의 요구에 반드시 따라야 할 법적 의무를 지지는 않습니다. 다만 '언론에 제보'하겠다는 외적 압박을 통해 본인이 원하는 바를 관철하고자 하는 피해자에 대한 사안이어서 더 조심스러울 것입니다.
직장 내 괴롭힘 피해를 입었다는 사실만으로 피해자가 하는 모든 행위가 정당화될 수는 없으며, 법에 근거가 없는 의무를 만들어 낼 수도 없습니다. 그러나 회사로서는 직접 채용한 소중한 직원이 왜 외적 압박 수단인 언론을 동원하면서까지 자신의 요구 사항을 관철하고자 하는지를 들어볼 필요가 있습니다. 피해자로서는 회사에서 고려하는 조치가 피해 수준에 비해 강도가 낮다고 여길 수도 있지요.
따라서 회사는 우선 피해자의 고충을 들은 후 현재 고려하고 있는 조치가 타당한지, 대외적으로 정당성을 확보할 수 있는지 등을 집중적으로 검토해봐야 합니다. 이 과정에서 전문가의 도움을 받을 수도 있겠지요. 만일 전문가 검토를 거친 후에도 부족한 점이 발견되지 않는다면 회사는 피해자에게 검토 과정과 내용을 상세히 공개하고 피해자를 설득할 수 있도록 노력할 필요가 있습니다.

다만 검토 결과 회사의 조치에 부족한 부분이 존재한다면 피해자의 요구를 수용하거나 혹은 전문가의 의견을 들어 조정적 선택지를 마련할 수도 있을 것입니다.

### Q8.
다수 직원이 한 직원에 대해 괴롭힘으로 신고를 한 사건이 있었습니다. 그런데 우위성이 인정되지 않아 직장 내 괴롭힘으로 판단하지 않았는데, 조사에 참여한 사람들 중 "행위자가 모든 문제의 원흉"이며 행위자를 해고하지 않으면 자신이 퇴사하겠다는 의견도 다수 나오고 있는 상황입니다. 다수의 직원이 집단으로 고충을 호소하고 있는 상황에서 이런 진술을 기초로 행위자를 해고하거나 징계해도 괜찮을까요?

### A8.
직장 내 괴롭힘 사건은 결국 직장 내 괴롭힘의 성립과 불성립으로 나뉩니다. 그런데 때로는 사안처럼 괴로움이 있지만 직장 내 괴롭힘은 아닌 경우도 발생합니다.

특히 조직 내에서 다수가 고충을 호소하고 있음에도 불구하고 해당 사건이 직장 내 괴롭힘으로 인정되지 않는다면 피신고인의 문제 행위는 더욱 강화될 소지가 있습니다. 회사가 괴롭힘이 아니라고 했으니 자신은 떳떳하다고 여기며 같은 행동을 반복할 수 있습니다. 게다가 오히려 신고한 근로자를 비난

> 궁극적으로 일하는 방식 자체를 개선할 수 있는 계기로 삼는 것이 바람직하다. 상호존중의 조직문화 목표를 수립하고, 이를 뒷받침할 수 있는 제도적 개선까지 나아갈 수 있다면 좋다.

하며 조직 내 입지를 약화할 가능성도 존재하지요.

이런 상황에서는 소속 근로자에 대한 안전배려 의무가 있는 회사의 역할이 매우 중요합니다. 비록 법적으로는 괴롭힘은 아니지만 피해 근로자 등이 신고하기까지의 고충과 어려움, 신고하기까지의 절실함에 대해 회사는 충분한 답변과 해결 방향을 제시하는 노력이 필요합니다.

이럴 때는 '고충처리'의 관점에서 접근해 최대한 고충을 해소할 수 있도록 조치해야 합니다. 필요하다면 교육이나 분리 조치를 고려할 수도 있지요. 마찬가지로 직원이 '행복하게' 일할 수 있도록 회사는 최대한의 배려를 해줘야 합니다. 직장 내 괴롭힘이 아닌 사건에 대해서도 필요한 조치를 취하는 것은 괴롭힘을 예방하기 위한 조치의 일환이라는 점을 잊지 말고, 사후 조치 방법에 대해 충분히 노력을 기울여야 합니다.

## SECTION 3 Process
### 불리한 처우 판단 기준

# 괴롭힘 예방교육에 참여하지 않도록 했는데 이것도 불리한 처우에 해당되나요

근로기준법 제76조의3제6항에서는 '해고나 그 밖의 불리한 처우'라고 해 불리한 처우의 범위가 어디까지인지 해석의 여지를 남겼지만, 남녀고용평등과 일·가정양립지원에 관한 법률 제14조제6항과 법원 판례 등을 근거로 해 불리한 처우를 판단할 수 있습니다.
다양한 질문에 대한 답을 통해 법이 말하고 있는 불리한 처우의 범위와 판단 기준을 살펴봤습니다.

### Q1.
직장 내 괴롭힘 조사 결과 괴롭힘으로 판단됐습니다. 그런데 행위자가 이의를 제기하며 맞신고를 해버렸네요. 그럼 행위자가 '신고인'이 되는 것인데, 이 경우에는 행위자에게 징계 등 조치를 할 수 없는 것인가요?

### 관련 법조항
**근로기준법 제76조의3 (직장 내 괴롭힘 발생 시 조치)**
⑥ 사용자는 직장 내 괴롭힘 발생 사실을 신고한 근로자 및 피해 근로자 등에게 해고나 그 밖의 불리한 처우를 해서는 아니 된다.

**제109조(벌칙)**
① 제76조의3제6항을 위반한 자는 3년 이하의 징역 또는 3000만원 이하의 벌금에 처한다.

**A1.** 행위자로 지목된 근로자가 조사 과정 중에 신고인을 추측해 맞신고를 하는 경우 회사는 곤혹스러울 수밖에 없습니다. 심증적으로 그와 같은 행위가 악의적인 보복성으로 해석이 되기 때문입니다. 나아가 괴롭힘 판단에 따라 행위자에 대한 조치를 시행할 때 행위자가 자신이 '신고인'임에도 불구하고 불리한 조치를 했다고 항의할 수도 있습니다.
그러나 제76조의3제6항에서의 불리한 처우 금지의 대상에 신고인이 포함되는 것은 맞지만, 회사가 행위자에 대한 조치를 시행하는 것은 앞선 사건에 대한 처분에 해당하므로 제6항을 이유로 행위자에 대한 인사처분을 원천적으로 하지 못하는 것은 아닙니다. 즉 사용자의 조치가 행위자가 제기한 신고사건과 관련이 없고 정당한 사유가 있다면 행위자가 신고인이라는 사실만으로 해당 조치가 제6항을 위반한 것이라고 보지 않습니다.

### Q2.
안타깝게도 직장 내 괴롭힘 피해자를 다른 직원들이 또다시 집단으로 따돌리는 피해가 발생했습니다. 혹시 이런 경우에도 불리한 처우로 형사처벌을 받을 수 있는 건가요?

**A2.** 직장 내 괴롭힘에 대한 사용자의 조치 의무는 대부분이 남녀고용평등법상 직장 내 성희롱 발생 시 사용자의 조치 의무와 같고, 고용노동부 매뉴얼 역시 성희롱에 관한 규정과 매뉴얼 및 대법원

판결 등을 참조해 안내하고 있습니다. 따라서 현행 남녀고용평등법 제14조제6항 각호는 근로기준법 제76조의3제6항의 불리한 처우를 의미한다고 해석할 수 있습니다.
그렇다면 우선 남녀고용평등법 제14조제6항의 각호는 다음과 같습니다.

**남녀고용평등과 일·가정양립 지원에 관한 법률**
제14조 ⑥ 사업주는 성희롱 발생 사실을 신고한 근로자 및 피해 근로자 등에게 다음 각 호의 어느 하나에 해당하는 불리한 처우를 하여서는 아니 된다.
① 파면, 해임, 해고 그 밖에 신분상실에 해당하는 불이익 조치
② 징계, 정직, 감봉, 강등, 승진 제한 등 부당한 인사조치

사용자가 괴롭힘 행위의 발생을 방치하거나 조장한다면 명백한 법 위반으로 형사 처벌의 대상이 될 수 있다.

③ 직무 미부여, 직무 재배치, 그 밖에 본인의 의사에 반하는 인사조치
④ 성과평가 또는 동료평가 등에서 차별이나 그에 따른 임금 또는 상여금 등의 차별 지급
⑤ 직업능력 개발 및 향상을 위한 교육훈련 기회의 제한
⑥ 집단 따돌림, 폭행 또는 폭언 등 정신적·신체적 손상을 가져오는 행위를 하거나 그 행위의 발생을 방치하는 행위
⑦ 그 밖에 신고를 한 근로자 및 피해 근로자 등의 의사에 반하는 불리한 처우

위 법 제6호에서는 집단 따돌림 등을 하거나 그 행위의 발생을 방치하는 행위를 불리한 처우의 예시로 들고 있습니다. 따라서 만약 사용자가 이와 같은 행위의 발생을 방치하거나 조장한다면 명백한 법 위반으로 형사 처벌의 대상이 될 수 있습니다. 물론 해당 행위를 새로운 직장 내 괴롭힘 사건으로 인지해 조사하고 조치하는 의무는 그대로 이행해야 합니다.

**Q3.**
직장 내 괴롭힘이 야간근무 시간대에 일어나서 피해자가 야간근무를 하지 않도록 근무 시간대를 조정해줬습니다. 그런데 피해자가 '월급이 줄어든다'며 불리한 처우를 했다고 주장합니다.
이게 불리한 처우인가요?

**A3.** 회사가 피해자의 보호와 회복의 촉진, 건강하고 안전한 근무 환경에서의 계속 근로를 장려하기 위해 적극적인 조치를 취하는 것은 바람직합니다. 그

## SECTION 3 *Process*
## 불리한 처우 판단 기준

런데 회사가 피해자를 위해 취한 조치가 결론적으로 피해자가 원치 않는 금전상의 불이익을 초래하는 것이라면 불리한 처우로 볼 수도 있습니다.

청주지법 판결에서는 "불리한 처우인지 판단함에 있어 피해 근로자의 주관적 의사를 가장 중요한 요소로 고려해야 한다고 보는 것이 타당하다"라고 판시하고 있습니다. 해당 판결에서 회사는 괴롭힘 피해 근로자에게 다른 병원 구내식당으로 전보 조치를 하면서 기존의 병원보다 1일 식수 인원이 더 적어 노동강도가 낮고, 시설이 현대화돼 더 쾌적하며, 구성원들 간 소통이 더 원활하기 때문에 불리한 처우라고 볼 수 없다고 주장했음에도 불구하고, 해당 전보 조치는 업무상 필요성이 없으며 출퇴근에 어려움이 많고, 신의성실 원칙상 요구되는 최소한의 사전 협의 절차도 거치지 않은 점을 들어 불리한 조치로 판단했습니다.

그렇다면 회사가 근무 시간대를 조정해준 시점에 피해자가 그러한 조치를 원했는지 여부가 핵심적 쟁점이 될 것입니다. 질문에서는 드러나지 않지만, 만약 피해자 자신이 야간 근무에서의 배제를 특별히 원하지 않았고, 그와 같은 근무 명령으로 인해 실제로 급여 삭감의 결과를 초래했다면, 이는 불리한 처우로 볼 수도 있습니다. 따라서 실무적으로는 이와 같은 근무 명령을 내리기 전에 해당 근로자의 의사를 먼저 타진해봐야합니다.

### 불리한 처우의 예
- 신분 상실
- 부당 인사
- 성과 평가와 임금 등 차별 지급
- 교육훈련 기회 제한
- 집단 따돌림 등 정신적·신체적 손상 행위
- 의사에 반하는 불리한 처우

### Q4.
직장 내 괴롭힘 피해자에 대한 배려로, 직장 내 괴롭힘 예방 교육에 참여하지 않도록 조치했습니다. 교육 과정에서 트라우마가 떠오르면 안 되니까요. 그런데 이것도 불리한 처우에 해당할까요?

### A4.
불리한 처우의 범위에 관해 법은 해고 이외에 구체적으로 어떠한 조치가 불리한 처우에 해당하는지 규정하고 있지 않습니다. 해고나 그 밖의 불리한 처우로서 정직, 전보, 임금 삭감 조치 등이 피해자 입장에서 불리한 조치라면 이 법의 위반으로 파악할 수 있습니다. 그렇다면 사례와 같이 교육에 참여하지 않도록 하는 것은 어떨까요?

현행 남녀고용평등법 제14조제6항 각호는 근로기준법 제76조의3제6항의 불리한 처우를 의미하는 것으로 해석합니다.

사례처럼 '교육 참여에서의 배제'라고 한다면 제5호의 내용을 기준으로 검토해볼 수 있겠

는데요. 제5호에서의 교육이라 함은 '직업능력 개발 및 향상을 위한 교육'을 말하며, 그와 같은 교육의 기회 제한이나 배제, 불참으로 인해 차별적 결과를 초래하는 성격의 교육훈련이라면 불리한 처우로 볼 수 있습니다.

서울북부지방법원은 사회복지법인이 설립한 장애인 거주시설 교사의 성희롱 피해 사건에서 "피고(장애인 거주시설의 원장)는 원고(피해 교사)가 성희롱 피해사실을 알리고 가해자에 대한 처벌을 요구한다는 이유로 2015년 1월부터 4월까지 재활프로그램 운영에서 원고를 고의로 배제하고, 2015년 2월 26일 원고에게 다른 교사와 달리 식대를 지급하지 아니하였으며, 2015년 3월 5일 물품 인수인계서류에 교사 서명을 하지 못하게 하는 등으로 원고를 동료 직원과 차별하고 업무에서 배제한 것"을 불이익한 조치로 판단

하고 벌금 50만원을 선고했습니다.(북부지방법원 2018. 10. 25. 선고 2017가단102775) 그렇다면 직장 내 괴롭힘 예방 교육에 참여하지 않도록 한 조치는 불리한 처우라고 할 수 있을까요? 직장 내 괴롭힘 예방 교육 불참으로 인해 평가 등에 있어 불리한 결과를 초래하지 않는다면 그 자체로 불리한 처우라고 단정 짓기는 어려울 것입니다. 실무자가 피해자 본인의 의사는 어떠한지 사전에 묻고, 최종적인 의사 결정을 피해자가 하도록 하는 것은 어떨까요?

### Q5.
정직 3개월 처분을 받았던 행위자가 곧 복귀합니다. 피해자가 불안해하는 것 같아서 다음 주부터 재택근무를 하도록 조치했습니다. 그런데 피해자가 자신이 없는 사이에 이상한 소문이 돌게 될 것이라면서 회사의 재택근무 명령은 불리한 처우에 해당한다고 주장합니다. 이것도 불리한 처우가 될 수 있나요?

**A5.** 판례를 살펴보겠습니다. 직장 내 성희롱 사건의 불리한 처우에 관한 판결로 많이 언급되는 르노삼성자동차 사건에서 대법원은 "사업주의 조치가 피해 근로자 등에 대한 불리한 조치로서 위법한 것인지 여부는 불리한 조치가 직장 내 성희롱에 대한 문제 제기 등과 근접한 시기에 있었는지, 불리한 조치를 한 경위와 과정, 불리한 조치를 하면서 사업주가 내세운 사유가 피해 근로자 등의 문제 제기 이

## SECTION 3 Process
### 불리한 처우 판단 기준

**트라우마**
과거 경험했던 위기나 공포와 비슷한 일이 발생했을 때, 당시의 감정을 다시 느끼면서 심리적 불안을 겪는 증상을 말한다.

하는지 여부, 재택근무로 인해 평가나 보상에 있어서 불리한 결과를 초래하는지 여부 등을 종합적으로 봐야 합니다. 이와 같은 점들을 충분히 확인했는데 불리하다고 볼 수가 없다면 피해자의 주장처럼 "재택근무로 인해 이상한 소문이 돌 것"이라는 예단만으로 불리한 처우라고 단정하기는 어렵습니다. 하지만 당사자 본인이 원하지 않는데 회사가 재택근무 명령을 내리기에는 딱히 명분이 서지 않습니다. 따라서 회사는 불리한 처우인지 여부를 떠나서 재택근무 명령은 철회하고, 대신 피해자에게 문제 발생 시 즉시 신고할 수 있는 창구를 열어두는 등의 배려를 할 수 있을 것입니다.

**Q6.**
회사에 직장 내 괴롭힘 신고는 처음이라 담당자가 우왕좌왕하면서 내담자에게 제대로 안내도 못하고 아무 조치도 못하고 있는 사이 피해자가 보름 넘게 무단결근을 하고 있습니다. 연락도 두절된 상태인데, 이 정도면 퇴직 의사를 밝힌 것이 아닌가요. 혹시 퇴사 처리를 하면 불리한 처우가 될까요?

전부터 존재하였던 것인지, 피해 근로자 등의 행위로 인한 타인의 권리나 이익 침해 정도와 불리한 조치로 피해 근로자 등이 입은 불이익 정도, 불리한 조치가 종전 관행이나 동종 사안과 비교하여 이례적이거나 차별적인 취급인지 여부, 불리한 조치에 대하여 피해 근로자 등이 구제신청 등을 한 경우에는 그 경과 등을 종합적으로 고려하여 판단해야 한다.(대법원 2017. 12. 22. 선고 2016다202947판결)"라고 하고 있습니다.

판례에서 언급한 기준에 비춰보면, 사례의 경우 사용자의 재택근무 명령의 목적이나 경위를 먼저 살피고, 재택근무 명령이 불가피한 조치인지 여부, 피해자에 대한 재택근무 명령이 이례적이거나 차별적인 조치에 해당

**A6.** 직장 내 괴롭힘 사건으로 정신적 고통을 받아 우울증 에피소드나 적응 장애 등의 정신적 질환에 노출되는 경우가 많습니다. 만약 사용자의 피해자 등에 대한 보호조치가 제대로 이뤄지지 않은 상황에서 근로자가 괴롭힘의 피해로 인해 우울증이나 공황 장애 등 심리 불안 상태가 증폭되고 결국 회사에서 증상이 발현돼 전

사적으로 소문이 나고 회사 전체 분위기가 아주 나빠졌다거나 감정격분 상태에서 우발적으로 행동하는 경우, 신체적 상태의 악화로 인해 장기간 무단결근을 하는 경우 등에 대해 해고나 중징계했다면 이러한 처분의 정당성을 부인할 가능성이 높습니다. 정신적 질환을 이유로 한 강제 휴직 처분 역시 마찬가지입니다.

노동위원회는 피해 근로자의 무단결근, 절도, 폭행 등 통상적으로 징계 대상이 되는 비위행위에 대해 사용자가 대기발령, 휴직 불승인, 전보, 해고 등의 처분을 한 사안에서 근로자의 구제신청을 인용한 사례가 다수 있습니다. 사안들은 근로자의 비위행위에도 불구하고 해당 행위가 우발적 행위라는 점과 사용자가 근로자의 안전배려의무를 다하지 않은 점을 들어 해당 인사처분이 부당하다고 판단한 것입니다. 따라서 사례와 같은 경우에는 가급적 즉시 퇴사 처리하기보다 지속해서 다양한 채널로 연락을 시도해보고, 미뤄진 신고 대응은 즉시 개시하는 것이 바람직합니다.

 피해 근로자 등에 대한 불이익 처우 금지 위반 시 3년 이하의 징역, 3000만원 이하의 벌금, 민사적 손해배상 책임을 져야 한다.

> **PLUS**

### 직장 내 괴롭힘 방지를 위한 체크리스트

☐ 금지 행위를 구체적으로 정의하세요.

☐ 금지 규범을 모든 근로자에게 의무적으로 알리세요.

☐ 모든 근로자가 읽고 서명하도록 하세요.

☐ 신규 입사자에게 규범을 주지시키고, 위반 시 징계 등 효과에 대해 알려주세요.

☐ 반괴롭힘 규범을 채용과 해고 정책에 연계해 반영하세요.

☐ 고객에게도 괴롭힘 금지에 대한 규칙을 적용하세요.

☐ 직장 내 괴롭힘과 권한·지위 간 차이를 구분하게 하세요.

☐ 통상적 대화와 행위에 주목하세요.

☐ 어떻게 괴롭힘에 대응해야 하는지 교육하세요.

☐ '문제아' 낙인에 신중을 기하세요.

**직장 내 괴롭힘 사건 처리 결과 현황**
단위 건

- 1.0% 검찰 송치 — 기소 의견 30, 불기소 의견 71
- 13.8% 개선 지도
- 42.6% 취하
- 37.8% 기타
- 4.8% 처리 중

**1만340건** 접수 건수

자료 고용노동부, 용혜인 의원실 ※2019~2021년 기준

## SECTION 3 Process
### 비밀 누설 금지

# 신고인이 온라인 커뮤니티 사이트에 실명은 가린 채 유포해버렸습니다

2021년 10월 14일 개정 근로기준법을 통해 제76조의3제7항이 신설됐습니다. 이 조항은 비밀누설 금지 조항으로 남녀고용평등법에서의 성희롱 고충 사건에 대한 비밀누설 금지 조항과 같습니다.
조사가 진행된 사안이라면 고충의 직접적 대상이 된 사람과 간접적으로 연관된 사람 모두에게 비밀유지 의무가 발생하고, 그 사건에 관해 인지된 모든 정보가 기밀로 유지되는 것을 보장한다는 것을 의미합니다.

### Q1. 비밀유지 의무는 누가 지는 건가요?

**A1.** 제76조의3제7항에 따라 비밀유지 의무가 있는 사람은 '직장 내 괴롭힘 발생 사실을 조사한 사람, 조사 내용을 보고받은 사람, 그 밖에 조사 과정에 참여한 사람'입니다. 회사 직원인지 여부는 무관하지요.

비밀유지 의무를 지키기 위해 실무적으로는 우선 조사자에게도 비밀유지를 담보하는 장치로써 비밀유지 서약서를 작성하도록 하고, 조사당사자인 신고인과 피신고인, 참고인에게도 비밀유지 서약서를 작성하게 하며, 조사 과정에서 알게 된 비밀을 누설해서는 안 된다는 점을 확약받을 필요가 있습니다.

한편, 조사와 관련된 내용을 사용자에게 보고하거나 관계 기관의 요청에 따라 예컨대 상급 기관의 현장 점검이나 자료 제출 요구에 응하는 등의 정당한 사유가 있는 경우 필요한 정보를 제공하게 되는데, 이 경우는 비밀누설 금지 위반으로 보지 않습니다.

### 관련 법조항
**근로기준법 제76조의3 (직장 내 괴롭힘 발생 시 조치)**
❼ 제2항에 따라 직장 내 괴롭힘 발생 사실을 조사한 사람, 조사 내용을 보고받은 사람 및 그 밖에 조사 과정에 참여한 사람은 해당 조사 과정에서 알게 된 비밀을 피해 근로자 등의 의사에 반하여 다른 사람에게 누설하여서는 아니 된다. 다만, 조사와 관련된 내용을 사용자에게 보고하거나 관계 기관의 요청에 따라 필요한 정보를 제공하는 경우는 제외한다.

**제116조② 제76조의3 제7항을 위반한 자는 500만원 이하의 과태료 부과한다.**

### Q2. 신고인이 어느 날 새벽에 온라인 커뮤니티 사이트에서 실명은 가린 채 행위 내용이나 조사 과정을 모두 유포해버렸습니다. 비밀유지 의무를 위반했다고 볼 수 있나요?

**A2.** 제76조의3제7항의 취지가 피해 근로자 등의 보호에 있다는 것은 '피해 근로자 등의 의사에 반해 다른 사람에게 누설해서는 아니 된다'라는 것을 알 수 있습니다. 이 문구를 근거로 하여 피해 근로자 등에게는 비밀유지 의무가 없는 것은 아니냐고 묻는 경우도 있습니다.

법에서 비밀유지 의무를 부과하고 있는 이유는 비밀누설로 인해 조사 절차의 진행 중 피해자에게 추가적인 피해나 2차 피해가 발생하지 않도록 하기 위해서입니다. 이 같은 취지 때문에 '피해 근로자 등의 의사에 반한 누

것의 의미는 조사 과정에서 새롭게 알게 된 사실 등에 대해 타인에게 알림으로 인해 다른 이의 명예를 훼손하거나 추가적인 피해를 야기할 수 있기 때문이라는 점을 충분히 설명하는 것이 필요합니다.

따라서 사례에서 신고인의 행위 그 자체는 제7항 위반이라고 보기는 어렵습니다. 다만, 온라인에 게시한 구체적인 내용과 수준에 따라 타인의 명예를 훼손하거나 피해를 야기한 행위라면 그에 대한 일정한 제재조치를 할 수 있습니다.

## Q3.
조사를 하다 보면 어쩔 수 없이 당시 상황을 질문할 수밖에 없고, 그러면 누가 신고를 했는지 추측할 수 있을 것 같습니다. 어떻게 하면 좋을까요?

설을 금지'하는 것이지요. 그렇다면 신고인이 자신의 의지에 따라 괴롭힘 행위와 조사 과정을 온라인상에 유포한 것은 어떻게 봐야 할까요?

피해자 또는 신고인 역시 조사 과정에 참여한 사람이므로 조사 과정에서 새롭게 알게 된 내용이나 정보에 관해 기본적으로 비밀유지 의무가 있다고 보는 것이 타당합니다. 다만 여기에서 짚고 넘어갈 부분은 제7항의 비밀유지 의무의 발생과 비밀유지 서약서의 작성이 피해자가 자신의 피해 사실에 대해 타인에게 알려서는 안 된다는 의미로 해석하는 것은 아니라는 점입니다. 신고인에게 제7항의 내용을 설명하고 비밀유지 서약서를 받는

> 66
> 타인의 명예를 훼손하거나 피해를 야기한 행위라면 그에 대한 일정한 제재조치를 할 수 있다.
> 99

**A3.** 조사자가 조사 과정에서 사실관계의 확인을 위해 질문을 할 때 신고인이나 신고의 내용을 구체적으로 특정해 피신고인이나 다른 참고인에게 알릴 이유가 없기도 하거니와 조사자가 조사 과정상 아무런 필요성이 없음에도 불구하고 이와 같은 정보를 알리는 것은 비밀유지의무 위반으로 볼 수 있습니다.

그러나 구체적인 특정이 없는 경우에도 질문과 답이 오가는 과정에서 피신고인이나 참고인이 신고인을 예상하거나 신고의 내용을 구체적으로 알아차릴 수도 있습니다. 이와 같이 불가피한 상황까지 비밀유지의무 위반이라고는 할 수 없겠지요.

하지만 조사에 앞서 조사자가 관련 주의사

## SECTION 3 *Process*
### 비밀 누설 금지

항을 주지시킬 필요가 있습니다. 즉, 조사 과정에서 신고인이나 신고의 내용이 추측된다고 해서 그 추측을 기정사실로 한다거나 신고인으로 추측이 되는 사람에게 접촉을 시도하는 행위, 신고의 내용이나 진술의 내용을 확인하는 행위, 보복하는 행위 등은 비밀유지의무 위반은 물론 관련 법규나 내부 규정에 따라 징계의 대상이 될 수 있다고 알리는 것이 바람직합니다.

### Q4. 조사대상자가 녹음을 해도 되나요?

**A4.** 대면조사 진행 중 조사대상자가 직접 조사 과정을 녹음한다고 하거나 조사자가 녹음을 하는 경우 그 파일을 요구하는 경우도 가끔 있습니다. 만약 조사대상자가 본인을 포함한 모든 조사대상자에 대한 녹음파일을 요청하는 경우 해당 요구는 비밀유지 의무를 위반하는 사항으로 수용하기 어렵습니다.

그러나 조사대상자가 본인의 조사 과정을 직접 녹음하거나 본인의 조사 과정에 대한 녹음파일을 요청하는 것은 조직 상황에 따라 수용할 수도 있는 문제라고 판단됩니다.

특히 조사대상자에게 본인의 녹음파일을 제공하는 것은 대면조사가 긴 시간 동안 이뤄진 경우와 같이 조사대상자가 조사 과정 전체를 기억하는 데에 한계가 있을 때, 조사대상자의 진술권 또는 방어권을 더욱 확보하기 위한 취지로 활용될 수 있습니다.

다만 조사자는 조사대상자에게 녹음 파일의

**과태료**
**500만원**

직장 내 괴롭힘 신고 시 지체 없는 조사, 피해자 보호, 가해자 징계, 비밀유지를 해야 한다. 위반할 경우 최대 500만원의 과태료가 부과된다.

활용 목적을 명확하게 하고, 자신의 진술을 확인하고자 하는 목적 외에 파일을 타인에게 제공하거나 열람하게 해 조사 내용이 알려질 경우 비밀유지의무 위반으로 책임을 물을 수 있다는 점을 사전에 고지해야 합니다.

### Q5. 피신고인이 대면조사를 진행하기에 앞서 신고행위들을 구체적으로 알려달라고 하는데 어떻게 해야 하나요?

**A5.** 피신고인의 요청을 전면적으로 거부할 경우 피신고인이 조사 대응 준비를 못 하게끔 해 방어권을 저해하

는 것으로 해석될 수가 있습니다. 이는 피신고인에게 해당 조사 과정이 객관적이지 못하다는 인상을 줄 수 있고, 조사 과정에서 불필요한 갈등으로 이어질 수 있습니다.

다만 피신고인에게 구체적인 모든 행위를 안내해주는 것은 신고인이 특정될 위험이 증가해 비밀유지의무에 반하는 조치로 해석될 수 있으며, 신고인에 대한 2차 피해로 이어질 수도 있습니다. 따라서 조사자는 피신고인에게 신고 행위들을 안내함에 있어 신고인이 누군지 특정하기 어려운 범위 내로 '일정 수준'의 안내만 함으로써 비밀유지의무 및 신고인 보호에 힘써야 합니다.

### 상담 과정 시 확인사항

- 피해자에게 사건 처리 절차의 전 과정에 대한 비밀유지 의무 고지
- 신고인·피해자, 행위자 인적사항 및 당사자 간 관계
- 신고인 또는 피해자 진술에 따른 피해 상황
- 피해자가 문제 해결을 요구하는 내용
- 해결과정에서 우려되는 상황
- 직접증거 및 정황증거에 관한 정보

## Q6.
조사대상자가 비밀유지 서약서를 안 쓰겠다고 하면 어떻게 해야 하나요?

**A6.** 조사대상자가 비밀유지 서약서를 작성하지 않겠다고 하는 것만으로 제재하는 것은 어렵습니다. 헌법이 보장한 양심의 자유 측면에서 서약서의 문구 등을 이유로 서명을 거부하기도 하며, 서약서의 작성 없이도 자신은 의무를 다할 것이므로 요식 행위를 거부하는 경우도 있지요.

비밀유지 서약서에 서명을 하는 것은 서면으로 약속하는 행위입니다. 서약서를 작성했어도 그 비밀유지 확약이 지켜지지 않을 수도 있고, 작성하지 않았다고 의무를 위반한 것이라고 볼 수도 없습니다.

따라서 비밀유지 서약서에 서명을 거부하는 경우에는 구두로 비밀유지 의무에 대해 충분히 설명하고, 구두로라도 확약받는 방법도 있을 수 있습니다. 구두 확약조차 이뤄지지 않더라도 본인에게 발생하는 의무를 위반하는 경우 관련 법규 및 내부 규정에 따른 책임을 물을 수 있다는 점을 명확하게 고지하면 됩니다.

## Q7.
조사담당자가 직장 내 괴롭힘 신고 내용 일부를 발설한 사실을 발견했습니다. 이 경우 회사는 어떤 조치를 취해야 하나요?

**A7.** 사용자에게 부과되는 과태료와 별개로 사용자는 비밀유지의무를 위반한 조사담당자 및 이외에 신고 내용을 발설한 직원들 각각에 대한 조치를 취할 수 있습니다. 비밀을 들은 직원에게 회사는 조사내용의 누설을 인지한 즉시 직장 내 괴롭힘 사건 일체에 대한 비밀유지의무를 부담한다는 사실을 알리고, 비밀유지 서약서를 함께 받는 조치가 필요하고, 조사담당자에게는 징계 등 인사 조치를 취할 수 있습니다.

한편 징계 시 사유 및 양정 등을 고려하지 않은 일률적인 징계는 향후 부당징계 이슈로 번질 수 있기에 징계 조치를 하더라도 비밀유지의무 위반이 피해자 등에게 미친 영향, 비밀의 누설이 일어나게 된 경위, 누설된 비밀의 정도, 해당 직원에게 의도가 있었는지 여부 등을 종합적으로 고려해야 합니다.

# EPILOGUE

# 직장 내 괴롭힘 금지법에 관한 법률

## 1. 근로기준법

**제76조의2(직장 내 괴롭힘의 금지)**
사용자 또는 근로자는 직장에서의 지위 또는 관계 등의 우위를 이용하여 업무상 적정범위를 넘어 다른 근로자에게 신체적·정신적 고통을 주거나 근무환경을 악화시키는 행위(이하 "직장 내 괴롭힘"이라 한다)를 하여서는 아니 된다. **(위반시 사용자 1000만원 이하 과태료)**

**제76조의3(직장 내 괴롭힘 발생 시 조치)**
① 누구든지 직장 내 괴롭힘 발생 사실을 알게 된 경우 그 사실을 사용자에게 신고할 수 있다.
② 사용자는 제1항에 따른 신고를 접수하거나 직장 내 괴롭힘 발생 사실을 인지한 경우에는 지체 없이 당사자 등을 대상으로 그 사실 확인을 위하여 객관적으로 조사를 실시하여야 한다. 〈개정 2021. 4. 13.〉 **(위반시 500만원 이하 과태료)**
③ 사용자는 제2항에 따른 조사 기간 동안 직장 내 괴롭힘과 관련하여 피해를 입은 근로자 또는 피해를 입었다고 주장하는 근로자(이하 "피해근로자등"이라 한다)를 보호하기 위하여 필요한 경우 해당 피해근로자등에 대하여 근무장소의 변경, 유급휴가 명령 등 적절한 조치를 하여야 한다. 이 경우 사용자는 피해근로자등의 의사에 반하는 조치를 하여서는 아니 된다.
④ 사용자는 제2항에 따른 조사 결과 직장 내 괴롭힘 발생 사실이 확인된 때에는 피해근로자가 요청하면 근무장소의 변경, 배치전환, 유급휴가 명령 등 적절한 조치를 하여야 한다. **(위반시 500만원 이하 과태료)**
⑤ 사용자는 제2항에 따른 조사 결과 직장 내 괴롭힘 발생 사실이 확인된 때에는 지체 없이 행위자에 대하여 징계, 근무장소의 변경 등 필요한 조치를 하여야 한다. 이 경우 사용자는 징계 등의 조치를 하기 전에 그 조치에 대하여 피해근로자의 의견을 들어야 한다. **(위반시 500만원 이하 과태료)**
⑥ 사용자는 직장 내 괴롭힘 발생 사실을 신고한 근로자 및 피해근로자등에게 해고나 그 밖의 불리한 처우를 하여서는 아니 된다. **(위반시 3년 이하 징역 또는 3000만원 이하 벌금)**
⑦ 제2항에 따라 직장 내 괴롭힘 발생 사실을 조사한 사람, 조사 내용을 보고받은

사람 및 그 밖에 조사 과정에 참여한 사람은 해당 조사 과정에서 알게 된 비밀을 피해근로자등의 의사에 반하여 다른 사람에게 누설하여서는 아니 된다. 다만, 조사와 관련된 내용을 사용자에게 보고하거나 관계 기관의 요청에 따라 필요한 정보를 제공하는 경우는 제외한다. 〈개정 2021. 4. 13.〉 **(위반시 500만원 이하 과태료)**

### 제93조(취업규칙의 작성·신고)
상시 10명 이상의 근로자를 사용하는 사용자는 다음 각 호의 사항에 관한 취업규칙을 작성하여 고용노동부장관에게 신고하여야 한다. 이를 변경하는 경우에도 또한 같다.
 1. 업무의 시작과 종료 시각, 휴게시간, 휴일, 휴가 및 교대 근로에 관한 사항
 2. 임금의 결정·계산·지급 방법, 임금의 산정기간·지급시기 및 승급(昇給)에 관한 사항
 3. 가족수당의 계산·지급 방법에 관한 사항
 4. 퇴직에 관한 사항
 5. 「근로자퇴직급여 보장법」 제4조에 따라 설정된 퇴직급여, 상여 및 최저임금에 관한 사항
 6. 근로자의 식비, 작업 용품 등의 부담에 관한 사항
 7. 근로자를 위한 교육시설에 관한 사항
 8. 출산전후휴가·육아휴직 등 근로자의 모성 보호 및 일·가정 양립 지원에 관한 사항
 9. 안전과 보건에 관한 사항
 9의2. 근로자의 성별·연령 또는 신체적 조건 등의 특성에 따른 사업장 환경의 개선에 관한 사항
 10. 업무상과 업무 외의 재해부조(災害扶助)에 관한 사항
 11. **직장 내 괴롭힘의 예방 및 발생 시 조치 등에 관한 사항**
 12. 표창과 제재에 관한 사항
 13. 그 밖에 해당 사업 또는 사업장의 근로자 전체에 적용될 사항

# EPILOGUE

## 2. 산업안전보건법

**제4조(정부의 책무)**

① 정부는 이 법의 목적을 달성하기 위하여 다음 각 호의 사항을 성실히 이행할 책무를 진다. 〈개정 2020. 5. 26.〉

1. 산업 안전 및 보건 정책의 수립 및 집행
2. 산업재해 예방 지원 및 지도
3. 「근로기준법」 제76조의2에 따른 직장 내 괴롭힘 예방을 위한 조치기준 마련, 지도 및 지원
4. 사업주의 자율적인 산업 안전 및 보건 경영체제 확립을 위한 지원
5. 산업 안전 및 보건에 관한 의식을 북돋우기 위한 홍보·교육 등 안전문화 확산 추진
6. 산업 안전 및 보건에 관한 기술의 연구·개발 및 시설의 설치·운영
7. 산업재해에 관한 조사 및 통계의 유지·관리
8. 산업 안전 및 보건 련 단체 등에 대한 지원 및 지도·감독
9. 그 밖에 노무를 제공하는 사람의 안전 및 건강의 보호·증진

② 정부는 제1항 각 호의 사항을 효율적으로 수행하기 위하여 「한국산업안전보건공단법」에 따른 한국산업안전보건공단(이하 "공단"이라 한다), 그 밖의 관련 단체 및 연구기관에 행정적·재정적 지원을 할 수 있다.

## 3. 산업재해 보상보험법

**제37조(업무상의 재해의 인정 기준)**

① 근로자가 다음 각 호의 어느 하나에 해당하는 사유로 부상·질병 또는 장해가 발생하거나 사망하면 업무상의 재해로 본다. 다만, 업무와 재해 사이에 상당인과관계(相當因果關係)가 없는 경우에는 그러하지 아니하다. 〈개정 2010. 1. 27., 2017. 10. 24., 2019. 1. 15.〉

1. 업무상 사고

　가. 근로자가 근로계약에 따른 업무나 그에 따르는 행위를 하던 중 발생한 사고

　나. 사업주가 제공한 시설물 등을 이용하던 중 그 시설물 등의 결함이나 관리소홀로 발생한 사고

다. 삭제 〈2017. 10. 24.〉
　　라. 사업주가 주관하거나 사업주의 지시에 따라 참여한 행사나 행사준비 중에 발생한
　　　　사고
　　마. 휴게시간 중 사업주의 지배관리하에 있다고 볼 수 있는 행위로 발생한 사고
　　바. 그 밖에 업무와 관련하여 발생한 사고
2. 업무상 질병
　　가. 업무수행 과정에서 물리적 인자(因子), 화학물질, 분진, 병원체, 신체에 부담을 주는
　　　　업무 등 근로자의 건강에 장해를 일으킬 수 있는 요인을 취급하거나 그에 노출되어
　　　　발생한 질병
　　나. 업무상 부상이 원인이 되어 발생한 질병
　　다. 「근로기준법」 제76조의2에 따른 직장 내 괴롭힘, 고객의 폭언 등으로 인한 업무상
　　　　정신적 스트레스가 원인이 되어 발생한 질병
　　라. 그 밖에 업무와 관련하여 발생한 질병
3. 출퇴근 재해
　　가. 사업주가 제공한 교통수단이나 그에 준하는 교통수단을 이용하는 등 사업주의 지
　　　　배관리하에서 출퇴근하는 중 발생한 사고
　　나. 그 밖에 통상적인 경로와 방법으로 출퇴근하는 중 발생한 사고
② 근로자의 고의·자해행위나 범죄행위 또는 그것이 원인이 되어 발생한 부상·질
　병·장해 또는 사망은 업무상의 재해로 보지 아니한다. 다만, 그 부상·질병·장해
　또는 사망이 정상적인 인식능력 등이 뚜렷하게 저하된 상태에서 한 행위로 발생
　한 경우로서 대통령령으로 정하는 사유가 있으면 업무상의 재해로 본다.
③ 제1항제3호나목의 사고 중에서 출퇴근 경로 일탈 또는 중단이 있는 경우에는 해
　당 일탈 또는 중단 중의 사고 및 그 후의 이동 중의 사고에 대하여는 출퇴근 재해
　로 보지 아니한다. 다만, 일탈 또는 중단이 일상생활에 필요한 행위로서 대통령령
　으로 정하는 사유가 있는 경우에는 출퇴근 재해로 본다. 〈신설 2017. 10. 24.〉
④ 출퇴근 경로와 방법이 일정하지 아니한 직종으로 대통령령으로 정하는 경우에는
　제1항제3호나목에 따른 출퇴근 재해를 적용하지 아니한다. 〈신설 2017. 10. 24.〉
⑤ 업무상의 재해의 구체적인 인정 기준은 대통령령으로 정한다.

## 〈회사도 근로자도 알아둬야 할 직장 내 괴롭힘 금지법〉을 만든 스페셜리스트

# Specialist...

### 문강분 대표

이 책은 이 사회가 지속 가능하기 위해 직장이 보다 안전하고 존엄한 일터가 돼야 한다고 믿는 '행복한 일'의 구성원들이 함께 만들었습니다. 직장 내 괴롭힘이 무엇인지, 그 처리 방안과 예방 방법에 대해 탐구해 온 행복한 일의 노하우를 담은 기록입니다. 기획 단계부터 모든 과정에 곽영준 노무사가 열과 성을 다해줬습니다. 특별한 감사의 마음을 전합니다.

### 민대숙 부대표

직장 내 괴롭힘 현장에서 많은 고충처리 담당자를 만났습니다. 피해자 보호에 진심인 그분들의 고민과 생각을 나누면서 함께 성장한 경험들을 담았습니다. 피해자의 고통에 공감하고 피해자의 옆에서 걸어가는 그들의 여정을 응원합니다. 한 명의 조력자가 피해자에게는 가장 힘든 순간을 견디고 성장할 수 있는 밑거름이라고 생각합니다. 피해자와 함께 걷고자 하는 모든 이들에게 좋은 길라잡이가 됐으면 합니다.

### 행복한 일 연구소·노무법인

행복한 일 연구소는 직장괴롭힘포럼과 직장괴롭힘아카데미 그리고 직장 내 괴롭힘 관련 정책연구를 통해 우리나라에서 직장 내 괴롭힘이 법제화하는 전 과정에 참여해왔습니다. 이후 기업 실태조사, Happy Work Center를 통한 상담 및 사건접수, 전문적 외부조사, 고충처리역량향상과정 등 강의를 통해 현장의 어려움에 솔루션을 제공하기 위해 노력해왔습니다. 행복한 일 노무법인에서는 실력 있는 젊은 노무사들이 원팀(One Team)으로 고용노동분쟁 예방을 모토로 종합적인 인사·노무업무를 수행하고 있습니다. 노동법률이 천명하는 원칙과 HR 현업 사이의 교량이 돼 노사가 각각 필요로 하는 적합한 자문·컨설팅·강의·사건조사 등의 서비스를 제공하고 있습니다.

### 임범식 본부장

직장 내 괴롭힘 문제는 행위자의 인성의 문제로 치부되곤 합니다. 잘못된 행동을 용인하는 조직문화와 관행을 개선하는 것은 물론 구성원 모두의 인식 변화가 중요합니다.

### 박윤진 노무사

법률가의 실무 능력은 이성적 판단만이 아니라 법률의 취지와 목적에 따른 해석과 적용에 있고, 그 기초는 공감 능력이라고 생각합니다. 피해자를 향한 공감의 깊이보다 중요한 것은 직장 내 괴롭힘을 둘러싼 조직문화를 바라보는 공감의 반경, 그리고 공감의 균형과 공정성입니다. 이 책을 통해 지식과 정보를 뛰어넘어 공감으로 일하는 법률가들을 만나보세요.

### 이서영 노무사

그동안 직장 내 괴롭힘은 나와는 상관없다는 생각으로 지나쳤을 것입니다. 하지만 우리는 모두 '내가 나일 수 있는 일터'를 원합니다. 개개인이 존중받음을 느끼고 일의 진정한 가치를 발휘할 수 있는 일터로 나아가는 바탕에는 직장 내 괴롭힘을 이해하고 예방하기 위한 모두의 노력이 필요합니다. 직장 내 괴롭힘 이해 그 시작을 이 책과 함께하길 바랍니다.

### 이재민 노무사

당사자 간 소통으로 해결할 수 있을만한 작은 일들이 직장 내 괴롭힘 신고처리 과정에서 더 큰 갈등으로 번지는 경우가 있습니다. 이 책이 조직에는 직장 내 괴롭힘에 대한 기준과 처리에 대한 통찰력을 주고, 구성원들에게는 다른 직원들의 고충을 이해할 수 있는 계기가 돼 갈등 해결에 도움이 됐으면 좋겠습니다.

### 백준기 노무사

하루 대부분의 시간을 보내고 다른 사람과의 관계를 통해 일을 하는 일터에서 괴롭힘을 당하고 있다면, 이는 오롯이 그 개인의 문제만은 아닐 것입니다. 직장 내 괴롭힘은 조직의 문제이며, 조직 비시민성의 표출이라고 생각합니다. 이 책을 통해 직장 내 괴롭힘에 대한 인지와 그에 대한 해결책을 모색하고, 조직 내에서 시민성을 회복하는데 도움이 됐으면 합니다.

### 곽영준 노무사

"믿을 것은 나 뿐이다!"라는 직원의 마음을 조금씩 열어주는 회사를 그립니다. 회사의 성장에 중요한 것이 사람이라면, 사람이 회사를 성장시키고 싶다는 마음이 들게 하고 싶습니다. 올바른 규율과 운영, 그 위에 사람이 살아 숨쉴 수 있도록 작은 풀잎 하나를 틔우고 싶습니다. '행복한 일'을, 이 책을 통해 보여드리겠습니다.

### 정다예 노무사

"이거 괴롭힘인가요?" 제가 가장 많이 듣는 질문입니다. 직장 내 괴롭힘법이 시행된지 어언 4년이 됐고, 이제 직장 내 괴롭힘법이 있다는 사실은 많은 분들이 알고 있습니다. 그러나 여전히 법에서 인정되는 괴롭힘 행위란 무엇인지, 어떻게 대처해야 하는지에 대한 혼란은 끊이지 않고 있습니다. 이 책이 이러한 혼란을 해결하는데 도움이 될 것입니다.

### 김용선 노무사

일과 사람, 사람과 사람이 얽힌 직장에서 업무적·감정적 괴롭힘의 문제는 다양하고 복합적으로 관찰됩니다. 직장 내 괴롭힘법 이후, 일과 사람에 치이던 시기를 지나 이제는 '괴롭히지 말기'에 사로잡혀 조직문화가 삭막해진 곳도 있습니다. 이 책과 함께 '안' 괴롭히는 직장을 넘어 '건강한' 그리고 '행복한' 일터를 조성해봅시다.

**한경MOOK**

회사도 근로자도 알아둬야 할
## 직장 내 괴롭힘 금지법

| | |
|---|---|
| 펴낸날 | 초판 1쇄 발행일 2022년 6월 30일 |
| | 2쇄 발행일 2023년 7월 10일 |
| 발행인 | 김정호 |
| 편집인 | 하영춘 |
| 펴낸곳 | 한국경제신문 |
| 기획 총괄 | 백승현 |
| 편집·제작 총괄 | 이선정 |
| 글 | 문강분·민대숙·임범식·박윤진·이서영 |
| | 이재민·백준기·곽영준·정다예·김용선 |
| 편집 | 이진이·강은영·윤제나·이다희 |
| 디자인 | 윤석표·임지행 |
| 판매 유통 | 정갑철·선상헌·조종현 |
| 인쇄 | 제이엠프린팅 |
| 등록 | 제2006-000008호 |
| 주소 | 서울시 중구 청파로 463 한국경제신문 |
| 구입 문의 | 02-360-4859 |
| 홈페이지 | www.hankyung.com |

값 20,000원
ISBN | 979-11-92522-06-7(93320)

〈회사도 근로자도 알아둬야 할 직장 내 괴롭힘 금지법〉은 근로자들이 괴롭힘 관련 고충을 겪을 때 어떻게 판단하고 대처해야 하는지, 실무자가 사건 절차를 진행하면서 느끼는 고민과 어려움에 대한 전문가 조언을 사례로 쉽게 풀어 쓴 가이드북입니다.

- 잘못 만들어진 책은 구입하신 곳에서 교환해드립니다.
- 이 책은 저작권법에 따라 보호받는 저작물이므로 무단 전재와 복제를 금합니다.

# 한경무크
# 베스트셀러
# 시리즈

**CES 2023**

이 한 권에 다 담았다!
CES 2023 모든 것

**챗GPT 2023**

한권으로 마스터하는
챗GPT에 대한 모든 것

**실전 중대재해처벌법**

실전 사례로 알아본 기업에 꼭 필요한
중대재해처벌법 대응 노하우

**2023 산업대전망**

복합위기를 대비하라!
대전환 시대의 생존 전략서

**평판 위기 넘는 법**

돈과 명예를 지키는
평판 관리 노하우

**퇴직연금 고수되기**

이보다 더 자세할 수 없는
실전 A to Z

**AI 스타트업 100**

한 권에 담은
유망 AI 스타트업

**가상자산 A to Z**

깜깜이 투자는 이제 그만!
가상자산 투자 가이드북

### ESG 2.0

달라진 비즈니스 모델
최신 ESG 이슈 집중 분석

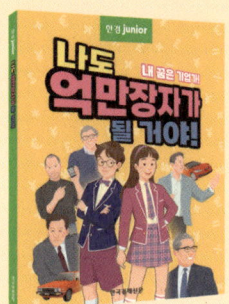

### 나도 억만장자가 될 거야!

초등학생부터 배우는
전 세계 상위 1% 성공의 기술

### 웰컴 투 운동맘

엄마들의
100일 운동 프로젝트!

### 인생 리뉴얼 ABC

4060 직장인을 위한
은퇴 준비 바이블

### 실버타운 올가이드

인기 유튜버 '공빠TV'의 첫 책
살고싶은 실버타운

### 부동산 절세법

연령대별로 정리한
부동산 세테크 노하우

### 해외 진출 성공 전략

율촌 변호사들이 쉽게 풀어 쓴
해외 진출 체크 포인트

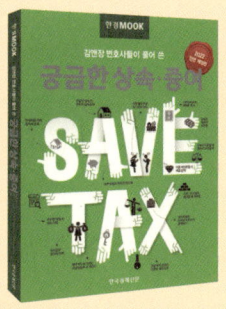

### 궁금한 상속·증여

2022년 상속·증여세
개정 법령 완벽 반영!

### 인권경영 해설서

개념부터 사례까지
전문가가 풀어 쓴 인권경영